CORRESPONDANCE
DE
LAMARTINE

CORBEIL, typ. et stér. de CRÉTÉ FILS.

CORRESPONDANCE

DE

LAMARTINE

PUBLIÉE

PAR Mme VALENTINE DE LAMARTINE

TOME SECOND

(1813 — 1820)

PARIS

HACHETTE ET Cie | FURNE, JOUVET ET Cie
79, BOULEVARD SAINT-GERMAIN, 79 | 45, RUE SAINT-ANDRÉ-DES-ARTS, 45

ÉDITEURS

MDCCCLXXIII

Droits de propriété et de traduction réservés

ANNÉE 1813

CORRESPONDANCE

DE

LAMARTINE

ANNÉE 1813

XCVIII

A monsieur de Virieu.

Mâcon, 6 janvier 1813.

Quel regret j'ai eu, mon cher ami, en recevant ta dernière lettre le jour même où tu devais repartir de Lyon! Comment as-tu donc fait pour m'écrire si tard? J'y serais certainement allé et nous nous serions mutuellement consolés quelques instants. Pour aller à Lemps, il n'y faut pas penser : je ne peux pas m'absenter plus de deux jours de suite pendant tout ce mois-ci.

Je viens de t'adresser une longue épître en

trois cents vers au moins sur *les Sépultures*. Ce sont des vers pour apprendre à faire des vers, mais qui me paraissent bien frappés et assez bien pensés. Cela peut aller avec la *Satire sur le Jeu*. L'as-tu lue tout entière? Je vais demain les lire à l'Académie de Mâcon, parce qu'on dit que je suis fier et que je méprise mes compatriotes. Voici le début de mon épître :

A l'ombre des cyprès arrosés par des pleurs
Le sommeil de la mort a-t-il autant d'horreurs ?
Ou la voix d'un ami qui pleure notre absence
Peut-elle du tombeau consoler le silence ?
Je ne sais : de la mort nos regards indiscrets
N'ont pu percer encor les terribles secrets.
Vains mortels ! Tout se tait à cet instant suprême ;
La nuit tombe, tout fuit, et l'espérance même
Qui jusques au sépulcre accompagne nos pas
S'arrête sur le seuil et ne le franchit pas.
Lorsque échappant enfin à ma faible paupière,
Mes yeux auront perdu le jour qui les éclaire,
Et que, tout sentiment dans mon cœur effacé,
En perdant l'avenir j'oublierai le passé,
Qu'importe qu'un tombeau, dans ses ombres paisibles,
Dispute aux mains du temps mes restes insensibles
Et rappelle aux vivants un mortel qui n'est plus ;
Ou qu'au sein de la terre, au hasard confondus,
Ils aillent augmenter la cendre inanimée
Que la main du trépas sur ce globe a semée !

ANNÉE 1813.

Cher Aymon, c'est ainsi qu'en nos jours éclairés,
Par le froid égoïsme au calcul consacrés,
Ce hardi détracteur des erreurs de nos pères
Vient saper sans pitié leurs antiques chimères,
Et que son cœur glacé par un pénible effort
Désenchante à la fois et la vie et la mort.
Insensé qui, rempli d'orgueil systématique,
Du préjugé sacré brise le sceptre antique,
Et qui, toujours armé du froid raisonnement,
Donne tout au calcul et rien au sentiment !
Je ne veux point, suivant sa marche audacieuse,
Sonder de nos destins la profondeur douteuse,
Ni tenter d'arracher le voile respecté
Qui couvre du tombeau la sainte obscurité.
Soit qu'une fois rendu dans son dernier asile,
L'homme y dorme à jamais son sommeil immobile,
Soit que, sensible encore aux funèbres honneurs,
Ses mânes du tombeau ressentent les douceurs,
Soit plutôt que notre âme, à la fin dégagée,
Méprise les liens dont elle fut chargée,
Comme un esclave heureux, à jamais délivré,
Voit en pitié les fers dont il fut entouré ;
Ces marbres, ces honneurs qu'on rend à sa mémoire,
Ces monuments brillants de l'éclat de la gloire,
Ou remplis quelquefois de souvenirs plus doux,
Inutiles aux morts, sont consolants pour nous !

Pourquoi donc, cher Aymon, cet être misérable,
Pour aggraver le poids dont le destin l'accable,
De nos illusions enviant les douceurs,
Vient-il nous enlever nos pieuses erreurs,
Renverser cette tombe à nos regrets sacrée,

Disperser au hasard notre cendre ignorée,
Et, quand à notre amour la mort vient tout ravir,
Veut-il nous arracher jusques au souvenir ?
Souvenir ! doux présent, chimère bienfaisante,
Que nous donna du ciel la pitié consolante,
Tu viens, environné des songes les plus doux,
Te placer sur la tombe entre la mort et nous ;
Ta voix sait des tombeaux vaincre l'affreux silence
Et de l'être au néant nous cacher la distance.
Lorsqu'une urne sacrée, etc.

En voilà trop pour mon papier, je te préviens que ce commencement est le plus mauvais de la pièce. Ne prends pas garde à des répétitions de mêmes mots que je n'ai pas eu le temps de changer, et mande-moi avec ta franchise tout entière si c'est bon ou mauvais : tu sais que je ne me fâche pas, mais j'ai grande foi à ton avis.

Adieu, à demain, je t'écrirai encore, mais réponds-moi vite à cela.

XCIX

A monsieur de Virieu.

26 janvier 1813.

Mon cher ami, as-tu repris cette infernale fièvre? Tu ne dis rien, tu n'écris plus, que deviens-tu? Je suis fort en peine de toi. Serais-tu en festins et en noces comme moi? Serais-tu marié toi-même, ou par hasard amoureux? Réponds donc, au moins quelques mots. Je m'ennuie de ne plus te lire, de ne plus savoir ce que tu fais; mon imagination aime à te suivre partout, même au coin de ton feu à Lemps, mais j'ai perdu tes traces et j'en suis tout dérouté.

Je viens de m'arranger pour partir pour Paris au commencement de mars : mon père a assez bien pris la chose parce que je lui ai dit que tu y serais alors. Si tu m'aimes, si ce nom d'ami que nous nous donnons depuis dix ans n'est pas un vain titre, tu y seras, tu feras tes paquets à la fin de février, tu m'enverras le nom de l'hôtel où tu débarques, et j'y débarquerai aussi. Entends-tu bien tout cela? Ne cherche pas trop d'excuses, je n'en admets qu'une : *l'impossible*. S'il le faut, je me mets à tes genoux, je te supplie de ne pas me manquer dans cette circonstance. As-tu un cœur de rocher? Ne te souvient-il plus de cette mollesse de caractère, de cette complaisance d'esprit, qui rend la vie si douce et si commode avec toi? Faut-il te flatter, te menacer? Je ferai tout. Fais tout toi-même pour vaincre les obstacles qui pourraient t'entraver. Hâte-toi, et partons.

Je suis redevenu paresseux depuis ces grands froids. J'étais malade, faute d'exercice : j'ai racheté un cheval de selle et je suis par voies et par chemins la moitié du jour ; je vais voir Dupuis, je vais chasser avec lui, et puis je reviens harassé t'écrire au coin de mon feu. Que n'y es-tu? que ne puis-je passer quelques longues soirées d'hiver avec toi! Que de choses à discuter ensemble, que de projets, que de plans pour notre avenir! J'aurais beaucoup à dire, et riche est la matière.

Si tu ne viens pas absolument à Paris, je passerai par le Bourbonnais; nous prendrons jour pour nous voir à Lyon, au moins quelques moments.

J'ai de tristes confidences à te faire, bien tristes, bien sombres, bien fatigantes pour moi. J'aimerais au moins à te faire partager mes ennuis, tu as la clef de mon cœur, tu y lis mieux que moi-même; mais ce ne sont pas des peines de cœur, ce sont de ces maux qu'on appelle réels, comme si les autres ne l'étaient pas! Te souviens-tu des lettres de Jacopo Ortis que nous lisions ensemble à Naples? Sais-tu qu'il y a là dedans du vrai génie, du véritable sentiment, et du plus vigoureux? Je les relis avec délices et je pleure en les lisant. Je ne sais si tu les as; veux-tu que je te les envoie à Lemps? Toutes les fois que je lis quelque chose qui me plaît ou qui me remue, je voudrais que tu pusses le lire. — *Addio, ti secco forse; addio, il tuo amico ti abbraccia più teneramente che mai. Scrive mi.*

C

A monsieur de Virieu.

Mâcon, 1ᵉʳ mars 1813.

Tu as peut-être été étonné de mon long silence, mon cher Aymon. Tu en aurais été inquiet si tu en avais su la cause : je viens d'avoir une maladie violente et sérieuse où j'ai failli rester. Elle m'a surpris en Franche-Comté où j'avais été conduire ma sœur après son mariage. J'avais tout à la fois une esquinancie, une fièvre scarlatine et une fluxion de poitrine : on m'a couvert de vésicatoires, de moutarde et de sangsues, et on m'a enfin tiré d'affaire. Me voilà en grande convalescence, mais j'ai repris mes noirceurs et ces maux de nerfs qui me rendent si insupportable à moi et aux autres. Il n'y a qu'un voyage qui puisse me remettre entièrement.

Dès que je serai pleinement rétabli, je penserai à celui de Paris. Je veux aller d'abord à Lyon dans quelques jours. Tiens-toi prêt à venir aussi ; nous passerons ensemble quelques instants, si le ciel a une fois pitié de nos projets. Je t'apporterai à Lyon quelques vers nouveau-nés, une pièce entre autres sur les ruines de l'abbaye de Cluny qui me paraît assez pleine de verve; tu jugeras. A présent je n'ai plus trop la force de rien faire, ma tête est encore faible, et malheureusement, comme je n'ai rien à lire d'intéressant et de joli, je m'ennuie au coin du feu sans pouvoir en sortir.

Adieu, cher ami, je t'embrasse et n'aime que toi au monde.

CI

A monsieur Aymon de Virieu.

Milly, 27 mars 1813.

Je suis, mon cher Aymon, fort indigné contre toi : j'attendais à chaque instant quelque longue épître de toi, et j'en avais grand besoin. Sais-tu que je suis dans le même état où tu étais lorsque tu partis pour l'Italie, lorsque tu vins me joindre à Naples? Je n'ai pas un instant de bon depuis la maladie que j'ai eue il y a deux mois ; je retombe à chaque moment, et le moral chez moi est aussi violemment attaqué que le physique : j'essaie de tout, et rien ne me réussit. Combien j'aurais besoin de te voir et de recevoir de toi quelques consolations! Je remets mon départ de mois en mois, et je ne sais pas du tout quand le ciel me le permettra.

J'ai reçu une lettre charmante de Vignet ; il me mande qu'il est chrétien et de la foi la plus vive, qu'il pratique autant qu'il peut, et que cette douce conviction où il est parvenu fait le repos de son esprit et le bonheur de sa vie. Et moi, mon cher ami, je tâche à présent de le redevenir aussi. Je suis la nuit et le jour enfoncé dans mes lugubres rêveries et mes pensées sur l'avenir et sur tout ce qu'il nous importerait tant de mieux connaître. Cette longue souffrance que j'éprouve m'y ramène avec plus de force : peut-être me sera-t-elle salutaire et heureuse, car qui sait les fins et les moyens de là-haut ? Je demande seulement au ciel de la résignation qui me manque un peu et de la force et de la lumière dont j'aurais tant besoin. Quelquefois je sens de douces consolations descendre au fond de mon cœur, d'autres fois il est étouffé d'angoisses. Viens aussi, toi, à mon secours. Si jamais ton amitié peut m'être utile et consolante, ah! c'est dans ces pénibles moments où je succombe sans énergie et souvent sans espérance sous les poids des douleurs du corps et des inquiétudes de l'âme.

Mais j'avais pris la plume pour me distraire de mes maux et des mes réflexions tenaces, et voilà que je m'y replonge! Je suis arrivé ce soir seul à la campagne, espérant y trouver un remède à mon état. J'y vais passer, si je peux y tenir, une huitaine tête à tête avec ma tristesse et mes tisanes.

28 mars.

Je reprends ma lettre ce soir. J'ai couru à pied et à cheval une grande partie de la journée, le temps était superbe, et je m'en trouve un peu mieux ; mais j'aurais bien besoin de quelques distractions pour la soirée, que je passe tout seul au coin de mon feu. Que n'es-tu là ! je n'en trouve pas de plus douce que de causer avec toi. Je ne peux rien lire de sérieux ou de tant soit peu appliquant, rien de touchant, rien de mélancolique, cela ne fait qu'augmenter mon mal. Je cherche partout du gai et du décousu : il me faudrait tous les soirs un volume ou deux des romans de Pigault-Lebrun. Je les trouve drôles malgré leur ton canaille et leurs plats lieux communs ; il y a des chapitres de génie et de verve. Il n'a manqué à cet homme-là que l'application, le travail et moins de précipitation.

A côté de tout cela, j'ai lu *Clarisse*, que je n'avais pu encore aborder : l'ennui m'arrêtait toujours aux premiers volumes. Enfin je l'ai vaincu et j'en ai été bien récompensé par les sept ou huit derniers. Cette lecture a redoublé mes bonnes dispositions à la *vertu*, qui sont violentes et permanentes dans ce moment-ci, et qui, j'espère, auront quelques fruits. C'est fini, je me range décidément de son parti : ce n'est point un vain nom, comme le disait Brutus. Je ne demande à Dieu que de la persévérance et de la santé. Tu sais que nous avons bien souvent raisonné là-dessus à Naples et ailleurs. Nous flottions encore, non pas de cœur, mais d'esprit. Il me semble que la question n'est pas douteuse. Vivent la solitude et la tristesse et la maladie pour nous montrer enfin la vraie lumière et nous conduire au bien ! Je ne sais plus qui définissait les *vapeurs* une maladie qui fait voir les choses telles qu'elles sont. Cette maladie-là est jointe à la mienne et l'aggrave encore.

Pour des vers, il y a deux mois que je n'en fais ni n'en lis. Je ne pourrais pas, ma tête est trop faible; mais si la santé et la force et la verve me reviennent, je finirai mon *Saül* à Paris. Je lis des sonnets de Pétrarque, que je n'entendais guère en Italie et que je trouvais mauvais. Je les entends maintenant comme du français, je ne sais pourquoi, et j'y trouve des choses ravissantes. Il y a un temps pour tout, et telle ou telle disposition de l'âme ou de l'esprit nous donne de la répugnance ou du goût pour un homme ou pour un livre. Nous sommes vraiment de singuliers instruments, montés aujourd'hui sur un ton, demain sur un autre ; et moi surtout qui change d'idées et de goût selon le vent qu'il fait et le plus ou moins d'élasticité de l'air.

Si je ne pars pas d'ici à quinze jours, et que j'aie la force de faire au moins vingt ou trente lieues, j'irai te voir à Lemps ou ailleurs. Si tu veux m'y donner rendez-vous, tu entreprendras ma cure, et ton amitié sera plus heureuse que toute la médecine. Nous causerons le matin, nous marcherons le soir, nous boirons du lait d'ânesse, et je crois que le même régime sera bon à tous deux. J'entends régime moral et régime physique. Ou bien, si tu t'en sentais le courage, tu partirais toi-même dans quinze jours et tu viendrais me joindre ici : nous nous retirerions tous deux dans une solitude où nous tiendrions notre ménage. Tu amènerais un cheval, j'en aurais un ; il ne nous faut guère de livres, nous aimons à badauder et à causer, et nous nous suffirions tant que cela pourrait durer. Je n'oserais pas faire d'aussi tristes propositions à un autre qu'à toi; mais nous ne sommes *qu'un*, et quand je pense et fais des projets, je t'y associe toujours de mon plein droit, sans m'inquiéter si cela t'amuse et te convient, car je pense que cela doit être et qu'il est impossible que cela soit jamais autrement. Il me semble que tous mes projets et rêveries et sentiments sont conçus toujours collectivement, et qu'ils sont d'avance de ton humeur et de ton goût. C'est ce qui fait qu'il n'y a plus dans nos correspondances de ces plates décorations et de ces politesses qui ne nous vont plus au point où nous en sommes. Il y a tant de choses sur lesquelles il est impossible que nous ne soyons pas d'accord!

Mon papier m'arrête, mon ami; tu liras ce bavardage, si tu peux. Pour moi, je n'ose pas entreprendre de le relire, ce sont les rêveries d'un malade.

Réponds-moi tout de suite, mais dorénavant mets l'adresse à Mâcon, *poste restante*.

Adieu, mon ami. Je te prie de penser souvent à moi dans ce moment-ci et de m'en donner des

preuves. Vignet me mande qu'il prie pour moi;
si tu *pries* quelquefois, fais-en autant. Adieu
encore, je t'aime et t'aimerai toujours exclusivement.

A. L.

CII

A monsieur de Virieu.

Paris, 18 avril 1813.

Je suis depuis quelques jours à Paris, mon cher ami ; j'y suis sans toi, c'est ce qui me désole. J'y suis toujours souffrant, et forcé de rentrer chez moi à la nuit tombante à cause de ma poitrine et de ma gorge. Tout cela est triste ; pourtant je prends patience et me trouve assez heureux en ce moment, du moins assez résigné. L'air natal ne m'est pas bon ni au physique ni au moral : il ne faut le respirer que six mois de l'année, c'est assez, sans quoi il engourdit, il endort.

On t'attendait ici, et je t'attends plus que personne. O mon ami, viens donc, je n'eus jamais plus besoin de toi ! Je ne sais ce que je deviens ; je tâche pourtant sérieusement de devenir *vertueux*, à un ou deux articles près sur lesquels je capitule. Tu m'aiderais, je suis bien préparé, et, si le ciel me conserve dans mes salutaires dispositions, je deviendrai un jour un homme, je l'espère. Mais la santé, la santé! elle revient bien doucement.

Je suis ici sans soins et sans amis d'un véritable attachement : quelques connaissances légères et beaucoup de jeunes gens, voilà toutes mes ressources, c'est un peu mince; ajoutes-y des parents que je n'avais ni vus ni connus, tout cela n'est pas bien chaud.

Pour l'étude, ma tête est encore trop faible. Reste donc à badauder, et je m'y applique à ton exemple. Je vais suivre un cours, à l'Athénée, du docteur Gall. J'aime les rêveries. Si l'argent ne me fault pas, j'irai au manége. Longchamps a été peu magnifique, cela ne valait pas à beaucoup près les filles de Tolède et de Capo di Chino; quand y retournerons-nous? L'empereur est parti. Je ne sais pas de nouvelles, donne-m'en. Il n'y a qu'à Paris où je ne lis pas les gazettes ; mais surtout parle-moi de toi, de tes affaires. Viens m'en parler ici, je m'attache à toi, je ne te quitte plus, je te suis ici et ailleurs. Tu seras mon génie, tu l'es déjà. X... vient tous les matins me prêcher deux doigts d'athéisme; mais il y perd son latin, j'en suis trop loin. Adieu.

CIII

A monsieur de Virieu.

Milly, 9 novembre 1813.

Je t'écris au Grand-Lemps à tout hasard, car enfin il faut absolument que je m'éclaire sur ta marche et que je t'apprenne la mienne. Il faut que nous nous retrouvions, si cela se peut. Je pense que si tu es encore en Suisse ou en Allemagne cette lettre ira t'y chercher et te faire un peu souvenir d'un ami à moitié mort. J'arrive de Paris. Je suis ici très-malade de la même maladie qu'à Paris, et que tous les remèdes ne font qu'aggraver. Je me vois décliner peu à peu, et, comme si ce n'était pas assez des maux du corps, tous les genres de malheur sont se donné rendez-vous sur ma triste carcasse, et j'approche de tous côtés de ma ruine totale.

Je suis à la campagne depuis quelques jours. Les progrès du mal me retiennent au lit ou au coin de mon feu, et tel est mon avenir pour tout l'hiver au moins. Que quelques heures de ta société me feraient grand bien ! Penses-tu que depuis Naples je n'ai pas ouvert mon cœur une fois, et que l'infortune nous fait encore mieux sentir le prix de l'amitié ! Je ne vois que des cœurs fermés, et je donnerais de bon cœur une partie du temps que j'ai peut-être à vivre pour passer l'autre avec toi. Si tu le peux, viens jusqu'à Mâcon passer quelques jours ou quelques heures. Je n'insiste pas davantage parce que je sens trop que ton séjour t'y sera ennuyeux. Je suis avec ma famille dans une position fort chancelante et pénible. Cependant il y a des compensations à tout, la résignation en est une, je l'ai. Je vis au jour le jour, attendant pis ou mieux.

Quand j'ai quelque intervalle de repos à mes souffrances, je travaille et j'écris. Je viens même d'entreprendre, il y a trois semaines, une tragédie nouvelle sur un vieux sujet qui m'a séduit par les passions dont il m'a semblé plein, c'est *Médée*. J'en viens de versifier quatre actes avec une incroyable opiniâtreté, je suis au cinquième, mais il dort pendant quelques jours par les ordres de mon médecin qui dit que même ce seul délassement m'est fort nuisible. Que faire donc?

Si je reprends un peu de vie quand *Médée* sera finie, je commence *Brunehaut* et *Mérovée*; et, si je guéris jamais tout à fait, si je renais sérieusement, je jure que j'emploierai ma vie à faire mon poëme de *Clovis;* je crois t'en avoir parlé. N'admires-tu pas ce beau zèle d'un mourant qui s'occupe encore de niaiseries? A propos je t'avertis que je t'ai fait depuis un mois une belle dédicace de mon *Saül*. J'en ai soigné l'écriture et l'ai mise dans mes papiers, comme si cela devait nous mener tous deux à l'immortalité. Pardonne-moi ces bêtises, *forsan et hæc olim*.

Donne-moi donc vite une réponse et des détails, et quelques pages de consolation et l'histoire de ton année et de tes voyages. J'attends tout cela. Que n'osé-je t'attendre toi-même! Adieu, je te dirai seulement que je t'aime par-dessus tout, avant tout et à jamais, et que je ne regretterai que toi si les dieux m'appellent. Adieu encore.

CIV

A monsieur Laurent de Jussieu

Aide-naturaliste, chez M. de Jussieu, au Jardin des Plantes,
à Paris.

Milly, 19 décembre 1813.

SOUVENIR.

Parcendum est animo miserabile vulnus habenti!
OVIDE.

Te souvient-il de ces moments trop courts
Où, partageant et nos goûts et nos peines,
Aux vieux échos des forêts de Vincennes
Nous racontions nos vers et nos amours?
Te souvient-il du poétique ombrage
Que nous prêtaient deux saules protecteurs,
De ce ruisseau qui baisait le rivage
Et dont les flots, à l'abri de l'orage,
Coulaient, hélas! plus calmes que nos cœurs?
Te souvient-il du tilleul solitaire
Où, nous cachant des ardeurs du midi,
Un lait mousseux dans l'onde rafraîchi
Coulait pour nous des mains de la bergère?
Ah! que le jour fuyait rapidement!
Ah! que la nuit nous surprenait souvent!

Lorsque les tours de ce château gothique
Disparaissaient dans les vapeurs du soir,
Et que nos yeux à peine pouvaient voir
Les vieux créneaux de la tourelle antique,
Un char léger, par ton ami conduit,
Dans le séjour du tumulte et du bruit
Reconduisait le couple poétique.
O vieux Vincenne! ô bocages chéris,
Sombres détours, forêt mélancolique,
Qu'avec douleur nous quittions vos abris!
Qu'avec lenteur nous regagnions Paris!
Notre âme hélas! un instant soulagée,
En approchant de cet impur séjour
De tous ses soins pressentait le retour :
Telle une esclave, un moment dégagée
Du poids affreux des fers qu'elle a portés,
Si de nouveau l'on prépare ses chaînes,
Ce court bonheur va redoubler ses peines,
Et le cachot qu'un jour elle a quitté
Paraît encore à ses yeux attristé.
Trop vains regrets! Déjà le char rapide
A retenti sur le pavé glissant,
Et, dans les flots d'un peuple renaissant,
Déjà ma main maladroite et timide
Contient à peine un coursier frémissant :
Muets tous deux, nous marchons tristement,
L'ennui commun nous gagne en un moment.

Déjà pourtant cette immense avenue,
Ces longs remparts au plaisir consacrés,
De mille feux par le goût éclairés,
Dans leur éclat s'offrent à notre vue.

Avec effort nous perçons la cohue
Des curieux, des fripons, des catins;
Leurs flots pressés entrent dans ces jardins
Où chaque soir les laquais libertins
De leurs amours scandalisent la rue.
Les bruits des chars dans l'arène emportés,
Les cris du pauvre et les chants de l'ivresse,
Tout fait horreur à nos sens révoltés,
Et cette joie inspire la tristesse.
O paix des champs, tranquilles voluptés,
Plaisirs sans bruit, innocente allégresse,
Pourquoi, grands dieux! vous avons-nous quittés!
Où respirer dans cet air infecté?
Nous le disions. Cependant le char roule,
Malgré nous-même au hasard emporté,
Il nous entraîne, et nous suivons la foule
Vers ces jardins par Le Nôtre plantés,
D'un peuple oisif chaque soir fréquentés.
Du dieu d'Amour ces jardins sont le temple,
C'est dans ces lieux que la beauté contemple,
Dans les transports d'un peuple adorateur,
L'heureux effet de son regard vainqueur;
C'est là qu'on voit, sous l'ombrage propice,
Aller, venir l'imprudent billet doux
Qui dans la main commodément se glisse;
Là chaque banc favorise un caprice,
Chaque tilleul protége un rendez-vous:
Ne troublons pas des mystères si doux.
S'il est un coin retiré, solitaire,
Et dédaigné de tout couple amoureux,
Ami, c'est là que nous fuyons tous deux.
Là de Phœbé la tremblante lumière

Sous le feuillage épand un jour douteux.
La solitude aux malheureux est chère
Et le bonheur semble offenser leurs yeux.
A tes accords mon oreille attentive
T'y demandait ces vers délicieux,
Ces vers touchants où ta lyre plaintive
Déplore, hélas! un sort trop rigoureux.
Ami, nos vers ne touchent pas les dieux;
Ils restent sourds: notre triste jeunesse
S'exhale en vain en éternels soupirs,
L'heure s'enfuit, nous passons, le temps presse,
Nous toucherons à l'aride vieillesse
Et nous n'aurons vécu que de désirs.
O dieux cruels! ciel injuste et barbare!
Pourquoi faut-il, par un destin bizarre,
Qu'un lourd grimaud de sottise engraissé
S'endorme en paix sur son or entassé,
Que son palais offre aux yeux l'étalage
De tous les arts, peu faits pour son usage;
Et que Jussieu, dans quelque bouge étroit,
Déjeunant peu, dînant mal, soupant froid,
Accuse en vain une ingrate fortune
Qu'en si beaux vers sa misère importune?
Hélas! ami, tels étaient nos discours:
Nous nous plaignions; nous plaindrons-nous toujours?

Déjà des nuits l'inégale courrière
A quatre fois recommencé son tour
Depuis l'instant qu'un destin trop sévère
M'a confiné dans cet obscur séjour,
Au fond des bois, dans un coin de la terre
Où l'on ne vit ni de vers ni d'amour.

J'y charme un peu mon ennui solitaire
En t'écrivant, mais écris à ton tour.

Ainsi ma voix, que l'amitié réveille,
A l'improviste a frappé ton oreille.
Tu m'oubliais, et soudain tu m'entends,
Comme la voix de ces perfides ombres
Qui, se traînant dans l'horreur des nuits sombres,
Viennent soudain surprendre les vivants.

Vade ! sed incultus qualem decet exulis esse.
OVIDIUS.

Ma plume m'a entraîné malgré moi dans ce déluge de mauvais vers. S'ils vous ennuient, gardez-m'en le secret. Ce que j'en fais là, mon cher Jussieu, est pour vous rappeler la parole que vous m'aviez donnée de m'écrire.

AL. DE LAMARTINE
A Mâcon.

Adieu, tout à vous et au désir de vous retrouver dans des temps meilleurs. J'imagine que vous êtes rue de l'Odéon, mais j'adresse au Jardin des Plantes. Mille choses à Bernard. Adieu.

ANNÉE 1814

ANNÉE 1814

CV

A monsieur le comte de Virieu.

Milly, 6 mai 1814.

Où en es-tu? où en es-tu? que faut-il espérer? Dois-je partir sans délai pour te joindre? puis-je rester encore quelques mois à rétablir ma santé dans le repos des champs? Vers quel côté vois-tu pencher notre balance? deviendrons-nous de paresseux mousquetaires ou d'importants diplomates? Aperçoit-on déjà quelque jour à quelque occupation utile? ou bien resterons-nous confondus et rampant lentement derrière la foule des solliciteurs? C'est ce que je crois un peu, c'est-à-dire pour mon compte. Écris-moi vite sur tout cela.

Je n'ai pas encore passé la première strophe de l'acte en question, un passage perpétuel de troupes ne m'en laisse pas le temps. Nous en avons à la fois à la ville et à la campagne, et je suis obligé de courir sans cesse d'un lieu à un autre pour leur faire face. Vignet vient de m'écrire, il est malade et triste comme moi ; mais tous deux nous prenons assez bien notre parti.

Adieu. Je ne puis t'écrire que ces deux mots aujourd'hui. As-tu vu mon père ? Où loges-tu ?

 Ton ami à jamais,

       AL. DE L.

ANNÉE 1814. 33

CVI

A monsieur de Virieu

A Paris.

Mâcon, 16 mai 1814.

Tu dis trop vrai, mon cher ami : nous sommes déjà éteints, nous n'avons plus nos passions de dix-huit ans, nous sommes usés et philosophes. Est-ce un malheur? Je n'en sais rien, mais à coup sûr, c'est ce qui nous nuira dans ce moment-ci pour nos projets. Nous n'y mettrons pas la ténacité nécessaire pour réussir, nous nous endormirons, et puis nous prendrons paisiblement notre parti, toutes choses que nous n'aurions pas faites il y a quatre ans.

Quant à moi je me retire déjà des rangs. Mon père me mande que, hors une place de garde du corps, il n'y a rien à espérer; et je me hâte de lui mander que je ne m'en soucie guère, à moins que cela ne soit pour moi un moyen de me placer dans le civil après cinq ou six mois de service.

Qu'en penses-tu? Je suis trop vieux et d'une trop mauvaise santé et d'un caractère trop fatigant pour me faire militaire à présent. Tu connais d'ailleurs ma position et ma situation menaçante : tu sais que, si je m'endors seulement, je suis ruiné ; que, si je ne me prépare pas une espèce de fortune à moi d'ici sept ou huit ans, je n'en aurai plus, et qu'il ne sera plus temps d'en acquérir. Tu vois que si, comme tant d'autres jeunes gens riches, j'entre dans la maison du roi pour avoir simplement une contenance, je m'y ruinerai davantage infailliblement, et que rien ne compensera pour moi dans cette carrière la perte de ma fortune et de mon temps, car où diable cela nous mènera-t-il? Toi qui es plus près, et qui par conséquent vois mieux, écris-moi vite ton sentiment. Tu peux décider parce que tu connais comme moi ma situation, et je me soumets entièrement à ce que tu décideras. Tu me tireras d'un grand embarras, car je ne puis décider moi seul. Mais tu vois que je pencherais plutôt à attendre autre chose. Surtout réponds-moi vite, et tire-moi de perplexité.

J'écris à mon père à peu près dans ce sens.

Il me semble que nous pouvons faire mieux que cet insipide métier de machine. Enfin décide.

Je suis fort ennuyé : nous allions partir pour Lyon, ma mère et moi, pour nous trouver au passage de la duchesse d'Orléans qui a toujours eu des bontés pour la famille de ma mère ; et voilà que ma mère est tombée malade, que Mâcon et les campagnes sont remplies de troupes pas plus civiles qu'en temps de guerre, que tout va de travers, et que ma maladie va plus mal. Consulte donc quelque habile homme pour moi, si tu en trouves.

Adieu. Je t'écrirai plus longuement quand tout ira mieux. Aime-moi *sicut te amo* et pense à moi.

A. DE L.

Mon père est logé à l'hôtel de la Marine, rue Vivienne, n° 27, à côté de l'illustre tailleur Léger. — Fais-moi donc cadeau de l'ouvrage de Mme de Staël, *de l'Allemagne*, quand il paraîtra ; autrement je ne le lirais pas d'un an.

CVII

A monsieur de Virieu.

Lyon, 19 mai 1814.

Tu vois que partout je pense à toi et je t'écris. Je suis venu seul à Lyon pour me présenter à Mme la duchesse d'Orléans qui doit passer ici. Ma mère est malade et n'a pu venir elle-même ; mais j'apprends qu'on ne sait encore rien de positif sur son arrivée, et je m'en vais demain rejoindre mes tristes pénates qui sont bien livrés à des dieux étrangers et plus cruels que jamais. On ne peut peindre l'état où nous en sommes à présent, c'est pis qu'il y a trois mois.

Et toi, mon ami, où en es-tu ? Te décides-tu à quelque parti ? Je t'ai mandé que je me trouvais et trop vieux et trop pauvre pour entrer dans le militaire. Je t'ai demandé ton avis, donne-le-moi vite.

Comment va Paris ? Nous craignons de grands malheurs ici si cela ne finit pas vite. Que penses-tu de tout cela ? On n'a pas encore l'esprit assez tranquille pour faire des vers ; je songe plutôt à préserver nos pauvres domaines des exactions et des pillages. Nous sommes flattés de voir passer le comte d'Artois et les princes ; on nous forme en gardes nationales à pied et à cheval, nous travaillons à nos uniformes ; j'ai un cheval superbe tout prêt pour l'occasion et qui fait valoir son cavalier. Je suis le matin à la campagne et le soir à la ville. Cette maudite ville m'ennuie prodigieusement ; quand serons-nous libres de la quitter ?

Vignet m'invite à aller le voir aux eaux d'Aix, mais, hélas ! c'est un rêve trop agréable. Pourquoi es-tu si loin, si lent à écrire, si paresseux ? Je suis dans un instant d'humeur, tu t'en aperçois. Adieu, je ne veux pas te dégoûter. Je lis à l'instant l'ouvrage de Mme de Staël sur *l'Allemagne*. Je commence à regretter mon argent, quoique cela me paraisse écrit d'un style assez masculin, mais un peu trop à la Dacier. Adieu, adieu ; ne me l'envoie pas, puisque je l'ai, mais envoie-moi donc la tragédie de *Ninus II*. Je t'embrasse de tout mon cœur.

CVIII

A monsieur de Virieu.

Mâcon, 1er juillet 1814.

Je romps enfin un ennuyeux silence que je gardais en attendant une lettre de toi; romps-le donc aussi toi-même, car je ne sais plus à quoi l'attribuer. J'ai de tes nouvelles, mais c'est par d'autres que toi : je sais que tu te portes bien, que tu es dans les gardes du corps, que ta mère vient s'établir près de toi à Paris. J'imagine que tu as bien une heure à toi par semaine, et je ne reçois rien ! Vignet aussi s'était laissé subjuguer par la paresse et le chagrin, et depuis deux mois il était muet. Il vient de m'écrire, et sa lettre peint trop le désespoir de son âme pour que nous ne le partagions pas. C'est une triste et véritable élégie sur le sort de son pays divisé, avili et perdant tout, jusqu'à son nom. Servolex devient frontière et sera profané par des lignes de douaniers ! Notre pauvre ami voudrait le quitter, mais la maladie de sa mère le retient; lui-même est malade aussi. Pour moi, depuis que tu m'as quitté, ma santé, que je croyais raffermie, s'en va de nouveau. J'ai une fièvre obstinée. Je suis à Mâcon toujours, et à mon grand regret; ces passages éternels de troupes ne nous laissent pas un jour de libre. C'est un supplice, surtout pour moi qui ne vis qu'à la campagne.

Je m'imagine que ce qui fait que tu ne m'écris pas, c'est que peut-être tu ne reçois pas mes lettres chez ta sœur. Vignet me demande ton adresse, et je ne la sais peut-être pas bien; tout cela m'arrête et m'empêche de t'écrire plus longuement. Adieu, écris donc.

CIX

A monsieur Aymon de Virieu

Garde du corps, à Versailles.

Beauvais, 26 juillet 1814.

Ah! quelle punition amère les dieux m'ont infligée! Moi que les plus beaux lieux du monde n'ont pas pu fixer, et qui cherchais et espérais toujours mieux, je suis enfin fixé, mais c'est dans le dernier pays que j'aurais pu choisir! Figure-toi, mon cher ami, qu'après avoir traversé les pays les plus beaux, les plus variés et les plus riches, on arrive enfin à une grande plaine assez belle encore, mais qu'au milieu de cette plaine la nature a creusé une espèce d'entonnoir où les hommes ont élevé une espèce de ville : c'est là Beauvais, c'est le séjour humide et malsain que le ciel m'a choisi! c'est là que je souffre déjà un cruel mal de poitrine pour y avoir respiré l'air mouillé d'hier au soir! Plains-moi, et dis-moi ce qu'il faut faire pour me consoler et me préserver.

> Qu'êtes-vous devenus, bords riants, frais bocages,
>   Où l'Arno promène ses eaux ?
> Qu'êtes-vous devenus, magnifiques rivages
> Où la mer de Tyrrhène, à l'abri des orages,
>   Entoure Naples de ses flots ?
> Et vous, brillants aspects, sublimes paysages,
> Qu'admira mon enfance aux rives du Léman ?
> C'en est donc fait ! Je vais dans ces tristes parages
> Célébrer vainement vos séduisants rivages
>   Et mourir en vous regrettant !

Je n'ai pu résister à cet élan de sensibilité. En arrivant, j'ai été me présenter, et on m'a logé, au bout de la ville, chez une vieille marchande épicière qui m'a reçu à merveille et donné une fort bonne chambre; mais il faut passer par la boutique et monter par une échelle. Je tirerai souvent l'échelle après moi. Si je puis vivre, je vais travailler. Je ne sais encore où je dînerai, mais je suis arrangé pour déjeuner chez moi avec un potage et du fromage ou bien du lait, qui est excellent ici.

Mais je suis amoureux, amoureux fou d'une petite fille de sept ans qui était hier dans le voiture. Je n'ai jamais rien vu au monde de si beau que cette tête et de si gentil que cette enfant. Elle était avec sa mère qui m'a pris de passion. Le frère est garde du corps, mais tout cela demeure à douze lieues de Beauvais. Je ne plaisante pas du tout, je suis amoureux, et, tant que je vivrai, j'aurai cette figure dans la tête et dans le cœur. J'ai presque osé pleurer en les quittant!

Mais le soir j'ai vu bon nombre de camarades. *Qui me fermo.* J'ai porté à M. d'Agoult la lettre de son frère, il n'y était pas. J'y retournerai ce matin. J'espère en lui. Ce matin je ne suis pas allé encore à l'exercice; j'irai tout à l'heure à l'ordre, et voilà la vie que j'entreprends. Trop heureux surnuméraire, que votre sort sera différent! *O! per dio Bacco! che m'ha butato qui? Che cosa aveva fatto io al cielo per devenir una machina militare!*

Est-il vrai qu'il y ait une nouvelle ordonnance de S. M. qui nous promet 1,200 fr. au 1er janvier? Nous n'avons point encore de fusils, mais nous avons six ou sept chevaux. Oui, nous sommes bien ici pour dix-huit mois. Adieu. Voilà ma première; attends-toi à recevoir tous les jours une épître.

Adieu. Ne montre pas ma lettre à M. d'Agoult. Adieu encore, ton amitié me console et me consolera de tout.

A. DE L.

Al. de L., garde du corps, chez M. Durand, épicier, grande rue Saint-Martin, à Beauvais.

CX

A monsieur Aymon de Virieu

Garde du corps, à Versailles.

Beauvais, 3 août 1814.

Copie du journal de mes promenades.

Je me console dans cet ennuyeux séjour et plus ennuyeux métier en me promenant tous les jours cinq ou six heures dans la campagne, un livre et un crayon à la main. Hier je découvris, assez loin de la ville, un petit sentier ombragé par deux buissons bien parfumés; il me conduisit au milieu des vignes qui sont parsemées de cerisiers. Je me couchai sous leur ombre fraîche et épaisse, j'ôtai mon épée et mes bottes, l'une me servait de pupitre et l'autre d'oreiller. Je sentais dans mes cheveux un vent doux et frais; je n'entendais rien que les bruits qui me plaisent, quelques sons mourants de la cloche des vêpres, le sourd bourdonnement des insectes pendant la chaleur et les rapaux d'une caille cachée dans un blé voisin. Tel était le lieu de la scène, c'est là que je t'écrivais, et j'imagine que tu aurais voulu y être. Voilà ce que j'y griffonnais au crayon :

> Ah! rendons grâce au ciel qui nous créa sensibles:
> Aurait-il pu nous faire un plus heureux présent !
> L'imagination, d'un pinceau complaisant,
> Crée, embellit pour nous des mondes invisibles
> Où nous nous égarons loin du monde présent.
> Pour nous tout est plaisir et tout est jouissance :
> La chute d'une feuille, une fleur que balance
>   L'haleine invisible du vent,
> Ce ruisseau paresseux qui murmure en fuyant,
> L'obscurité, le jour, le bruit ou le silence,
> Tout dans un cœur sensible éveille un sentiment.
> Soit que le jour finisse ou que le jour commence,
> Il nous trouve plongés dans un songe charmant.

A présent par exemple j'oublie entièrement mon nouveau métier et mon triste logement dans un grenier de Beauvais, mais je me crois l'heureux possesseur de l'arbre à l'ombre duquel je suis assis :

> Non loin d'ici, je vois une simple chaumière
> Qu'environne un verger : la chaumière est à moi,
> Un ruisseau le partage, il coule sous ma loi,
> Je dirige à mon gré son onde tributaire,

Je peuple ce réduit d'une jeune bergère;
Elle est reine en ces lieux dont son cœur me fait roi.
Pour compléter enfin mon bonheur solitaire,
J'y joins un tendre ami; ce tendre ami, c'est toi.
Dans ces lieux qu'Amour cache au reste de la terre,
Nous coulons en secret des jours de soie et d'or;
Nous y servons des dieux inconnus au vulgaire;
  Le travail est notre trésor.
  Moi-même, d'une main prudente,
Je dirige le soc entre un double sillon;
  De l'autre, armé de l'aiguillon,
Je presse de mes bœufs la démarche trop lente;
  Moi-même, saisissant la faux,
J'abats dans les guérets la moisson jaunissante,
Ou, la bêche à la main, je creuse les canaux
Qui vont porter la vie à l'herbe languissante,
Tandis que, préparant un champêtre repas,
  Daphné, sous ses doigts délicats,
Presse de mes brebis la mamelle flottante,
  Remplit sa corbeille pesante
De ces fruits savoureux qu'ont mûris nos climats;
Ou bien (est-il des soins indignes d'une amante?)
Amollit elle-même une couche odorante
Où l'amour doit le soir m'endormir dans ses bras.

Je joins à ces pénibles travaux une douce étude :

A l'heure où le soleil nous darde ses rayons,
  Quand le midi brûlant dévore la campagne,
  Souvent, assis aux pieds de ma douce compagne,
Je quitte ma faucille et saisis mes crayons.

Qu'ils sont doux les airs de ma lyre,
Quand Daphné daigne les redire !
Philomèle se tait dans le creux des vallons :
L'amour en est l'objet, c'est lui qui les inspire,
C'est lui qui les répète, et lui-même il admire
Son ouvrage dans mes chansons !

Ainsi se passent mes beaux jours, dans un beau pays, sous un beau ciel, sous le ciel de Naples par exemple, et à l'ombre de ses orangers.

Coulez, jours fortunés, coulez plus lentement,
Pressez moins votre course, heures délicieuses,
Laissez-moi savourer ce bonheur d'un moment.
    Il est si peu d'heures heureuses !
Faut-il donc les voir fuir aussi rapidement !
Je disais, — Mais voilà que la cloche fatale
    A retenti dans le lointain ;
Du sommet de ses tours l'antique cathédrale
Répète lentement tous les coups de l'airain.
De la ville à grands pas je reprends le chemin.
Adieu, songes et vers, adieu jusqu'à demain !
    C'est ainsi qu'oubliant ses peines,
Un malheureux captif, un moment assoupi,
    De ses fers se croit affranchi,
Et s'étonne au réveil de retrouver ses chaînes !

Adieu : mille choses à Fréminville. Je te fais une épître et je veux aussi lui en faire une. Aime-moi et aimons-nous les uns les autres, car le reste ne vaut rien ou à peu près. Sur ce, silence! — Tu n'en auras plus pour aujourd'hui, j'ai trop à écrire.

A. DE L.
4e brigade.

Comment trouves-tu le métier? Pour moi je n'ose le dire. Mais vive le roi! et tout ira bien. Remercie M. d'Agoult pour moi. Je cherche à devenir amoureux, mais toutes les femmes sont si laides! Je t'embrasse.

CXI

A monsieur Aymon de Virieu
Garde du corps, à Versailles.

Beauvais, 8 août 1814.

On nous a passés ce matin en revue, mon cher ami, et on nous a choisis à la mine, je crois, pour être du premier guet, c'est-à-dire pour le 27 de ce mois-ci. Je suis tombé heureusement dans le nombre favorisé, et j'arriverai, je crois, le 28. Fais-moi le plaisir, si tu le peux, de me chercher un petit trou tel quel, à quelque étage que ce soit, bien près du quartier, à cause de ma paresse, et de me le retenir pour ce jour-là. Arrange-toi aussi pour être à Paris à cette époque, à quelque prix que ce soit. Il le faut, car je n'ai pas de quoi t'aller voir tous les jours à Versailles, et il faut cependant vivre un peu ensemble.

Adieu, réponds-moi là-dessus, *subito*.

AL. DE L.

CXII

A monsieur Aymon de Virieu

Garde du corps, à Versailles.

Beauvais, 15 août 1814.

C'est du creux de mon lit, tremblant encore de mon opiniâtre fièvre, que je me console de mon parfait abandon en t'écrivant quelques lignes décousues. Je ne sais ce que c'est que cette espèce de fièvre-là. J'ai mille symptômes opposés : hier on m'ordonna l'émétique pour aujourd'hui, et ce matin mon médecin me l'a fait jeter par la fenêtre, et m'a dit : Buvez de la fleur d'oranger et du vin de Bordeaux. Cela va un peu mieux ce matin, et j'en suis bien aise, car je redoutais de manquer une seule fois à l'exercice. J'y ai toujours été malgré la fièvre, et je me recouchais en revenant. Je suis le plus digne de pitié des êtres d'ici-bas. Du reste on m'admire au manége, et les instructeurs n'ont qu'une voix : *Bien placé A merveille! Regardez monsieur!* Ils ne se doutent pas de ce que je souffre sur un cheval sans selle. On nous mène bien sévèrement. Si je suis malade le matin, et que le soir cependant on m'ordonne un peu d'exercice, je ne puis d'après l'ordonnance sortir sans être mis aux arrêts, etc., etc. Je ne connais aucun de nos officiers, qui m'ont l'air fort sévères. Je n'ai point d'amis, à peine des connaissances. J'ai fait deux visites à M. d'Agoult qui m'en a fait autant, et nous voilà. Je passe ma vie chez moi et dans mon lit, je ne peux plus me promener.

J'ai écrit une petite lettre à Fréminville, mais point de vers, je n'en fais plus. Voici seulement une petite romance que j'ai faite, il y a trois jours, sur un saule et sous un saule, dans un petit cimetière de village près d'ici. Toi qui connais des amateurs, fais y coudre une musique bien triste, et cela passera à la faveur du chant et du piano :

LE SAULE PLEUREUR.

Arbre chéri de la mélancolie,
Arbre touchant, par ma douleur planté,
Où chaque soir mon âme recueillie
Sur son tombeau vient pleurer la beauté ;

De mon Emma toi qui couvres la cendre,
Sur son destin tu me parais pleurer,
Et tes rameaux se plaisent à descendre
Vers son gazon qui semble t'attirer.

Un jour aussi tu couvriras ma tombe,
De l'amitié tu cacheras le deuil;
Il faut mourir quand la beauté succombe !
Tu pleureras sur un double cercueil.

Conserve bien sa dépouille mortelle !
Tous les matins je viendrai t'arroser,
Saule chéri, mais garde-moi près d'elle,
Garde la place où je veux reposer.

Que le zéphyr embaume ton feuillage !
Qu'il reverdisse au souffle du printemps !
Et qu'à jamais sous ton pieux ombrage
L'air soit plus doux, les regrets moins cuisants !

Au moment où je t'écrivais ceci, quelques camarades, touchés de mon triste sort, sont venus me voir et m'ont témoigné beaucoup d'intérêt. M. d'Agoult était du nombre ; il m'a annoncé la nomination de son frère à la place de premier secrétaire d'ambassade à Madrid. Il m'a annoncé une autre nouvelle inquiétante pour moi, c'est que nous n'irons pas tous à Paris pour le guet, mais seulement quarante-trois d'entre nous.

Je frissonne de peur de n'en pas être, et, si je n'en suis pas pendant l'automne, je suis perdu, car Beauvais est une espèce de marais. Je n'ai point de protection dans la compagnie. Je n'ai, comme tu sais, point d'intrigue ; hélas ! hélas ! je vais rester ! Nous saurons cela incessamment. Il m'a dit aussi qu'on t'avait vu boitant à Versailles d'un coup au pied de ton fusil, et que tu travaillais à venir à Paris. J'ai pensé que c'était d'après ma lettre.

Adieu, ta dernière lettre m'a fait plus de plaisir que je ne puis te dire. Adieu.

Ti voglio piu bene che non poi desiderarlo !

A. L.

Comment trouves-tu ma romance ? Je n'en ai pas le génie, comme on dit. Je lis Ducis, et je trouve cela bien médiocre. Je connais quelqu'un qui a plus d'*estre*.

CXIII

A monsieur Aymon de Virieu

Garde du corps, à Versailles.

Beauvais, 17 août 1814.

Ceci est pour la dernière publication. Décidément je pars pour Paris. On a fait hier un nouveau choix, seulement d'une trentaine, et j'ai été d'emblée du nombre des élus. On nous a fait subir un examen à cheval : le manége était jonché de cavaliers, car les hommes et les chevaux, tout est neuf, tout est fou. — Cependant j'ai repris cette nuit la fièvre, et tu t'apercevras à mon écriture que ma main tremble.

Adieu. Vivons ensemble, et, s'il faut mourir, mourons le même jour; entrons en même temps dans le monde inconnu, meilleur sans doute que celui-ci. A propos, je t'ordonne de lire sur-le-champ *Agathoclès*, roman de madame Pichler, traduit par madame de Montolieu. Tu y trouveras mot à mot toute la philosophie de notre ami

Fréminville et la nôtre ; en outre, de belles idées, de jolis tableaux, de la chaleur, de l'imagination, et ce je ne sais quoi de raisonnable et d'animé à la fois, qui doit te charmer comme moi.

AL. DE L.

Prions Dieu que ma fièvre s'adoucisse et me laisse partir. Je suis presque amoureux de la fille d'un charpentier, mon voisin.

CXIV

A monsieur Aymon de Virieu

A Paris.

Milly, 30 novembre 1814.

Je ne t'ai pas écrit plus tôt parce que mon voyage a été une odyssée tout entière : j'ai été arrêté par des enchanteresses, par des monstres et par des fleuves débordés. Avec l'aide des dieux j'ai tout surmonté, et je suis arrivé ici par Charolles et Cluny, ainsi que tu étais parti, et point trop fatigué des pataches. Or, mon premier soin, après m'être établi dans ma cellule et les pieds dans mes sabots, est de t'écrire pour charmer les longues soirées que rien n'abrége au fond de nos montagnes. D'ailleurs je m'aperçois que ce n'est plus qu'à toi que je puis écrire du fond du cœur et en laissant courir la plume. Pour écrire à d'autres, il faut que je me monte jusqu'à un certain point la tête, et que je me fasse alors un caractère de convention; il n'y a vraiment que toi qui m'entendes et par qui je veuille être tout à fait entendu. Oh! combien l'on vaut mieux dans la retraite des champs, ne fût-ce qu'au bout de trois jours, que partout ailleurs! combien l'on retrouve de sentiments que l'on croyait à jamais perdus! combien l'âme reprend de ton et le cœur de puissance! combien l'imagination s'agrandit et se réchauffe! J'en suis plein, je viens de retrouver tout cela.

Si, du fond de l'infâme cloaque que tu habites pour ton malheur, tu conserves assez de vigueur pour t'élever à une certaine hauteur, si tes ailes ne sont pas enterrées dans la fange, prends ton vol, et viens, du moins en idée, partager les voluptés de ma solitude. Tout ce que nous avons senti si fort dans notre bon temps, je le sens depuis trois jours; je me reconnais, et je retrouve autour de moi mille sensations oubliées. Je n'essaierai pas de te les peindre, elles sont trop vives, trop rapides, trop insaisissables. Mais sais-tu ce que c'est que des jours pluvieux, nébuleux, orageux d'automne, sur nos coteaux? Comprends-tu le charme de ces vents harmonieux qui ébranlent mes fenêtres et font crier ou siffler nos arbres déjà défeuillés? Peux-tu te peindre les délices que je trouve à parcourir sous mon manteau nos vignes dépouillées, à grands pas et comme un homme pressé par l'orage? Conçois-tu tous les plaisirs que nous donnent des habitudes, même désagréables, mais enfin que l'on retrouve? Comprends-tu comment j'en suis jusqu'à trouver un grand charme à la fumée qui remplit ma petite chambre et à l'air froid qui vient à travers ma croisée qui ferme mal, uniquement parce qu'autrefois cela était ainsi? En vérité il y a cinq ou six hommes en nous; mais le vieil homme ne périt pas, on le retrouve au moment où l'on y songeait le moins.

Oui, je suis redevenu, au milieu de tout cela, tout ce que j'étais il y a cinq ans, tout ce que nous étions en sortant des mains de l'admirable, de l'adorable nature. Le croiras-tu? je sens mon cœur aussi plein de sentiments délicieux et tristes que dans les premiers accès de fièvre de ma jeunesse. Je ne sais quelles idées vagues et sublimes et infinies me passent au travers de la tête à chaque instant, le soir surtout, quand je suis comme à présent enfermé dans ma cellule et que je n'entends d'autres bruits que la pluie et les vents. Oui, je le crois, si, pour mon malheur, je trouvais une de ces figures de femme que je rêvais autrefois, je l'aimerais autant que nos cœurs auraient pu aimer, autant que l'homme sur la terre aima jamais. Mon cœur bondit dans ma poitrine, je le sens, je l'entends, Dieu sait tout ce qu'il contient, tout ce qu'il désire! Pour moi je jouis et je souffre de cet état, et je sens tomber quelques larmes. Oui, si cela durait, il faudrait sans doute mourir; mais je mourrais du moins avec quelques sentiments nobles et vertueux dans l'âme.

Qui l'eût dit, que je fusse redevenu presque tout ce que j'ai été quand mon cœur n'avait encore rien usé ici-bas? Toi-même, je te vois sourire d'une exaltation qui te paraîtra sans doute ridicule; tu es au milieu des morts, et tu deviendras froid comme eux. Hélas! on se glace en voulant les réchauffer. Pourquoi la nécessité cruelle me forcerait-elle aussi à aller me mêler parmi eux? Pourquoi faut-il qu'au moment où je les aurais quittés pour jamais avec délice, le besoin m'y rappelle impérieusement? Pourquoi me suis-je mis dans l'amère position où je me trouve par mon imprudence?...... Hélas! je me suis engouffré pour voir un peu le monde et les hommes, et j'en serai puni par la nécessité de les voir encore. M'entends-tu? Sans cela, le moment était peut-être venu pour moi de valoir quelque chose à mes yeux et aux yeux de Dieu; mais ce Dieu nous frappe toujours par où nous avons péché.

Adieu, en reprenant de l'âme, j'ai repris de la piété; je n'en suis guère digne, mais je prie Dieu pour toi et pour moi. Fais-en autant si tu t'y sens quelque goût. Je t'embrasse et finis à regret, faute de papier à la campagne. N'oublie pas de présenter mes respectueux hommages à ta mère et à ta sœur. Adieu encore.

Je viens de relire cette lettre et te prie de la garder comme un objet de comparaison un jour à venir. Adieu.

ANNÉE 1815.

ANNÉE 1815

CXV

A monsieur Aymon de Virieu

Garde du corps, à Versailles.

Mâcon, 3 mars 1815.

Voici l'élégie sur Parny, récitée à l'académie de Mâcon quelques jours après sa mort. Je te l'envoie. J'attends impatiemment de tes nouvelles et la réponse de l'état-major sur la prolongation que je demandais par la lettre que je t'ai fait remettre. Je ne suis plus guère amoureux, peut-être même pas du tout, mais je souffre beaucoup depuis ces beaux jours. Je ne sais que faire ni ou me tourner. Je n'ai pas le sol pour partir, ou presque pas. Si j'avais encore trois mois, je chercherais à me remonter en finance. S'il faut partir comme le veut mon congé, je ne sais ce que je mangerai. J'ai des nouvelles de Fréminville; je n'ose aller le voir par économie. Je lui écris sur des matières graves. J'ai écrit à Vignet; il répond mieux que toi, il est charmant.

Si rien de nouveau n'arrive, j'irai t'embrasser à Paris le 20 à peu près de ce mois-ci. J'y resterai trois ou quatre jours pour des visites, et j'irai m'enfouir à Beauvais pour quatorze mois et tâcher d'y vivre avec mes seuls appointements. Adieu, j'ai un mal de tête affreux, la poitrine en lambeaux et la fièvre par-dessus tout. Ce serait bien assez sans la misère, *ma mi burlo di tutto; da due anni ho preso un poco di coràggio, e ne ho gran bisogno. Ama mi come ti amo, e non sarŏ affatto infelice.*

As-tu bien remis ma lettre à l'hôtel de Noailles, rue de l'Université? Envoie-moi donc le numéro de cet hôtel, et écris-moi donc, ou je n'écris plus moi-même.

Faisons notre devoir, et laissons faire aux dieux.

ÉLÉGIE.

Sur ce gazon, témoin de nos douleurs,
Laissons tomber des larmes et des fleurs!

Parny n'est plus: la Parque courroucée
Vient de trancher la trame de ses jours;

Son luth muet se détend pour toujours,
Et sous la pierre insensible et glacée
Dort à jamais le chantre des amours.
Toi qu'il aimait, molle et tendre Élégie,
Prends aujourd'hui tes longs habits de deuil,
Et, sous les ifs qui couvrent son cercueil,
Viens soupirer ta douleur recueillie :
Telle en ce jour que l'on te vit jadis,
Sur le tombeau de l'ingrate Eucharis,
Mêler ta voix à sa voix attendrie.

Sur ce gazon, témoin de nos douleurs,
Laissons tomber des larmes et des fleurs !

Au sein des mers, sous les feux du tropique,
Climats brûlants où le myrte fleurit,
Sous ces bosquets que sa muse chérit,
Vénus plaça son berceau poétique.
On dit qu'un jour un laurier prophétique,
Pour l'ombrager, tout à coup s'étendit ;
On dit qu'un jour la colombe sacrée,
Abandonnant le char de Cythérée,
Sur ce berceau vint déposer son nid.
Hélas ! pourquoi des lieux de sa naissance
Le sort aveugle entraînait-il ses pas ?
Pourquoi vint-il chercher dans nos climats
De faux amours troublés par l'inconstance ?
Amant obscur, à la gloire inconnu,
Aux mêmes bords où régnait sa jeunesse,
Près de l'objet d'une longue tendresse,
Il serait mort comme il aurait vécu !

Blanche colombe à Vénus consacrée,
Toi que l'on vit planer sur son berceau,
Sous d'autres cieux, dans une autre contrée,
Viens aujourd'hui visiter son tombeau ;
Viens parmi nous, viens, une autre patrie
Garde son nom, sa cendre et son génie !

Sur ce gazon, témoin de nos douleurs,
Laissons tomber des larmes et des fleurs !

Tibulle seul manquait à ma patrie ;
Avec Parny, Tibulle a reparu.
Le luth heureux qui célébra Délie,
Antique honneur de la molle Italie,
Sur son tombeau muet et détendu,
A des cyprès languissait suspendu ;
L'amour pleurait le chantre de Lesbie :
Au tendre amour c'est toi qui l'as rendu !
Non, non, jamais il n'avait fait entendre
Aux flots du Tibre un accent aussi tendre ;
Jamais les bords de l'Anio jaloux,
Jamais les bois de Tibur, de Blanduse,
Lieux enchantés où s'égarait sa muse,
N'ont répété des soupirs aussi doux !
Quand, d'Eucharis plaignant l'ingratitude,
Dans les déserts cherchant la solitude,
Aux rocs émus tu décris tes tourments,
Apre comme eux, ton vers sauvage et rude
Semble imiter la tempête et les vents ;
Mais quand, de fleurs ayant orné ta tête,
Ta voix célèbre une douce conquête,
Ou de l'amour révèle les faveurs,

ANNÉE 1815.

Ta lyre alors, plus touchante et plus pure,
Frémit à peine et ressemble au murmure
De ce ruisseau qui fuit parmi des fleurs.
Et maintenant cette lyre est muette ;
Et maintenant, dans l'enceinte où tu dors,
On n'entend plus que les sombres accords
Que tristement l'écho des nuits répète.

Sur ce gazon, témoin de nos douleurs,
Laissons tomber des larmes et des fleurs !

Combien de fois ma tendre adolescence,
Se dérobant aux regards curieux,
Pour dévorer tes écrits amoureux,
De ses mentors trompa la vigilance !
Que tu formas ma timide ignorance !
Combien de fois, cachant mes pas discrets
Dans les détours de la forêt profonde,
J'allai chercher, loin du bruit et du monde,
A deviner les amoureux secrets !
Tu nourrissais ma langueur solitaire :
De notre esprit l'incertaine lumière
Ressemble alors aux premiers feux du jour ;
Le jeune cœur, que le désir éclaire,
De tes écrits perçant l'heureux mystère,
Trouve en tes vers le flambeau de l'amour.
Et quand plus tard, aux pieds d'une maîtresse,
J'eus fait l'aveu de ma première ivresse,
Combien de fois, interrompant nos jeux,
A tes transports nous comparions nos feux !
A nos plaisirs tu présidais sans cesse !
Et lorsque, aux pieds de cette enchanteresse,

Je lui lisais tes vers écrits pour nous,
Combien de fois des larmes de tendresse
Baignaient le livre ouvert sur ses genoux !
Et maintenant, vers ta froide demeure,
Dans le silence elle conduit mes pas :
Nos vains regrets ne te réveillent pas ;
Et maintenant c'est sur toi qu'elle pleure !

Sur ce gazon, témoin de nos douleurs,
Laissons tomber des larmes et des fleurs !

Oh ! que tes ans ont fui d'un vol rapide !
Ah ! que le temps effeuille promptement
Ces fleurs d'un jour sur le front d'un amant !
Ah ! que sa marche est muette et perfide !
Quoi ! ce soleil levé sur tes beaux jours,
Quoi ! ce printemps, témoin de tes amours,
Cette beauté qu'adora ta jeunesse,
Et tes amis si chers à ta vieillesse,
A tes regards sont voilés pour toujours !
Quoi ! nous foulons l'asile où tu reposes !
Hier encor, le front chargé de roses,
Comme un convive aux pompes d'un festin,
Tu défiais l'inflexible destin ;
Ta main encor s'égarait sur ta lyre :
La mort paraît... Ta voix tremblante expire,
Et sur ta lyre elle a glacé ta main.
Que t'a servi cette voix si touchante !
Que t'a servi cette lyre éloquente !
Ces chants si doux, par l'amour retenus,
N'ont pu fléchir la Parque dévorante !
Nous t'écoutions... et déjà tu n'es plus !

ANNÉE 1815.

Non, tu n'es plus, mais ton nom vit encore,
Mais dans ces vers l'amant d'Eléonore
Vivra toujours pour la postérité,
Mais les amants conserveront ta gloire,
Mais à jamais le cœur de la beauté
Sera le temple où vivra ta mémoire !

Sur ce gazon, témoin de nos douleurs,
Laissons tomber des larmes et des fleurs !

Tu le disais : Quand il faudra descendre
Le noir sentier qui conduit chez les morts,
Que de l'airain les lugubres accords
Ne troublent pas le repos de ma cendre !
Epargnez-moi ces funèbres honneurs
Qu'offre à la tombe une main mercenaire :
Que seulement la beauté qui m'est chère
Vienne en secret y répandre des fleurs !
Tu le disais ; mais ton Éléonore,
Sourde à la voix de l'amant qui l'implore,
De son exil gémit sous d'autres cieux ;
Elle ne peut te fermer la paupière,
Elle ne peut recueillir tes adieux,
Ni, t'adressant sa plainte solitaire,
Sur le gazon qui couvre ta poussière
Venir courber son front religieux !
Mais nous du moins, quand la pure influence
Du doux avril attiédira les airs,
Lorsque Phœbé, la nuit et le silence,
Planeront seuls sur les tombeaux déserts,
Allons autour du pieux mausolée,

Pour consoler son ombre désolée,
Graver le nom qu'il chanta dans ses vers !

Sur ce gazon, témoin de nos douleurs.
Laissons tomber des larmes et des fleurs !

CXVI

A monsieur de Lamartine

A Mâcon.

Paris, 11 novembre 1815.

Mon cher oncle,

La première lettre que vous me répondîtes de Bourbon à celle que j'avais eu l'honneur de vous écrire m'a empêché de vous écrire depuis. Vous me grondiez un peu, quand ma conscience ne me reprochait rien ; et la douleur, peut-être un peu trop vive, que j'en ressentis m'a retenu la main tous ces temps-ci. J'aime mieux vous avouer cela tout simplement que de prendre des contours ou des détours pour chercher d'autres raisons ; on ne se comprend pas, on s'interprète mal, quand les rapports qui doivent exister ne sont pas absolument francs. A présent que j'en ai le cœur net, je vous demande la permission de causer quelquefois avec vous : vos lettres, qui font les délices de tous ceux qui en reçoivent, auront un double intérêt pour moi.

Je vous ai bien plaint tous ces temps-ci, ainsi que ma pauvre tante qui avait ses propres maux pour surcroît du mal universel. Mais vous respirez enfin ; nous avons vraisemblablement quelque temps de tranquillité devant nous. Vous reprendrez vos occupations ordinaires, vous écrirez, vous étudierez ; votre cabinet ne sera plus seulement un asile contre les soldats et les gouverneurs, mais il redeviendra un petit sanctuaire des arts et des sciences. Notre académie refleurira sous vos auspices. J'ai de nombreux travaux à y porter, vous travaillerez vous-même, l'émulation renaîtra, et le monde, qui s'enrichira de vos expériences, jettera peut-être les yeux sur mes ouvrages. Je vois souvent ici M. Doria qui reçoit de vos lettres, qui m'en parle, qui a l'air de vous regarder un peu comme un mentor, et je crois que vous avez, quoique absent, quelque influence sur la députation.

Vous avez été forcé, comme tout le monde, de tourner vos méditations vers la politique : c'est le thème universel à présent, et les jeunes gens même s'en mêlent à l'envi. Je vous avouerai même, mais je vous prie que cela reste exclusivement entre nous, que j'ai écrit sur ces matières, d'abord quelques petites notes générales, ensuite quelques morceaux suivis et adaptés aux circonstances. Je n'avais l'intention que d'en faire pour moi des objets d'étude, mais, en ayant lu un des plus intéressants à quelques personnes distinguées, elles m'engagèrent fortement à les faire imprimer. Je n'avais pas d'argent, et les imprimeurs ne prennent pas les débuts des noms inconnus pour leur compte. Je me hasardai cependant à faire remettre mon manuscrit à un imprimeur. Il le fit examiner par quelques littérateurs de sa connaissance, et, l'ayant lu lui-même, il dit sur-le-champ qu'il le prenait à ses frais et que nous partagerions les bénéfices, marché extrêmement rare et même presque inouï pour un début. « Quel âge a l'auteur ? » demanda-t-il à la personne qui lui remettait l'ouvrage. — « Il n'a pas vingt-quatre ans, » lui répondit-on. — « Il marquera à quarante, » s'écria le libraire. Mon manuscrit était donc déjà à l'impression, mais, comme le secret de mon nom était déjà connu de cinq à six personnes, que le sujet était extrêmement délicat et de nature à faire grand bruit, peut-être même un peu de scandale, je me suis déterminé à temps à le retirer et à l'enfouir dans son obscurité. Je vous lirai, quand je serai près de vous, quelques-uns de ces morceaux. Cela me prive de quelque argent dont j'aurais eu grand besoin; mais peut-être aussi cela m'eût-il fait tort dans certains esprits qui aiment mieux les vérités de convention que les vérités absolues, ou qui pensent avec raison que toutes vérités ne sont pas bonnes à dire en tout temps.

Je ne vous parle pas ici de mes affaires, toutes mes lettres à ma famille en sont remplies. J'aurais un grand désir et surtout un grand besoin d'être placé. Je commence à craindre que je ne m'y sois pris trop tard, et que je ne puisse pas l'être à présent d'une manière convenable à ma position. Je ne me ralentis point cependant; je fais toujours comme si je devais réussir, afin qu'au bout de l'aventure je puisse rejeter tout mon malheur sur la fortune. M. de Beaurepaire, un député de Louhans, me dessert beaucoup parce que j'ai le malheur d'être Mâconnais. M. Doria me traite avec une extrême bonté que je dois sans doute à votre amitié, et j'attends impatiemment l'issue de tout cela.

Ma santé aurait grand besoin de quelques mois de l'air natal, de l'exercice des champs, du repos et des soins de famille. Je suis faible, délicat, incommodé à tout propos et très hors de propos : maux de tête, maux de poitrine, petites fièvres, se disputent mon fragile individu, surtout depuis l'automne, qui ne me vaut rien. Je n'y fais rien, je ne consulte personne. Je ne veux, à votre exemple, d'autre médecin qu'une philosophie la plus stoïque possible, une grande patience et un abandon entier aux ordres de l'impénétrable Providence

Qui nous conduit en nous cachant sa main.

Je vous dirai à propos de vers que j'en ai fait quelques-uns pendant ces temps d'orages (car les Muses ravissent leurs amis au-dessus des soucis terrestres), qui sont fort supérieurs à tout ce que j'avais fait jusqu'ici, et que quelques amateurs de métier louent beaucoup trop peut-être. Vous voyez que je vous fais confident de tout mon amour-propre et de toutes mes espérances de succès en tous genres, bien convaincu que ce qui sera un succès pour moi sera un plaisir pour vous :

> Vous m'avez ouvert la carrière,
> Vous présidiez vous-même à mes premiers essais,
> Votre main, à la fois indulgente et sévère,
> Portant devant mes pas le flambeau qui m'éclaire,
> Corrigea mes erreurs, prépara mes succès.
> Un jour ces tendres soins auront leur récompense :
> Si le ciel me sourit, si le vent destructeur
> Ne vient pas dessécher mes rameaux dans leur fleur
> Et ravir au printemps sa fragile espérance,
> Cet arbre, faible encor, par le vent agité,
> Grandissant sous vos yeux, par vos soins abrité,
> Portera vers le ciel sa tête vaste et sombre.
> Vous cueillerez ses fruits, vous aimerez son ombre,
>   Et vous direz : C'est moi qui l'ai planté.

Voilà des idées que j'aurais mieux fait de laisser couler tout bonnement en prose, mais la rime est venue s'y mettre, je vous demande pardon pour elle.

Adieu, mon cher oncle, aimez-moi bien, si vous pouvez. Je vous aime beaucoup, et comme oncle et comme homme. J'embrasse bien tendrement ma tante et vous, et je finis à regret, faute de papier. Voulez-vous bien donner de mes nouvelles à maman et à mon père? Pourrez-vous vous-même m'en donner des vôtres?

Votre très-humble et très-obéissant neveu.

ALPHONSE.

Paris, 16 novembre 1815.

IMPROMPTU A MADEMOISELLE FANNY R., QUI SE PLAIGNAIT DE CE QU'ELLE N'ÉTAIT PLUS CONFIDENTE DE M...

Aux genoux d'une ingrate amante
J'ai porté des vœux superflus :
Vous qui fûtes ma confidente,
Fanny, vous ne le serez plus.

C'en est fait ; j'ai brisé ma chaîne.
Aux froids autels d'une inhumaine
Je n'irai plus brûler d'encens ;
J'ai rougi de mon esclavage,
Et, tout bas, ma bouche volage
Prononce de plus doux serments.

Plein du nouveau feu qui m'inspire,
En vain vous m'ordonnez, Fanny, de vous écrire,
Je sens trop qu'à présent je dois être discret.
Mon amour est le seul secret
Que je ne puisse plus vous dire.

ANNÉE 1816

ANNÉE 1816

CXVII

A monsieur Fortuné de Vaugelas

A Die (Drôme).

Paris, rue du Hasard, 8 février 1816.

Cher camarade, aujourd'hui ermite dans les montagnes de la Drôme, si vous vous souvenez du pauvre Lamartine, voici de ses nouvelles. C'est la troisième épître qu'il commence pour vous depuis votre départ, et toujours il lui est survenu quelque empêchement. Mais, s'il n'a pu vous achever une lettre, soyez sûr qu'il a bien souvent songé à son cher et excellent Vaugelas, et qu'il a bien envié son sort paisible dans les bois et dans les rochers.

Hier, mon cher Vaugelas, le petit Charint vint chez moi, avec un de vos amis intimes d'une tournure charmante et de la figure la plus spirituelle et la plus fine que jamais Dauphinois ait portée. Cet ami s'étant présenté en votre nom, je l'ai reçu de mon mieux. Il m'a donné de vos nouvelles, et je compte le cultiver en mémoire de vous. Cet ami se nomme M. Rocher de la Côte. Il m'a dit que le démon de l'ambition et de l'intrigue vous tracassait jusque dans votre solitude. que vous déploriez votre oisiveté, et que vous soupiriez après je ne sais quoi. Cela m'a fait une sorte de pitié. Rentrez dans vous-même, mon cher Vaugelas; songez-donc qu'il n'y a que deux biens réels ici-bas : la santé et la liberté, que vous perdrez infailliblement l'un et l'autre dans quelque carrière que vous vous jetiez; songez qu'aucun avantage ne peut compenser ces trésors du sage ; et, puisque la fortune, votre position, vos circonstances, vous en laissent le maître, gardez-vous de les sacrifier à cette absurde chimère qu'on appelle en France *un état*. Laissez-moi cela à moi qui ne fais que des sottises qui me forcent à chercher là les moyens de les réparer, et aux imbéciles qui me ressemblent.

Ne croyez pas ceux qui vous disent : Mais il faut bien se rendre utile à son pays! — Soyez bien sûr que dans d'immenses pays, corrompus comme nos patries modernes, on n'est utile à rien qu'à soi-même dans toutes ces petites places en sous-ordre qui sont de notre sphère. Il n'y a que les tartuffes de mœurs qui citent ces phrases-là, et les nigauds qui y croient. Ne serez-vous pas plus utile en n'étant pas enchaîné, en répandant autour de vous de bons principes et les bons exemples, en élevant dans la religion et l'honneur une brave et honnête famille, en apprenant à vos enfants à se contenter des mœurs et des biens de leurs montagnes, à cultiver eux-mêmes leurs champs sans venir puiser ici les vices ou des sottises, en leur donnant enfin une bonne santé et une âme saine et indépendante? Voilà les biens qu'il vous faut faire, voilà pourquoi il faut vous marier le plus tôt possible. C'est un sacrifice, j'en conviens, mais c'est un sacrifice utile et agréable au ciel. Il y a tant de coquins! Renouvelons la race, procréons d'honnêtes gens : nous aurons mieux mérité de la patrie que si nous avions pâli vingt ans sur des tableaux et des colonnes dans une sous-préfecture ou même un ministère. Hélas! tout ce que je vous dis là n'est encore que pour vous. Pour moi, la nécessité de ma position m'oblige à chercher un peu à me placer. Je m'établis ici, je cherche un logement à l'année, je prends un domestique; j'entre ou dans la diplomatie ou dans le ministère de l'intérieur. Je ne pense plus guère aux sous-préfectures. La destitution des sous-préfets de chefs-lieux m'a repoussé bien loin. A la garde de Dieu!

Écrivez-moi donc, mon cher Vaugelas, et n'oubliez-pas qu'étant votre débiteur de 10 ou 15 francs, je dois vous abonner à quelque journal; lequel voulez-vous? Je me suis mis à faire des articles politiques dans quelques-uns, pour me désennuyer. Adieu, je suis toujours assez malade, et même plus qu'à votre départ. Qu'est-ce que la vie? Dites-moi cela, si vous le savez.

Je suis en esprit et en vérité votre ami, ou du moins je désire et veux l'être. Rendez-moi la pareille.

ALPHONSE DE LAMARTINE.

Hôtel des *Deux-Ponts*.

CXVIII

A monsieur Fortuné de Vaugelas

A Die.

Paris, 1ᵉʳ mars 1816.

Quand hier on m'apporta votre épître, très-cher Vaugelas, M. Rocher était chez moi à dire des vers et à en entendre, et nous venions de parler de vous et de relire votre dernière lettre à M. Rocher : ainsi vous arrivâtes à propos vous mettre en tiers dans notre conversation où votre souvenir était déjà. Pour répondre à votre missive d'hier, je vous dirai donc, comme on dit, que je ferai votre commission de mon mieux auprès du garde des sceaux actuel ou futur, car on parle toujours de changement pour nos ministres : nous voulons toujours nous épurer, ainsi que firent jadis les Jacobins, nos ennemis, ce qui les coula bas. Prenons garde à nous. En divisant, en divisant toujours, n'arrive-t-on pas à zéro ou du moins à un point mathématique divisible à l'infini? C'est à quoi tendent les royalistes sans tache et sans tolérance qui repoussent de leur sein tout ce qu'ils pensent moins blancs qu'eux. Vous me verriez plus que jamais déplorant cette sotte manie, et vous attaquant en ceci par des arguments irrésistibles. Mais, hélas! je serai comme la belle Cassandre qui prédit pendant dix ans la ruine de Troie, mais qui ne voulut pas quitter ses frères et fut emmenée avec eux en esclavage. Prions le ciel de nous épargner, et de nous donner le bon sens qui voit juste, et la fermeté dans notre marche, et l'adresse et la ruse et la force, et tout ce qu'avaient si bien nos antagonistes et que nous ne montrons guère jusqu'ici.

Vous voulez des nouvelles de Paris? Vous devez d'après ceci les pressentir. Je vais en outre vous en donner un bulletin exact, pour votre tranquillité.

Le parti appelé *pur* de la chambre des députés a complétement triomphé selon *vos vœux*. Il a tracé sa route aux ministres qui, après quelques simagrées d'opposition, s'y sont jetés tant bien que mal. C'est une affaire faite : on n'en parle plus dans les salons, parce que la lutte est décidément terminée et le combat fini ; les spectateurs ne crient plus que pour les vainqueurs. Mais la haine vit dans le fond des cœurs, et le parti contraire, qui n'ose plus crier, n'en est que plus effrayé, et par conséquent plus mal disposé. Il murmure tout bas et dénigre ; il sème et recueille les mauvais bruits ; il est devenu frondeur, et vous entendriez tel royaliste constitutionnel tenir maintenant le langage du plus déhonté Jacobin. Il était si facile d'avoir tous ces gens-là de son bord, de s'en faire des appuis et des prôneurs ! Ceci ne peut avoir que de funestes conséquences, car ce parti-là est bien le plus ambitieux et surtout le plus fort par ses talents personnels, son crédit populaire et l'appui que lui prêteront toujours les Jacobins qui sont derrière lui.

D'un autre côté, le gouvernement a pris, depuis votre départ, une force matérielle qu'il n'avait pas, et qui est arrivée très à propos au moment où des forces d'opinion se détachaient de lui : l'une remplace l'autre. Une belle et bonne garde royale a été formée ; l'esprit de ces régiments est excellent, malgré les tentatives faites pour les corrompre ; le pli est pris : voilà vingt-cinq ou trente mille hommes sur lesquels on pourra compter parfaitement. C'est beaucoup, si l'on sait s'en servir. Car nos ennemis n'ont pas un noyau : c'est une masse énorme, mais sans chef, sans liaison, sans ensemble; il leur devient tous les jours plus difficile de rien tenter contre nous. Cela vous fera plaisir.

2 mars.

Au moment où je vous écris ceci, mon cher Vaugelas, on annonce un changement complet de ministère dans *votre sens*. Je ne vous donne pas les nominations suivantes comme certaines, je vous les donne comme on me les donne : De Bruges, ministre de la guerre ; — De Bouville, député, ministre de la police ; — De Grosbois, ministre de la justice ; — Rubichon, ministre des finances ; — Choiseul-Gouffier, premier ministre; — Fiévée, censeur général de la librairie ; — Dubouchage reste. Faites là-dessus des commentaires.

Adieu, je finis en vous embrassant de tout mon cœur. Le carnaval a été très-dansant; je suis éreinté de bals et de soupers. Dieu nous maintienne en joie et vous aussi! Nous le méritons, n'est-ce pas? Je ne suis toujours rien, et moins près que jamais d'être quelque chose. A propos, j'oubliais le plus beau : Chateaubriand, ministre de l'intérieur. Je taille ma plume pour mettre *Atala* en vers.

ALPHONSE DE LAMARTINE.

CXIX

A monsieur de Virieu

Secrétaire d'ambassade au Brésil, à l'Intendance, à Brest.

Paris, 29 mars 1816.

Mon cher ami, j'ai éprouvé pour la première fois en te perdant une douleur véritable, semblable à celle que les amants éprouvent en quittant une maîtresse ; elle m'a même ôté tout à fait mon excellent appétit et je n'exagère rien en te disant que je n'ai pas encore pu dîner depuis ton départ. J'ai été voir ta sœur, je ne l'ai pas trouvée. J'irai aussi demain chez madame de Virieu. Je suis malade, je suis ennuyé, il fait un froid horrible, on ne peut pas mettre les pieds dehors. Fait-il meilleur sur la route de Brest ? Comment t'en es-tu tiré ? Comment te trouves-tu à l'Intendance ? Quand vous embarquez-vous ? Comment serez-vous sur le vaisseau ? Donne-moi tous les détails pour moi, pour Vignet et nos amis. J'espère bien que tu n'auras pas oublié ta promesse de m'écrire encore avant de mettre le pied en mer, fussiez-vous même partis le lendemain de ton arrivée.

Il n'y a rien ici depuis ton départ de digne de t'être rapporté, nous sommes tous en *statu quo*. Puisses-tu nous retrouver de même! Puisses-tu toi-même revenir heureux, riche, comblé de cadeaux de la cour du Brésil et des faveurs de la nôtre, être nommé à quelque cour d'Italie, et nous emmener Vignet et moi pour notre été dans ce beau pays où nous avons commencé à vivre! Qui de nous a vécu en France?

Voilà mes vœux suprêmes. Envoie-moi tes suprêmes adieux. Pense à nous, écris-nous par tous les vaisseaux; tu recevras de moi des volumes. Je vais travailler, travailler, je n'ai plus que cela à faire. Adieu. Je suis tout abruti, je ne sais que dire, je te griffonne tout ceci sans façon. Adieu, que le ciel protége ton voyage et hâte ton retour! J'ai dans l'idée que l'un et l'autre seront heureux, n'avons-nous pas nos destinées? Adieu, aime-moi toujours comme en partant, aimons-nous à jamais et pensons toujours l'un à l'autre :

il n'y a que l'amitié qui soit quelque chose de réé
dans tous les sentiments d'ici-bas.

N'oublie pas de parler de moi à M. de St. Lambert : on trouve si peu de gens dont on désire le souvenir qu'il faut tenir à ceux qu'on rencontre par hasard *in gurgite vasto*...

CXX

A monsieur Fortuné de Vaugelas

A Die (Drôme).

Montculot près Dijon, 28 juin 1816.

Gardez-vous de penser, mon cher Vaugelas, que j'aie le cœur si léger et l'esprit si gauche que de vous oublier, de vous négliger, de vous confondre avec cette immensité d'amis qu'on rencontre sur son chemin dans ce monde et auxquels on ne songe plus dès qu'on a passé. Non, non, je vous ai trop connu, trop apprécié, trop aimé et trop regretté, pour que je puisse tomber dans une pareille sottise. Mais, mon cher ami, vous approchez de la vérité dans vos conjectures sur la cause de mon long silence. J'ai été d'abord plongé dans des antichambres et même des salons de grands personnages dont le crédit m'était nécessaire et s'est évanoui comme une douce fumée entre mes mains malhabiles. Je me suis jeté alors avec une fureur nouvelle dans le sein des

Muses : ces divinités douces et consolantes m'ont mieux traité, du moins je l'espère ; et je leur consacre désormais sans inconstance les restes d'une existence à moitié usée. Hélas ! ces chères compagnes de ma vie n'ont pu éloigner de moi ni les ennuis, ni les soucis, ni les embarras, ni les chagrins de toute nature, qui ont continué à m'assaillir, et j'ai de plus attrapé dans leur commerce trop vif un mal de foie qui m'a fait beaucoup souffrir, qui m'a réduit à une espèce de nullité morale, et obligé enfin de quitter Paris où je m'étais établi, et les avenues de la fortune. Je vous écris donc du fond des déserts où je suis venu me radouber chez un de mes oncles, depuis une quinzaine que j'ai quitté

. . . . *Ces fameux remparts*
Où la Seine orgueilleuse étale à nos regards,
Sur ses bords embellis d'une pompe étrangère,
Les chefs-d'œuvre du goût, les prodiges des arts !

J'y bois les eaux de Vichy ; j'y cours les forêts à cheval ; j'y mène la vie des brutes, mon état de santé me réduisant à l'impossibilité de travailler : une lettre même est une fatigue pour moi, je suis obligé d'écrire debout. M. Pinel, mon médecin, m'a trouvé une obstruction au foie, suite de travail et de chagrin ; si elle n'est pas dissipée au mois d'août, il m'a ordonné l'air du Midi. Auriez-vous, à Montpellier ou à Nice, une petite cellule que nous partagerions cet automne et cet hiver, et où nous vivrions à peu de frais ? Car je suis ruiné pour comble de disgrâces.

Mais vous, quelle est donc votre maladie ? Serait-ce par hasard la même que la mienne ? Guérissons-nous ensemble ou quittons ensemble le plus sot des mondes possible s'il n'y a rien après. Je deviens de plus en plus dévot en théorie et le plus possible en pratique. Il n'y a que cela de bon, et vive la Providence qui se cache souvent un peu trop, mais qui se dévoile cependant quand il le faut !

Vous en avez vu un coup à Grenoble. Je pense là-dessus tout comme vous ; à Paris on a pensé de même. Mon avis est que cela a produit un grand et heureux effet. *Tout va mieux*. Je suis revenu peu à peu à vos sentiments, non pas en théorie, mais en pratique. Je les *ai* vus, connus et fréquentés ; et le libéralisme de ces gens-là, ce n'est pas le nôtre, c'est un bouclier ou une arme à deux tranchants dont ils se couvrent avec adresse ou se servent avec perfidie : il n'y a ni bonne foi dans le cœur ni justesse dans leurs applications. Pour moi je conviens toujours que nous sommes des sots de cent mille manières, mais je vois trop clairement aussi que les autres sont en général des coquins; nous avons choisi, restons fidèles à notre honorable choix. Ainsi que vous, je ferai tout pour défendre notre malheureux pays de l'empire et des horreurs de ces faux prophètes. On n'a pas voulu m'employer à autre chose, ma vie est bonne à cela; et, si nous succombons encore comme dans notre première campagne de Béthune, nous serons du moins, vivants ou morts, les véritables martyrs de notre conscience! Mais espérons que si le ciel se mêle un peu des empires, il aura pitié de tout ce que les honnêtes Français ont souffert depuis trente ans, et qu'il enverra enfin un vent doux et propice à nos tristes climats.

Virieu est au Brésil, secrétaire d'ambassade, depuis trois mois. J'ai laissé M. Rocher versifiant, et Lagraye et nos camarades dispersés, les uns aux gardes, les autres dans les légions.

Pour nous, rétablissons-nous, vivons tranquilles, vous dans vos champs, moi dans le champ des autres. Cultivez votre belle âme pendant que je cultiverai des muses qui me mèneront peut-être à la sagesse, sinon à la gloire. Écrivez-moi souvent, ne m'oubliez pas, aimons-nous toute notre vie, et remerciez pour moi monsieur votre frère du souvenir qu'il veut bien m'accorder. On m'a beaucoup parlé de ses grandes dispositions pour la poésie : dites-lui donc de s'y livrer, elles sont si rares dans notre triste siècle d'analyse et de desséchement universel. C'est un crime de les enfouir; ne mettons rien sous le boisseau, la nuit est assez profonde!

Je compte faire imprimer incessamment pour quelques amateurs quatre petits livres d'élégies dans un petit volume, je vous en ferai hommage : ce ne sont encore que des études, des bagatelles, *juvenilia ludibria;* et je vais me remettre au grand ouvrage de ma vie. Si je réussis, je serai un grand homme, sinon la France aura un Cotin et un Chapelain de plus. Mais maintenant je vis de paresse, et peut-être en mourrais-je, si cela continuait. On m'a défendu de faire un vers d'ici à deux ans au moins. Voilà la première prose que je griffonne depuis un mois ; je sens que ma plume court en vous écrivant comme nos langues couraient dans nos entretiens de la rue du Hasard. Je voudrais bien les retrouver dans vos montagnes. C'est là qu'il fait bon se livrer à un doux commerce d'épanchements qu'aucun importun ne trouble. Fait-il chaud l'hiver dans vos demeures? Votre soleil fondrait-il bien une obstruction? Le nôtre est défaillant, il ne me suffit plus depuis que j'ai tâté de celui du Paradis terrestre, vulgairement appelé le pays de Naples. Adieu, adieu. Si mon papier avait dix pages, je les remplirais, mais il faut discrétion, même dans ses plaisirs. Écrivez-moi simplement : A M. Alphonse de Lamartine, à Mâcon, Saône-et-Loire.

CXXI

A monsieur Aymon de Virieu

A Paris.

Mâcon, 8 décembre 1816.

Es-tu arrivé? Serait-il possible! Je lis le journal, et je vois : M. le duc de Luxembourg et sa suite. Es-tu resté? Je ne le crois pas d'après la lettre de Rio-Janeiro. Écris-moi donc vite. Je brûle d'impatience de t'aller embrasser, car je compte aller à Paris bientôt, et ce sera un nouveau motif. Rien n'a changé en bien dans ma position pendant ces huit mois. Mon cœur seul a changé, hélas! il était plus heureux à ton départ! Je viens des eaux d'Aix pour un mal de foie qui me ronge encore. Vignet est venu passer un mois avec moi. Nous l'aimons de plus en plus, moi surtout qui me trouvais dans une solitude effrayante depuis ton départ.

Voilà tout; j'attends un mot. Adieu, ton ami cent fois plus que jamais.

ALPH.

CXXII

A monsieur le comte de Virieu

Mâcon, 12 décembre 1816.

Enfin te voilà donc ! Je ne concevais rien à ton silence. Je t'ai écrit chez madame de Quinsonas la mère, boulevard des Italiens. Je suis ici depuis un mois. Vignet vient d'en partir. Il y était venu m'accompagner des eaux d'Aix où j'en ai passé un pour ma santé. Il n'y a eu ni zéphyrs ni tempêtes, mais impossibilité de me placer l'année dernière, et un engorgement au foie qui m'a ramené de Paris peu de temps après ton départ ! Maintenant je ne suis ni bien ni mal, soupirant après une place quelconque, comptant aller très-incessamment à Paris pour tenter de nouveau cette fortune-là, plus empressé encore d'y courir pour t'embrasser au moins avant un nouveau départ. Ah ! mon ami, que parles-tu d'oubli ? Tu ne sauras jamais à quel point tu m'es nécessaire, à quel point j'ai été désappointé et accablé de ton absence, de ce vide affreux autour de moi. Tout m'était égal, je ne vivais plus qu'à demi, car, entre nous soit dit, comme nous le disions le jour de ton départ, il n'y a que toi pour moi! le reste n'est pas parfait, ce n'est plus cette consanguinité naturelle, cette parenté véritable, comme entre nous deux. Il n'y a que nous sur une certaine ligne, le reste ne vient que bien loin après, je l'ai trop senti!

Mais enfin te voilà! Où penses-tu aller? qu'entrevois-tu? comment te trouves-tu pour le corps et pour l'âme? cela va-t-il mieux? restes-tu à Paris? y es-tu assez longtemps pour que je puisse t'y voir? Écris-moi dans ta première lettre que tu m'engages à y venir, que tu pourras peut-être m'être utile, m'aider à me caser dans quelque bonne sous-préfecture, cela engagera beaucoup mon père à me donner les moyens d'y aller en effet. J'ai retenu déjà mon appartement meublé que j'avais sous-loué seulement. J'y resterai deux ou trois mois cette année, si on ne me place pas.

Je t'ai écrit cinq ou six fois des volumes énormes, les uns par la marine, les autres par les relations, une fois par Meffray.

Voilà huit mois que je suis un vrai paysan, que

je paye de toutes parts, que je me débrouille et vis comme un cénobite; ma santé va mieux, mais j'ai pourtant encore le noyau de mon obstruction : j'ai trop travaillé après ton départ, j'ai complété quatre livres d'élégies d'un certain genre à moi, tu verras; tu verras des vers de moi enfin ! Cela est tout prêt pour l'impression, mais je t'attends pour voir s'il est nécessaire d'imprimer. Depuis six mois je ne peux plus rien écrire, cela me prend trop sur le foie.

N'est-il pas vrai que l'on parle de changements dans les préfets et sous-préfets? Comment trouves-tu notre étrange politique? Nous allons grand train pendant tes absences. Ah, Dieu ! qu'en dis-tu ? T'es-tu reconnu? que penses-tu ? Pour moi, dans l'état où je suis personnellement comme dans celui où nous sommes politiquement, j'ai pris pour éternelle devise : à la garde de Dieu ! et je laisse tout aller, me bornant à ne plus faire de sottises contre moi; c'est au ciel à faire le reste, car j'ai les bras liés.

Cherche-moi des protecteurs auprès de MM. Lainé ou Molé, car on en parle, je crois, pour l'intérieur. M. Germain m'a présenté, il y a quelques jours, pour la sous-préfecture de Meaux, à mon insu ; mais un ex-sous-préfet a eu la préférence. Ah! trouve-moi à dix, à vingt, à trente lieues de Paris, une sous-préfecture ! ou bien sois envoyé en Italie, et emmène-moi avec toi, avec appointements, entends-tu ?

Mon avenir n'ira *pas mal* par des arrangements de famille, que je sais; mais qui sait si je les verrai ! Voilà toutes les nouvelles, nos nouvelles. Quant à tes craintes d'être moins aimé, encore une fois rassure-toi : j'ai seulement vu combien tu l'étais. Tu ne concevras jamais mon vide pendant ces huit mois et pendant l'avenir que je craignais. Que tu as bien fait de ne pas rester ! Est-ce un paradis ? Y en a-t-il un loin de son pays et de ses amis, quand on a passé vingt et un ans ? Non, non, non; il faut vivre, se voir, s'aimer, et ne pas se séparer, par des mers du moins. Nous ne vivons qu'un instant, pourquoi le sacrifier à des années que nous ne verrons peut-être pas ? Vivons, ou du moins végétons, le plus près possible l'un de l'autre. Ah ! que je serais guéri d'ambition, si j'avais mille écus de rente assurés, et dès à présent ! ah ! comme je concevrais autrement la vie ! mais pourtant il faut travailler pour que l'imagination et le malheur ne nous travaillent pas.

Tu retrouveras Vignet mieux de santé, la tête plus animée ; et je ne serais pas surpris qu'il se lançât bientôt dans ta carrière. Il a pourtant refusé, il y a quelques mois, d'y entrer d'une brillante façon par M. Alfieri. Mais je crois qu'il finira par là, et par aller loin. C'est, comme on dit, un fier sujet. Nous avons fièrement parlé de toi, mais j'aime encore mieux te parler à toi-même.

Où est ta mère, ta sœur? madame de Quinsonas? Y a-t-il de nos amis à Paris? Qu'y fais-tu? qu'y vois-tu? Nous verrons-nous beaucoup? Qu'as-tu fait de Saint-Lambert? il nous le faudrait bien ! Où est Meffray? Montchalin ? etc. Mon Dieu! mon Dieu ! que ne suis-je dans la cour de l'hôtel Richelieu, que n'allons-nous dîner chez Doyen, et, tout en achevant la bouteille de vin Rosey, que ne sommes-nous, les pieds dans le feu, à nous dire nos aventures, nos voyages, nos peines et nos tourments passés et présents! Adieu, je t'embrasse; et j'ai ta bague qui ne m'a pas quitté, as-tu la mienne?

ANNÉE 1817

ANNÉE 1817

CXXIII

A monsieur Aymon de Virieu

Moulins, vendredi 9 mai 1817.

Je suis bien arrivé ici hier au soir, mon cher ami, sans autre aventure qu'un essieu cassé pendant le jour, et des voleurs qui ont voulu nous arrêter pendant la nuit ; mais, comme je dormais, je n'ai su notre péril qu'après qu'il a été passé. Je me suis arrêté ici pour m'y reposer pendant cette journée. J'ai été plus fatigué de ma route que je ne l'aurais cru. Je repars cependant demain, mais ce n'est plus qu'une promenade d'ici chez moi.

J'ai voulu vous donner de mes nouvelles d'ici, et te prier de remercier pour moi ta mère et ta sœur : tu ne pourras jamais leur en dire plus que je n'en sens, leurs bontés m'ont pénétré. J'ai reconnu ton sang au tendre intérêt qu'elles ont bien voulu me témoigner ; et si elles me le permettent, je les aimerai dorénavant un peu de cette amitié dont nous nous aimons tous deux. Plus je m'éloigne de vous, plus je suis triste, et je suis obligé de m'étourdir pour ne pas succomber à l'excès de mes chagrins de tout genre. Je sais que ma mère en a beaucoup aussi, et qu'elle les sentira davantage en me voyant revenir ainsi. Mais le courage ne me manquerait cependant pas, si ma santé pouvait supporter tout cela. Y a-t-il une Providence ?

Je te prie de remettre à..... la lettre que je mets sous cette enveloppe. Je vous écrirai plus à mon aise de chez moi. Ici je n'ai ni plume, ni encre, ni table, et je souffre terriblement du côté.

Dis à ces dames qu'on exagère tout, et surtout le mal; que j'ai vu de Paris ici des blés superbes presque partout, et que les arbres ni les vignes n'y sont gelés, que tout cela souffrait un peu, il est vrai, de l'extrême sécheresse; mais il pleut enfin au moment où je t'écris, ainsi il n'y a pas de fin du monde.

> Si nos amis sont heureux,
> Nous serons moins misérables.

ALPH.

ANNÉE 1817. 109

CXXIV

A monsieur Aymon de Virieu

Paris.

Péronne près Mâcon, jeudi 3 juin 1817.

Comme je ne peux aller à Mâcon moi-même et que je suis retenu ici jusqu'à lundi, vous seriez peut-être en peine de moi. J'envoie donc par une occasion ces deux mots à la poste, pour toi et pour que tu donnes de mes nouvelles. Elles sont bonnes : je me trouve à merveille de l'air des champs ; je ne sens pas mon foie, et je sens moins mes battements de cœur. Je redeviens un homme à peu près, et tellement que j'ai enfin conçu un *Saül* dont j'ai même *verseggié* une première scène. Je vous l'enverrai acte par acte, si ce noble feu se soutient, c'est-à-dire si ma santé le souffre.

Je reviens *lundi* à la ville d'où je partirai, je pense, assez promptement pour Vichy. Mais je vous écrirai lundi. Je suis tout en esprit à l'hôtel de Richelieu. Je n'ai pas eu de vos lettres depuis ces huit jours pour n'avoir pu aller les chercher. Mais je pense sans cesse à vous et vous suis des yeux.

Adieu, le domestique part, et je vais dîner avec tous les curés du pays. Il fait chaud et beau. Nous sommes dans les bois, dans la solitude; ce calme des champs se communique à l'âme. Aimez-moi comme je vous aime, et ce sera assez.

ALPH.

CXXV

A monsieur le comte de Virieu

Paris.

8 août.

Je t'attends à Mâcon jusqu'au 18. Si tu peux me conduire jusqu'à Chambéry ou Aix, je vais avec toi : je prendrai une quinzaine de bains, et reviendrai à Lemps avec un grand plaisir. Ce serait un bonheur pour moi que de passer quelque temps avec vous. Si tu ne peux pas, je ne m'embarquerai pas pour ce voyage; je suis trop malade et trop misérable, et je serais trop fatigant dans mon état pour ta mère et ta sœur, quelques bontés qu'elles aient pour moi. Mais je vous attends ici et vous prie de vous y arrêter au moins un jour. Ma mère est très-empressée de vous y recevoir. Si cela est contre vos projets, je vous verrai au moins un moment. — Je t'avais écrit une grande lettre à l'hôtel de Richelieu.

Adieu, je t'attends. Écris-moi le jour de ton

passage; si, par hasard, je n'y étais pas ce jour-là, viens à la maison, ma mère y est et m'enverra vite chercher : je ne suis qu'à une lieue de Mâcon. Mais, pendant ces dix jours, je suis à Mâcon même.

CXXVI

A monsieur Aymon de Virieu

Lemps.

Chambéry, mercredi 20 août 1817.

Je suis arrivé sans plus de fatigue qu'à Lyon. J'ai trouvé toute la famille de Maistre réunie ici, et je suis dans l'étourdissement d'une soirée passée avec eux tous. Jamais la réunion de l'esprit et de la bonté n'a été plus piquante que chez tous ces gens-là. Le comte de Maistre avec tout son mérite aura de la peine à égaler de vieilles sœurs et ses filles. Nous vous regrettons bien! J'y reste encore aujourd'hui. Ils partent d'hier en huit, et moi demain.

Adieu, je vais dévorer ces vingt jours, et j'irai savourer ensuite les tranquilles et heureuses journées de Lemps; qu'il y a encore loin! Je te prie de remercier ces dames de leurs constantes bontés pour moi; j'en serai digne par la façon dont je les sens. Adieu, rappelle-moi à M. César.

Nous faisons ici commémoration de toi, fais-en autant de nous. Je m'arrête, car, à force de vers, de musique, d'enthousiasme d'hier, je n'en puis plus, et mon cœur est trop malade.

Adieu.

Poste restante, à Aix.

CXXVII

A mademoiselle de Canonge

A Lyon.

Aix, 16 septembre 1817.

Voilà les huit mortels jours écoulés, Mademoiselle : j'use de la permission, mais je n'en use que pour quelques lignes et d'une main tremblante de la fièvre ; elle ne m'a presque pas quitté depuis votre départ, je lui cède. Je ne persiste pas dans ces eaux, mon dernier espoir ; je m'en irai, je crois, demain. Je passerai cinq ou six jours à la campagne, près d'ici, et de là j'irai en Dauphiné pour tout le temps que Dieu voudra, ou que cette maudite fièvre me le permettra. Mon adresse sera là dans huit jours : A M. Alph. de L. chez M. le comte de Virieu, au Grand-Lemps (Isère). — Puissiez-vous songer à vous en servir !

Tout est mort ici depuis que vous en êtes partie ; le peu de gens qui restent ne vivent que de votre souvenir, et parlent sans fin de vous. Vous parcourez le monde en vous faisant aimer. Je m'estime particulièrement heureux de m'être trouvé par hasard sur votre route; mais je crains que de nouveaux amis ne vous fassent oublier ceux d'Aix. Vous en avez tant, et il y a si peu de bonnes places dans un cœur! Enfin je veux vivre de vos promesses, moi du moins je m'en souviendrai.

Je ne vous dis que ces deux mots à la hâte. Je suis anéanti. Pardon pour ma faiblesse. Ne me jugez pas sur mes lettres, je ne puis pas écrire, mais j'ai encore trop de facultés pour sentir, juger et adorer ce qu'il y a d'admirable dans votre esprit et d'adorable dans vos bontés. Aimez-moi encore parce que vous avez bien voulu m'aimer pendant quelques jours, par pitié, par bonté, par tous les motifs que vous voudrez, je serai content de tous. Soyez heureuse, aussi heureuse que vous le méritez! Le ciel ne serait pas juste si vous ne l'étiez pas. Mais vous le serez, et j'en jouirai comme d'un bonheur personnel. — Mademoiselle Virginie se souvient-elle de nous? On l'aime beaucoup, on la regrette: tout ce qui vous entoure devait laisser des regrets.

Je n'en puis plus, et je laisse la plume sans cesser d'être avec vous.

ALPH.

CXXVIII

A mademoiselle de Canonge

A Lyon.

Grand-Lemps (Isère), 23 septembre.

Voici, Mademoiselle, un vrai bulletin, car mes forces ne vont pas au delà ; j'ai la fièvre presque continuelle depuis quinze jours. Cela va un peu mieux ; je passerai dans une huitaine, et j'aurai l'honneur et le très-vif plaisir d'aller vous voir et vous remercier d'une amitié qui a de si grands charmes pour moi, et que je ne dois qu'à votre excessive bonté.

Si mademoiselle Virginie est là, comme je l'espère, dites-lui que je me recommande aussi à son aimable souvenir.

ALPHONSE DE L.

CXXIX

A monsieur Aymon de Virieu

Lemps.

Bourgoin, jeudi soir, octobre 1817.

Je suis arrivé, et je partirai, je crois, par la diligence à une heure du matin ; il n'y a pas de carrioles suspendues. Je te prie de dire à ces dames qu'elles se rassurent bien sur mon compte : je ne suis pas fatigué, j'ai même composé une nouvelle strophe de l'*Ode aux Français* dont nous parlions, inspirée par l'abbé mon compagnon. C'est après avoir déploré la fuite des arts devant les calculs ; je m'adresse à la Poésie :

Et toi, prêtresse de la terre,
Fille du Pinde ou de Sion,
Tu fuis ce globe de poussière
Privé de ton dernier rayon.
Ton souffle divin se retire
De ces cœurs glacés que la lyre

N'émeut plus de ses sons touchants ;
Et, pour son Dieu qui la contemple,
Hélas! la nature est un temple
Qui n'a plus ni parfums ni chants !

Bonsoir à toi et à César, mille choses tendres et respectueuses à ces dames.

CXXX

A monsieur Aymon de Virieu

Lemps.

Lyon, 5 octobre 1817.

Je t'écris d'ici une ligne, mon cher Aymon, pour te rassurer ainsi que ces dames qui veulent bien me montrer un intérêt auquel je suis si sensible. Je ne suis pas plus mal. J'ai consulté : on prétend que ce n'est qu'un état d'inflammation nerveux poussé à l'extrême, et sans organes affectés, si ce n'est le foie. On me défend les vésicatoires, tous les remèdes intérieurs actifs, on me renvoie au lait d'ânesse, on m'ordonne un an ou deux de repos, de tranquillité d'esprit et de bonheur, on me conseille la chaleur du Midi. De tout cela, je ne puis que le lait d'ânesse et le repos du corps. J'ai été très-content de mes médecins ici.

J'ai retrouvé mademoiselle de Canonge. J'y dîne aujourd'hui, et je pars demain. Dis à César que j'apprécie beaucoup la connaissance que tu m'as fait faire de lui, et que s'il veut compter un ami de plus, il ne tient qu'à lui.

Adieu. J'ai le cœur en désarroi ce matin à cause du froid; je t'écris avec peine et je finis avec plus de peine encore. Adieu, donne-moi des nouvelles de Lemps que je quitte avec tant de regret et où je me retrouverais avec tant de plaisir.

CXXXI

A mademoiselle Éléonore de Canonge

A Lyon.

Milly, 13 octobre 1817.

Puisque vous êtes toujours assez bonne, Mademoiselle, pour vouloir bien conserver quelques relations avec un si triste ami, voici encore un simple et sec bulletin que je vous envoie, en rougissant de son peu d'intérêt. Mais il m'en procurera un de votre main qui en aura beaucoup pour moi. Je vous ai laissée dans un état qui non-seulement était affligeant pour vos amis, mais qui même pourrait les inquiéter : vous vous soignez mal, et vous vous troublez des maux et des peines d'autrui, tandis qu'un peu d'égoïsme suffirait pour vous rétablir. Si vous me répondez pourtant que le remède serait pour vous pire que le mal, j'en conviendrai aussi avec vous. La nature nous a faits trop bons pour notre propre bonheur ou pas assez pour le bonheur des autres ; et, puisqu'il faut être nécessairement dans une de ces deux catégories, encore vaut-il mieux rester dans la première. Il y a cependant, à ce qu'on dit, un juste milieu à tout; mais je crains bien que ni l'un ni l'autre nous ne parvenions à le trouver ou à nous y tenir.

Je suis plus que jamais dans l'extrême de la souffrance, de la tristesse et du malheur, et je n'espère plus de remède à tout cela que le remède universel. Je suis à la campagne par un temps qui m'est aussi contraire qu'à vous-même, et mon projet est d'y rester seul tout l'hiver. Le monde m'est en horreur : j'y suis mal et il me fait mal; le monde ne convient qu'aux heureux ou aux malades d'imagination. Je ne trouve un peu de repos que dans une complète solitude qui m'accoutume peu à peu à toutes les idées d'éternelle séparation auxquelles il faut que je m'habitue; et le souvenir de ce que j'ai rencontré de bon et d'attachant dans le monde vient seul m'empêcher de changer ma tristesse en misanthropie.

Votre souvenir sera sans cesse un de ceux-là pour moi; conservez-en aussi un de moi, et ne me jugez pas sur ce que vous m'avez connu. Un homme surchargé d'ennuis, et ne voulant plus se rattacher à rien dans le monde, n'est plus un homme : c'est presque une ombre.

Êtes-vous encore pour longtemps à Lyon ? Quels sont vos projets et vos espérances ? Je puis prendre plus de part à ce qui peut réjouir les autres qu'à des événements qui ne peuvent presque plus rien pour moi. J'ai eu encore deux jours d'assez bonne santé, mais la maladie est peut-être chez moi moins un mal qu'un remède. Remerciez cependant votre aimable et excellent docteur à qui je les ai dus. Il n'est point de ces médecins qui congédient tristement de ce monde, il est du petit nombre de ceux qui se font aimer et regretter.

Adieu, Mademoiselle et très-chère et très-véritable amie. Occupez-vous, tâchez de vous distraire, voyagez, et ne pensez aux malheureux qu'assez pour les plaindre, mais pas assez pour vous rendre moins heureuse vous-même !

Mon cœur m'empêche de continuer ; il va neiger, et j'en souffre d'avance.

ALPHONSE DE L.

A Mâcon (Saône-et-Loire).

P.-S. Je vois près d'ici le comte de Divonne qui a conservé de vous le plus aimable souvenir. Nous en avons beaucoup parlé hier.

CXXXII

A mademoiselle de Canonge

A Lyon.

Milly, 24 octobre 1817.

J'ai reçu hier votre aimable lettre, Mademoiselle, et je me désespère de ne pouvoir y répondre que par quelques sottes lignes. J'ai la fièvre depuis huit jours, et je ne puis prendre ni pour le moral ni pour le physique les bons conseils que vous me donnez. La nécessité et le malheur sont plus forts que les esprits les plus fermes, et je suis au point le plus terrible où ma destinée peut me conduire. Rien n'a changé qu'en pis dans ma déplorable situation : la personne que j'aime le plus au monde se débat depuis sept semaines dans les horreurs d'une affreuse agonie, et je suis ici dans l'absolue impossibilité d'aller auprès d'elle et dans les plus durs embarras de tout genre et pour elle et pour moi. Jugez si je me guéris ; je n'y prétends même pas, je n'aurais demandé qu'une mort plus supportable pour nous deux. Mais le ciel est le maître.

Quelque tourmenté que je sois, il me reste de la pitié pour les autres, et surtout pour une amie telle que vous. Je plains bien votre triste état, mais il vous reste plus que l'espérance. Rappelez-moi au colonel si vous lui écrivez ; je n'ai pas le courage d'écrire. Je ferai aujourd'hui vos compliments à M. de Divonne. Si vous pensez à m'envoyer la bague qui me sera chère toute ma vie, adressez-la tout simplement par la diligence à mon adresse.

Je suis venu ici avec la fièvre ce matin pour de tristes commissions que je n'ai pu faire. Je repars plus souffrant, et je n'ai que le temps de griffonner ces lignes que je vous prie de brûler. Je vous embrasse avec autant de tendresse que de reconnaissance et de respect, et vous prie de compter à jamais un ami de plus.

ALPHONSE.

CXXXIII

A mademoiselle de Canonge

A Lyon.

Milly, 8 novembre 1817.

J'essaierais en vain, Mademoiselle, de vous peindre tout ce que j'éprouve à la lecture de lettres aussi touchantes que celles que vous continuez à m'écrire. Oui, je vois que je n'avais pas su vous juger. Je ne vous avais pas crue du moins capable d'une amitié aussi parfaite, aussi dévouée, aussi soutenue que celle que vous me montrez, surtout dans un moment et dans une position où la mienne ne pourrait vous être d'aucun agrément ni d'aucune ressource, où vous n'aviez qu'un malade à soigner, un malheureux à consoler, où toute espèce de relation avec moi ne pouvait être qu'un ennuyeux fardeau pour vous comme pour tout le monde. Mais enfin, puisque rien ne rebute un sentiment si généreux de votre part, je m'y livre moi-même avec une grande douceur, et je vous en remercie d'autant plus que je puis moins le concevoir. Si j'étais dans tout autre état et de santé et d'âme, j'irais certainement vous dire moi-même tout l'attachement qu'une âme comme la vôtre m'inspire ; mais je vous prie d'en être bien convaincue dès aujourd'hui, et de vous dire que vous aurez à jamais en moi un cœur qui vous apprécie et qui vous rend les sentiments rares que vous méritez.

Puisque mes peines et mes souffrances vous intéressent si vivement par la triste ressemblance qu'elles ont avec les vôtres, apprenez donc qu'elles sont toujours les mêmes : rien n'a changé qu'en plus mal dans la santé de la personne dont je vous ai parlé, et je ne puis à chaque courrier attendre que la confirmation de mon malheur, ou recevoir les détails d'un état pire que la mort : elle serait un bienfait pour tous deux ; et j'en suis à cet excès de la désirer pour elle et pour moi. Vous jugez que ma santé à moi-même ne peut pas s'améliorer au milieu de ces alternatives de crainte et d'espérance pires qu'un malheur certain et connu. Mais ne redoutez rien de mon désespoir, j'ai été formé au malheur par le malheur même, et je crois qu'il faut subir son sort et ne pas se le faire à soi-même. Ma résignation pour tous les événements de ce monde, quelque affreux qu'ils soient, est complète, parce que mes espérances dans un avenir inconnu, mais meilleur, sont une conviction pour moi : la vie sans cela serait un supplice auquel il serait trop facile de se soustraire. Je ne la regarde que comme une épreuve par laquelle il faut passer jusqu'au terme, et ce terme arrive bientôt quand on a perdu tout ce qui attachait à la vie. J'attends demain des nouvelles, et je sais à peu près trop à quoi je dois m'attendre ; cependant l'espérance n'est pas tout à fait éteinte en moi.

Je vous prie de remercier l'aimable docteur et mademoiselle Virginie de leur souvenir. Conservez-moi le vôtre, et songez qu'après m'avoir accoutumé aux charmes de votre amitié que vous m'avez accordée si généreusement et si gratuitement, vous avez pris l'engagement de me la continuer à jamais.

CXXXIV

A monsieur le comte de Virieu

Mâcon, 1817.

Tu ne savais donc pas que Vignet était parti pour Turin et Gênes où il va passer l'hiver pour sa santé et les affaires. Le voilà lancé, que son étoile le conduise mieux que les nôtres !

J'ai passé tous ces temps-ci à Milly avec ma mère et mes sœurs dans la plus parfaite solitude, et j'en avais surtout besoin dans ces affreux moments. J'ai eu la fièvre quelquefois huit jours de suite ; dès que j'étais un peu moins mal, je montais à cheval, et je suis arrivé ainsi jusqu'à présent où, mon esprit étant plus en repos, je me fortifie un peu. Je viens de prendre quinze jours de lait d'ânesse qui m'ont bien fait aussi, et me voilà à Mâcon depuis trois jours avec mon père qui est de retour. Nous y passerons l'hiver. Mais je monte à cheval presque tous les matins, et je vais passer seul ma journée à Milly, quoique à trois lieues d'ici. Il n'y a de bien pour moi que dans le mouvement en plein air ou la solitude la plus parfaite dans ma chambre ; partout ailleurs je souffre ou je réfléchis trop à mes malheurs. Je te conseille violemment le cheval, soit à Lemps, soit à Paris. Fais ce sacrifice à ta santé, elle t'en paiera bien avec usure. Tu vois que j'ai par ce moyen un peu gagné en forces, puisque deux lieues en voiture étaient trop pour moi. Essaye pendant quinze jours de t'imposer trois lieues par jours et de revenir dîner ensuite.

Demande de ma part à mademoiselle Fanny si elle s'est souvenue de *Clovis*. Il y a des jours où j'oserais l'entreprendre, si je croyais pouvoir le finir. Si, par hasard, ou par extrême bonté, elle avait réuni déjà quelques pages, tu me les apporterais en passant. Tâche bien de ne pas passer ailleurs. Je ne t'arrêterai que le temps que tu voudras, mais nous nous serons vus, et tu pourras dire que tu m'as vu et te charger de quelques choses que je veux envoyer.

Adieu, il me tarde de te voir. Sans mes tourments, je serais certainement retourné à Lemps depuis que je suis mieux. Il me tardait aussi de t'écrire ma lettre ordinaire.

CXXXV

A mademoiselle de Canonge

Lyon.

Milly, 23 novembre 1817.

Vous me mandiez dans votre dernière lettre, Mademoiselle, que vous aviez été si malade qu'on avait jugé à propos de ne pas même vous remettre vos lettres. Je crains que vous ne soyez dans la même situation et dans l'impossibilité d'écrire vous-même à vos meilleurs amis. Je connais ce triste état par expérience, et je le plains d'autant plus.

Faites-moi, je vous prie, savoir ce qu'il en est, car je commence à m'alarmer de votre long silence et d'une maladie qui est si lente à se dissiper. Je vous croyais aux eaux pour vos menus plaisirs, et je vois que vous en aviez réellement autant besoin que nous tous.

La position déplorable de la personne qui m'inquiétait tant vient de changer en mieux, et j'ai reçu la nouvelle d'une convalescence au moment où je n'attendais plus rien que de funeste. Mais je ne puis cependant me livrer à une joie tranquille, car les médecins, tout en m'annonçant le mieux, me laissent toute inquiétude pour l'avenir. Mon état à moi s'est ressenti de ce mieux, je souffre moins et suis plus fort. Je reviens de passer quelque temps à la ville avec mes parents. J'ai pensé que votre excellent cœur vous ferait jouir de ces meilleures nouvelles, et je me borne à ce peu de lignes, en attendant des vôtres qui m'inquiètent à présent.

Votre ami à jamais,

ALPHONSE DE L.

P.-S. Le colonel Faverges m'a écrit, et se plaint de vous.

CXXXVI

A mademoiselle Éléonore de Canonge

Lyon.

Mâcon, 28 novembre 1817.

J'ai reçu, Mademoiselle, la lettre que vous venez de m'écrire et qui a dissipé les vives inquiétudes que j'avais conçues d'après votre long silence; je vous en remercie mille fois. J'y ai vu avec bien du plaisir que vous passeriez par ce pays-ci en allant à Paris, et que j'aurais encore une fois le bonheur de vous voir et de vous répéter combien vos qualités attachantes ont produit leur effet sur moi comme sur tout ce qui vous voit. Comme, malgré le séjour actuel de mes parents à la ville, je suis fréquemment moi-même à la campagne, je vous prie de me faire savoir quelques jours d'avance celui de votre passage pour que je n'aie pas la maladresse de le laisser échapper.

Je viens d'écrire à M. de Faverges, et je lui explique le retard dont il se plaint dans l'exécution de vos promesses à son égard. Ne comptez pas que je vous laisse pleurer ici vos nombreux amis de Lyon : quand on a le talent de se faire des amis partout où l'on séjourne un peu, il faut se faire un cœur de bronze ; on passerait autrement sa vie dans les regrets, et cela n'irait ni à votre âge ni à votre santé. Vous en quittez, vous allez en retrouver ou en faire ; tout se compense pour vous, et je ne permets les longs regrets qu'à ceux qui vous ont connue et qui vous perdent.

Recevez avec votre bonté ordinaire, Mademoiselle, l'expression des sentiments que vous m'avez inspirés et que votre éloignement ne saurait affaiblir.

ALPHONSE.

ANNÉE 1818

ANNÉE 1818

CXXXVII

A mademoiselle de Canonge

Paris.

12 janvier 1818.

J'ai reçu il y a plusieurs jours votre lettre, Mademoiselle. Ne vous étonnez pas si je ne l'avais pas prévenue, ou si j'ai même tardé quelque temps à y répondre : la fatale nouvelle d'où dépendait le sort de ma vie m'est arrivée le lendemain même de votre passage. Un de mes amis est venu passer quelques-uns de ces affreux moments près de moi ; il est reparti aujourd'hui, et ce n'est que de ce moment que j'ai la possibilité de répondre aux nouveaux témoignages d'intérêt que j'ai reçus de vous. Soyez persuadée que l'état où je suis ne m'empêche point de les sentir comme je le dois, et que tant que je vivrai je m'en souviendrai avec reconnaissance. Mais ma situation morale et mes souffrances qui sont reparues avec plus de force que jamais me priveront peut-être de vous en donner des témoignages aussi fréquemment que je le désirerais. Daignez m'excuser et n'attribuer mes longs silences qu'à l'impossibilité où je suis de rendre le moindre agrément aux personnes qui veulent bien s'intéresser à moi. Ce n'est que dans une complète solitude et un isolement total que je puis supporter patiemment une vie qui m'est à charge, et je ne veux point faire partager aux autres des sentiments qui ne conviennent plus qu'à moi.

Je suis très-aise pour vous, Mademoiselle, des agréments que vous trouvez dans votre famille. Vous en trouverez partout si les vœux de vos amis sont exaucés. Je vous prie de croire éternellement à la sincérité des miens en particulier.

ALPHONSE DE L.

P.-S. Je me repens, d'après ce que vous me mandez des peines que vous donne ma commission, de vous en avoir ennuyée. Donnez l'objet pour ce que vous en trouverez, et envoyez-moi de préférence cette petite somme par la poste : cinq ou six francs de moins ne valent pas la peine de faire ou d'aller toucher un mandat pour une pareille bagatelle. Recevez de nouveau mes excuses et mes remercîments.

CXXXVIII

A monsieur le comte de Virieu

A Paris.

Mâcon, 23 janvier 1818.

Ta lettre m'est arrivée hier, mon cher ami. Ma mère a été fort sensible à ton souvenir, elle n'a plus eu de fièvre ; ma sœur est toujours retenue sur son fauteuil par son entorse. Moi je suis tel à peu près que tu m'as laissé, si ce n'est que, ne pouvant résister aux rêveries de l'oisiveté, je me suis remis à travailler, malgré les douleurs physiques qui s'en suivent : elles valent encore mieux que les idées fixes et sans fond où le cerveau se brise.

Je viens de finir à l'instant un acte entier de *Saül;* celui-là est du Shakespeare, l'autre sera du Racine, si je peux, et ainsi tour à tour du pathétique au terrible et du terrible au lyrique jusqu'à la fin qui se présente nettement à mon esprit ; et le tout sera fait le 1er mai. Tu le recevras si tu veux, et le présenteras, en demandant la protection de l'excellent M. de Chanay pour obtenir une prompte exécution. Il me l'a offerte dans le temps. Sinon, cela vieillira dans mon pupitre côte à côte de *Médée ;* mais, si *Saül* en sort, il entraîne *Médée.* Je la réparerai légèrement, ou plutôt son ridicule Jason, car je suis assez content d'elle seule.

Je vais me reposer huit ou dix jours, et le 1er. février me remettre à l'ouvrage. Sans mes douleurs, cela serait fini le 1er mars. Je te copierai quelques odes ces jours-ci, si tu en désires. Adieu, écris-moi beaucoup et souvent, c'est ma seule joie à présent.

CXXXIX

A madame la marquise de Raigecourt

Paris.

Mâcon, ce 24 janvier 1818.

Madame,

Je suis bien touché en effet qu'au milieu de tant de peines, d'inquiétudes et de souffrances, il vous soit resté un moment pour vous occuper de moi et m'écrire une aimable et longue lettre. Elle m'a cependant fait bien de la peine pour les tristes nouvelles qu'elle m'apprend de madame de Las Cases. J'en avais depuis quelques jours une espèce de pressentiment. Je n'ai pas besoin de vous dire combien je prends part à sa douleur et à la vôtre : tout ce qui pourra vous arriver d'heureux ou de malheureux, ainsi qu'à tout ce qui vous appartient, sera à jamais partagé par moi. C'est un des droits de l'amitié ; et vous m'en avez montré une si sincère, Madame, que vous ne pouvez pas refuser la mienne, avec les nuances de respect et de reconnaissance qui doivent la caractériser.

Vous êtes trop bonne d'avoir encore pensé à *Saül* pendant ces vilains temps. N'y pensez plus, et qu'il soit comme s'il n'était pas. Il m'a procuré le bonheur de vous connaître, cela vaut plus qu'il ne m'a coûté. Je n'y pense plus moi-même; je ne pense qu'à *Clovis*, c'est mon héros. Mademoiselle Fanny vient de me promettre des dessins pour chacun de mes chants; mais je suis malheureusement si souffrant que je ne chante plus depuis quelque temps. Je retombe dans mon triste état habituel, d'où l'automne m'avait tiré. Je vois avec bien de la peine que madame de Beufvier n'est plus aussi bien elle-même; mais elle a, ainsi que vous, Madame, une force d'âme et une résignation que j'ai de la peine à avoir.

Je vous remercie mille fois, Madame, de ce que vous avez bien voulu parler d'Aymon à madame de Sainte-Aulaire. Comme lui-même ne me parle plus d'envie de changer depuis quelque temps, et qu'il serait possible que cela ne lui convînt plus autant, je crois qu'il faut laisser dormir la bonne volonté de sa cousine jusqu'à nouvel ordre de sa part. Je vais le consulter positivement là-dessus. Madame de Virieu me mande qu'elle désirerait surtout le marier. Je le voudrais bien aussi, mais je ne sais si nous l'y déterminerons. Il ne m'a rien répondu sur les propositions de madame de Beufvier et de madame la vicomtesse de Virieu. Je ne sais s'il a écrit lui-même à ces dames.

Je suis toujours fort en peine de lui : il lui faudrait dans sa vie un événement quelconque qui le réveillât. Quant à moi, madame, je songe toujours à aller à Paris dès que le temps moins rigoureux et le mariage de ma sœur me laisseront libre de partir. Je pense qu'en effet je pourrai y être dans un peu plus d'un mois. Vous pouvez deviner, madame, quelle y sera ma première et ma plus agréable visite.

Tout effrayante que paraît de loin notre politique, je m'en tiens à vos recommandations et je m'en tourmente le moins possible : je vis en cela comme autrement au jour le jour, et, comme je suis le plus fataliste des hommes, je ne serai point surpris de voir des effets sans cause et tout le bien imaginable sortir du mal le plus apparent. Que n'avons-nous pas vu ! A propos de politique, s'il se trouvait par hasard dans le nombre de vos amis quelque ambassadeur, ou ministre, ou envoyé, qui eût besoin d'un secrétaire, vous me rendriez un grand service de lui parler de moi. Si j'avais l'honneur de connaître davantage madame de Sainte-Aulaire, je la prierais de me recommander à M. Dessoles pour quelque place de ce genre. Je trouve l'oisiveté si pesante et mon existence si vide que je voudrais à tout prix en changer; mais je ne l'ai jamais pu.

J'ai très-bien compris et je goûte beaucoup la petite phrase de morale que vous nous glissez à Aymon et à moi. Il y a longtemps que nous soupirons après cette *conviction* si heureuse et si paisible dont vous parlez. Voici quelques vers pris dans un morceau que je faisais sur ce sujet, il n'y a pas longtemps, et qui vous le prouveront. C'est la fin d'une Contemplation poétique sur la foi :

> Mystérieux soleil, flambeau d'une autre sphère,
> Prête à mes yeux mourants ta mystique lumière ;
> Pars du sein du Très-Haut, rayon consolateur,
> Astre vivifiant, lève-toi dans mon cœur
> Hélas! je n'ai que toi dans mes heures funèbres :
> Ma raison qui pâlit m'abandonne aux ténèbres ;

Cette raison superbe, insuffisant flambeau,
S'éteint comme la vie aux portes du tombeau.
Viens donc la remplacer, ô céleste lumière,
Viens d'un jour sans nuage inonder ma paupière ;
Tiens-moi lieu du soleil que je ne dois plus voir,
Et brille à l'horizon comme l'astre du soir !

J'ai l'honneur d'être, avec un profond respect, Madame,

Votre très-humble et très-obéissant serviteur,

AL. DE LAMARTINE.

CXL

A mademoiselle de Canonge

Paris.

Mâcon, 6 février 1818.

Je suis honteux, Mademoiselle, de la peine que vous donne la minutieuse commission dont j'avais eu l'indiscrétion de vous charger, et je vous prie de recevoir de nouveau mes excuses et mes remercîments. J'ai encore le reproche à me faire de ne vous les avoir pas faits plus tôt ; mais je souffre de toutes manières, et je ne puis écrire sans de grandes douleurs. C'était un de mes plaisirs, il faut m'en détacher aussi ; rien ne me coûte à présent.

J'espère que votre santé se sera améliorée, et que les plaisirs de cet hiver et de ce moment auront achevé de vous rendre le bonheur et la gaieté pour lesquels la nature vous a faite. Jouissez-en, et que l'intérêt que vous inspirez partout les augmente encore !

J'ai reçu du colonel Faverges une lettre charmante, elle est pleine de vous.

Adieu, Mademoiselle, recevez avec votre bonté ordinaire ce peu de lignes que de vives douleurs m'empêchent de prolonger, et croyez que, malgré mon silence forcé, vous avez en moi, tant que je vivrai, un ami pénétré de vos bontés et faisant mille vœux pour votre bonheur.

ALPHONSE DE L.

CXLI

A monsieur le comte de Virieu

Paris.

Mâcon, 6 février 1818.

Je suis plus malade qu'à ton départ : le temps mou et humide, les douleurs de cœur, le manque total d'estomac, m'ont abattu, et vingt ou trente vers de *Saül* par jour m'achèvent. Me voici au quatrième acte. Si cela ne peut au théâtre se soutenir en cinq, la chose est arrangée de façon à le réduire en trois très-aisément, et l'intérêt alors plus resserré sera plus fort. Mais pour mes amis et moi je le fais en cinq, et mon cinquième ne ressemblera qu'à du Shakespeare ; mon troisième est presque lyrique. Sans mon cœur, je finirais cela d'une haleine, mais il faudrait m'enterrer après, et je souffre trop d'ailleurs en écrivant.

Je monte à cheval, je vais le plus possible passer des soirées et des matinées seul à Milly, et je vais y aller davantage à présent que je vais être pourchassé jusque dans ma chambre par des beaux-frères et des enfants criards. C'est un supplice pour moi qui ne goûte quelque paix que dans le calme; mais toute ma vie n'est que supplice. Quand cela changera-t-il? Je sens pourtant beaucoup le bonheur domestique d'une maison comme la nôtre, d'une mère et d'un père pareils; mais cela est souvent troublé par la gêne intérieure et les puissances du dehors.

Que fais-tu? Comment es-tu de santé? On est ici un peu en peine de toi; on te recommande de ne pas aller en Russie. Adieu, écris-moi vite, et longuement, et souvent.

CXLII

A monsieur Aymon de Virieu

A Paris.

Mâcon, 1ᵉʳ mars 1818.

Je suis depuis quelques jours, mon cher ami, d'une bien grande inquiétude sur ton sujet. Comment se fait-il que je n'aie rien, rien, ni paquets, ni nouvelles d'aucune espèce? Tout ce qu'il y a de lugubre me passe par l'esprit : je me souviens que tu étais assez mal portant depuis quelques mois; je crains que tu ne sois aux prises avec quelque grosse maladie. Hâte-toi, si je me trompe, de me rassurer.

Je ne t'écris que cela, car je ne sais vraiment ce que deviendra ma lettre. Pour moi, je suis aussi mal qu'il est possible en vivant encore : des redoublements de faiblesse et des douleurs pires qu'à Lemps. L'approche du printemps et la continuité d'une position si ténébreuse m'achèvent. Je ne sais si je vivrai encore en automne, et souvent j'en suis à désirer la mort, par la seule intensité des souffrances physiques. Je ne puis ni travailler ni écrire.

Adieu, écris-moi, toi, et souviens-toi que je t'aime par-dessus tout le monde, après ma mère.

CXLIII

A monsieur le comte de Virieu
Paris.

Mâcon, 27 mars 1818.

J'attendais toujours pour te répondre que j'eusse reçu, comme tu me les annonçais, mes paquets. Je vois que, depuis près d'un mois que tu les as dû faire porter à la diligence, je n'entends parler de rien. Je commence à en être violemment inquiet. Mande-moi donc ce qu'il en est, et, si par hasard tu n'avais pas voulu les faire partir par cette voie-là, va chez M. Delahante, où tu sais. Tu y trouveras une de mes sœurs, madame de Cessia, qui te dira quel jour passe par Paris une autre de mes sœurs, madame de Coppens ; celle-ci doit arriver à Mâcon dans les premiers jours d'avril et se chargerait avec sûreté du tout.

Si tu n'es pas aussi malade que moi, tu es bien paresseux et bien avare de quelques lignes. Pour moi, je languis plus que jamais, ne quittant des douleurs violentes que pour retomber dans une fièvre lente. J'ai fait toutes mes dispositions pour le cas de ma mort, ces temps-ci. Je te lègue tous mes manuscrits et poésies pour en faire ce que tu voudras, même du feu si cela n'est bon qu'à cela.

Il fait un temps horrible. Il y avait eu quelques beaux jours, et, grâce à eux et à des bains froids tous les matins, j'avais repris de la vie pendant huit jours ; mais c'était une erreur de la nature. Au reste sans existence, ni avenir, ni liberté, ni occupation d'aucun genre en ce monde, je ne sais que faire de la vie quand elle me revient. *Fiat voluntas!* Après ce que j'ai vu d'un ange, ce n'est pas à moi de me plaindre de Dieu. S'il traite ainsi le bois vert, que sera-ce du bois sec?

Je n'ai aucune nouvelle de Vignet ni de personne. Je ne suis déjà plus de rien avec les vivants. Quand j'ai un peu de force, je tourne depuis deux heures jusqu'à sept chez un pauvre diable d'estropié qui a une boutique bien montée et toute sorte d'outils. Le matin je lis quand mes douleurs de cerveau le souffrent. *Saül* en est resté au cinquième acte tout fait dans ma tête, mais non écrit. Il me faudrait huit ou dix jours de bon état pour l'achever. Je les attends sans aucune impatience. Je me f.... de la gloire à présent plus que de toute autre chose; de tous les néants, c'est le plus néant. Cela n'a pas l'ombre de sens commun. J'en voudrais, si je vivais, pour me faire de l'argent; mais pour le reste, c'est bien la plus dupe de toutes les niaiseries de l'homme.

Adieu, écris ; que fais-tu ?

Dis à Montchalin que je l'embrasse de tout mon cœur, que j'ai parlé de lui avec Parseval et Montcalm, deux de ses amis, et qu'il est universellement reconnu pour le meilleur et le plus aimable garçon du monde. Dis-lui de se souvenir de moi comme je me souviens de lui.

CXLIV

A monsieur le comte de Virieu

Paris.

Mâcon, 16 avril 1818.

Je reçois ta lettre ; je ne t'écrivais plus, te croyant parti — *Saül* est complétement terminé. Tes cahiers sont arrivés, et depuis trois jours je copie, j'en suis au troisième acte ; dans trois ou quatre jours cela sera fait. Je suis bien content de mon cinquième acte. Il n'est pas usé sur le théâtre. Mande-moi ce que tu pourras faire de cela quand tu l'auras. En as-tu parlé à M. de Chanay ? peut-il me servir là dedans, et contribuer à faire jouer et jouer vite, si je suis reçu ? Ne dors pas si tu peux quelque chose sur lui : fais-en des lectures toi-même, et ne livre jamais le manuscrit : je ne pourrais pas le recopier, je suis trop épuisé, et je suis pressé de te l'envoyer. Ainsi mande-moi si tu pourras, aussitôt que tu l'auras reçu, m'en faire ou faire faire une copie pareille à celle que je vais t'adresser. Il faut bien que j'en aie une d'un ouvrage aussi considérable ; si ce que je t'envoie était perdu, il n'y aurait plus de remède, car je n'ai pas conservé les brouillons qui seraient indéchiffrables. Réponds-moi là-dessus courrier par courrier. Tu m'enverrais par madame de Cessia, ma sœur, la copie que tu auras faite ou fait faire, dans trois semaines. Elle loge chez madame Delahante.

Adieu. On m'apprend que Vignet est bien malade. Nous nous en allons donc tous? Dieu veuille que le second séjour vaille mieux que celui-ci dont tant de gens sont contents ! Adieu, je t'aime plus que tu ne peux le croire. J'attends que la fièvre soit passée pour retourner à Milly d'où je ne sors guère et où je suis mieux. J'y cultive un carré de jardin, de mes mains. Reviens dans quelque temps en faire autant. J'embrasse Montchalin, et je vous trouve bien heureux d'être ensemble. Pour moi, je suis seul et sans ami ici, mais j'ai une bonne mère !

CXLV

A mademoiselle Éléonore de Canonge

Paris.

Milly, 26 avril 1818.

Si j'étais coupable, je m'excuserais de mon long silence dont vous avez bien voulu vous apercevoir ; mais je ne suis que malade et malheureux, et vous devez mieux que personne me plaindre et me pardonner. Je profite cependant d'un intervalle d'une fièvre à l'autre pour vous remercier des différentes marques de souvenir que j'ai reçues de vous avec tant de plaisir pendant le cours de ce terrible hiver. J'en ai reçu aussi de très-touchants du marquis de Faverges et de madame Boscary qui vous voit, dit-elle, bien moins souvent que vous ne l'aviez promis. Si je continue à être passablement huit jours seulement de suite, je me serai acquitté aussi envers eux.

Je n'ai pas écrit une ligne depuis des siècles à qui que ce soit ; aussi je perds, je crois, tous mes amis que mon bonheur m'avait faits pendant les sept ou huit ans que j'ai couru le monde. Les uns me sont enlevés par la mort, et l'oubli et l'indifférence m'enlèvent aussi les autres ; je reste seul, mais j'ai la presque certitude que ce ne sera pas pour longtemps : je puis déjà d'avance me compter au nombre des morts. Ce qu'il y a de sûr au moins, c'est que je ne suis du tout de celui des vivants, ma vie n'est pas une vie. Je suis, depuis qu'il fait beau, plus solitaire que jamais ; je ne vais à la ville, chez mes parents, qu'une fois par semaine passer un jour ; le reste du temps se passe à la campagne, sans aucune espèce de société que mon cheval et mon chien, un jardin que je cultive tant bien que mal, et quelques livres pour mes très-courtes soirées. Cette vie-là seule est supportable pour moi ; tout le reste m'est odieux, excepté le souvenir de quelques bonnes âmes comme la vôtre. Mais je m'en détache aussi le plus possible : il faut savoir briser peu à peu les liens qui vous retiennent dans la vie, pour la quitter avec plus de tranquillité et de liberté.

C'est assez vous parler de moi. Que faites-vous,

qu'allez-vous faire? qu'avez-vous fait à Paris? Votre bon petit cœur s'est-il attaché comme à Lyon? Y aura-t-il autant de larmes versées à votre départ, si toutefois il est question d'un départ? Hélas! je le présume; c'est votre seul défaut, mais il est, je crois, incorrigible : vous croyez qu'on fait des sentiments comme on fait des visites, et vous vous attachez en huit jours ici et là pour n'avoir au bout du compte que le chagrin des séparations. Guérissez-vous aussi de cette noble erreur, cela ne va qu'à douze ans; cela vous rendrait très-malheureuse. Vous ne trouverez de longs retours que dans de longues affections, mais il serait peut-être mieux de n'en avoir d'aucun genre. La mort brise tout ce que le temps ou l'absence n'a pas pu briser. C'est notre destin d'être déchirés par tous les points sensibles de notre existence; tâchez donc d'en avoir le moins possible.

Je n'irai à aucunes eaux désormais, ni à Aix, ni à Vichy, ni à celles du colonel. Je m'abandonne à la seule volonté suprême; je crois absolument à la fatalité et je la laisserai agir en tout sans la gêner par le moindre effort. Ma situation d'ailleurs m'y forcerait quand ma raison ne me le dirait pas :

je suis esclave de tout et pour tout, je n'ai ni l'indépendance de position, ni celle de fortune ; je ne puis rien et ne veux rien tenter pour sortir de cet état que ma destinée, plus forte que moi, m'a fait.

Si vous revoyez madame Boscary, parlez-lui de mon sincère et durable attachement. Si vous écrivez au colonel, excusez-moi auprès de lui, en attendant que je puisse m'excuser moi-même. Et, pour vous, Mademoiselle et très-chère amie, ne m'oubliez pas entièrement : voilà tout ce que je vous demande, et c'est encore beaucoup plus que je n'aurais le droit de vous demander.

ALPHONSE DE L.

CXLVI

A monsieur le comte de Virieu

A Paris.

Mâcon, 30 avril 1818.

Je ne puis te dire, mon cher ami, combien je suis touché de l'intérêt que tu mets à mon *Saül*, par attachement à l'auteur. Je t'en remercie mille fois, et ce que je te demande, c'est d'y mettre autant de persévérance que tu y mets de zèle ; car, ainsi que toi, je ne doute nullement que ce ne soit une pénible et difficile entreprise que de faire seulement recevoir une pareille pièce qui a contre elle, dans ce moment, et la source vieille et sacrée d'où elle sort, et le genre semi-lyrique dont elle est, et le style naturel, simple et non brillant, avec lequel elle est écrite. Malgré tout cela je suis convaincu, et tu le seras peut-être toi-même à la seconde ou à la troisième lecture, que, si elle est jouée et saisie par Talma comme lui seul est fait pour la saisir, elle peut avoir un rare succès de représentation, sauf la chance tout à fait incalculable des morceaux lyriques du troisième acte, morceaux qui au reste, d'après les avis de Talma et des connaisseurs en parterre, sont susceptibles de plus ou moins de coupures.

J'espère que quand tu seras parvenu à la bien lire, ce qui ne te sera pas facile d'abord sur un tel manuscrit, tu seras assez content du style, et, tôt ou tard, le style est tout : il a, quoi qu'on en dise, la vie ou la mort d'un ouvrage en soi. Je redoutais infiniment de n'avoir à offrir que cet unique intérêt de style et de poésie dans un sujet si dépourvu en apparence de tous les principes d'un autre intérêt. Je l'ai cru moi-même ainsi jusqu'à la lecture totale de toute la pièce, que je me suis faite à moi-même et à sept ou huit personnes réunies, tous gens capables uniquement d'être émus par l'intérêt d'action. J'ai vu avec surprise et avec un très-grand plaisir que cette lecture leur a arraché des larmes abondantes d'un bout à l'autre ; qu'il n'y a pas eu, dans toute leur tournure pendant les deux heures et demie que cela a duré, une seule expression, une seule ombre d'ennui ; qu'elles ont été, contre leur attente, saisies d'un violent intérêt pour le malheureux et coupable vieillard et pour son fils, et que j'aurais pu prolonger ce saisissement pendant cinq autres actes sans les fatiguer le moins du monde. Ceci me rassure assez pour cette masse de spectateurs, qui est uniquement sensible et point artiste. C'est malheureusement pourtant le très-grand nombre.

Quant à la partie artiste, j'ai travaillé pour elle, et je compte sur elle avec plus d'assurance encore, surtout si la pompe guerrière et pittoresque d'un tel spectacle et le talent sublime d'un Talma ajoutent leur prestige au mien. Je crains seulement pour ce troisième acte lyrique. J'ai fait ce que j'ai pu pour mêler le dramatique au lyrique dans les élans que Saül égaré mêla aux chants de sa fille. Je trouve, pour moi, que cette folie tragique, entremêlée et calmée par des chants et de la musique, est superbe ; mais peut-être que tous n'en jugeront pas ainsi et trouveront que l'action en perd de sa rapidité. Je n'ai rien à leur répondre ; mais je compte en cela, comme dans toutes mes scènes principales du deuxième et du quatrième acte, sur le talent des acteurs. Il n'y a aucun doute que si cela est récité et joué médiocrement, la chute ne soit infaillible, comme je n'en vois guère que dans le cas contraire le succès ne soit extrême. C'est ce que m'a dit mon oncle qui n'est pas poétique, peu sensible et qui pleurait d'un bout à l'autre. Étonné du genre neuf et hardi de l'ouvrage et de l'intérêt qui le saisissait cependant malgré lui pour Saül et Jonathas, il me disait qu'il ne savait quel succès pourrait avoir à la scène une telle composition, mais qu'à coup sûr sa destinée dans la chute et dans le succès ne serait pas médiocre.

Il faudrait bien que je fusse à Paris pour la lire moi-même, ou que Bernard y fût, car, avec ta poitrine, si tu veux la bien lire, elle te tuera ; et, si elle est lue faiblement, je sens qu'elle perdra tout, puisque tout est dans les vers. Sacrifie-moi donc huit jours à l'étudier et deux ou trois jours de grandes fatigues de poitrine pour la lire, soit à M. de Duras, soit au Comité des *Français* si tu peux l'obtenir ; et, dans le cas où cela te serait impossible, trouve un habile lecteur qui sente les vers ; fais-la-lui préparer doucement devant toi, et fais-le lire lui-même quand il en sera besoin. Voilà ma plus instante recommandation, car sa destinée dépendra de ces premières impressions. Ne néglige rien sous ce rapport-là surtout.

Comme tu me l'annonces toi-même, j'espérais que Talma ne serait pas encore parti. Sais-tu s'il reviendra à Paris dans le courant de l'été? C'était surtout sur lui que je comptais; j'espérais que ce rôle qui est *tout lui* le séduirait, et, ce rôle réussissant, le reste est assuré, car le reste est peu de chose. J'ignore absolument comment on s'y prend pour faire recevoir une pièce, et surtout pour la faire passer sur le corps des autres : tu peux aisément savoir cela. Dans tous les cas fais-la recevoir toujours, si on en veut, et prends tes entrées pour moi. Je crois qu'en combinant les influences très-diverses de M. de Chanay, de M. de Duras et de Talma, s'il y avait moyen, nous réussirions à être joué l'hiver prochain. Qu'en penses-tu? Je ne le désire que pour le peu ou le beaucoup d'argent que cela pourrait peut-être me rendre et me mettre à même d'augmenter en en donnant cinq ou six de suite, ce qui me serait facile. C'est de cela uniquement que je me soucie, et dont j'ai le besoin le plus extrême, n'ayant rien, ne recevant plus rien, n'espérant rien de longtemps. Vingt ou trente mille francs que pourraient bien me produire cinq ou six tragédies et l'impression d'autres poésies, que je tenterais alors, relèveraient tout à fait mes affaires, à supposer que je vécusse, et, dans le cas contraire, me serviraient à des usages auxquels je les consacre d'avance.

Si tu réussissais à faire recevoir *Saül* et à le faire jouer d'ici à six ou huit mois, j'irais pour un moment à Paris, à l'époque importante des répétitions, et j'en présenterais deux autres, *Médée*, et une toute politique que j'ai en tête, en trois actes, et qui serait bientôt écrite. J'achèverais *Zoraïde* en refaisant le deuxième acte, et cela ferait quatre tout de suite. Travaille donc : mon sort est dans tes mains !

Je compte sur une copie quelconque, que tu me feras ou feras faire comme tu pourras, et, pourvu qu'elle m'arrive bientôt, peu m'importe sa perfection. Tu pourras aussi m'indiquer les longueurs, les coupures, les corrections que je te ferai passer très-régulièrement et très-promptement. Je mets en même temps que cette lettre le manuscrit aux Messageries générales. Envoie-le chercher dans six ou huit jours au plus tard, il devra être arrivé, si on ne te le porte pas. Je te préviens que le port en est payé.

Point de nouvelles de Vignet; j'en suis fort inquiet. Pour moi, j'ai la fièvre et des sueurs toutes les nuits à peu près : les médecins prétendent que ce n'est pas la fièvre, mais je la sens trop pour les croire. Je suis à Milly toutes mes journées, ne m'occupant que de mon jardin et de panser mon cheval et de faire mon dîner tout seul. Je ne vois personne, et je ne regrette que toi. — Adieu, adieu.

P.-S. Pardon pour ce long fatras, pour ce commentaire ennuyeux, il est nécessaire.

CXLVII

A monsieur le comte de Virieu

Paris.

6 mai 1818.

Tu as dû, mon cher ami, recevoir *Saül* par la diligence avant-hier, lundi 4; du moins les commis m'avaient assuré que cela serait remis à ton adresse sans faute ce jour-là. Je pense que tu m'en donneras des nouvelles dès que tu l'auras lu, et, si par hasard tu avais pu le faire copier à temps, tu pourrais en remettre la copie à ma sœur, madame de Cessia, chez madame Delahante; ces dames partent aux environs du 13 mai et me l'auraient rapporté. Mais dans tous les cas tu ne manqueras pas d'occasion, ou tu le mettras simplement aux Messageries quand il sera fait. Dans tous les cas aussi ne le remets que cacheté, sans dire ce que c'est.

Je t'écris aujourd'hui pour te prier d'une commission, la voici : un de mes amis désire avoir les dix ou douze plus jolies romances de Blangini, que tu es plus à portée de connaître que personne autre par madame de Virieu, ta cousine. On tient surtout à celle qui finit par *Noble dame, pensez à moi*. On veut aussi deux romances dont l'une commence ainsi : *Celui qui sut toucher mon cœur*, et l'autre par : *Ma mie, ma douce amie, réponds à mes amours ; fidèle à cette belle, je l'aimerai toujours*, qu'elles soient de Blangini ou non. Je voudrais donc que tu cherchasses ces dix ou douze romances, et que tu les portasses chez M. Delahante qui t'en remettrait le prix, et tu mettrais sur le paquet l'adresse de M. Amédée de Parseval à Mâcon. Bien entendu que cela ne t'ennuiera pas, autrement ne te dérange pas de ton repos pour si peu. Ces dames les rapporteraient ici. Voilà tout le sujet de ma lettre.

Où es-tu, que fais-tu, ou plutôt que penses-tu? Vignet ne m'écrit point. Je le crois très-mal aussi. Je suis bien fâché que tu aies perdu l'excellent compagnon Montchalin. Tu seras plus triste de moitié. Que fait César Alfieri ? Va-t-il en Angleterre? Y vas-tu, toi? Qu'y feras-tu? Allons plutôt mourir à Naples ! Si j'avais cinquante louis, j'irais y passer l'automne et l'hiver ; sans cela je ne les passerai pas du tout. Que penses-tu de *Saül?* Écris-moi longuement toutes tes idées, s'il t'en donne.

Adieu, je t'aime et je t'embrasse le plus tendrement. Quand nous verrons-nous, et où ? Penses-tu à quelque mission ? en est-il question ? t'en soucies-tu ? Adieu, je n'en puis plus pour ce peu de lignes.

AL.

CXLVIII

A monsieur le comte de Virieu

11 mai 1818.

Tu ne t'imaginais pas en m'écrivant le plaisir extrême que me faisaient tes lignes. Quelles que soient les taches que tu trouveras dans la suite à *Saül*, taches qui n'y seraient pas sans mon état de faiblesse physique et morale, je suis content, car je vois que j'ai fait précisément ce que j'ai voulu faire. Toute l'analyse rapide que tu m'en fais et la chaleur avec laquelle tu me peins ce que tu as senti en lisant m'en sont la preuve, et c'est là ce que je voulais surtout de toi. J'ai bien relu dix fois tes quatre pages, et ma mère, à qui je les lisais, m'a dit qu'elle y retrouvait tout juste les impressions qu'elle avait éprouvées, mais qu'elle n'avait pas su exprimer avec autant de force et de précision.

Je t'envoie la dédicace, il y a longtemps qu'elle t'était destinée (en cas de succès), ainsi qu'à madame C. Je vous unis tous deux dans ce petit hommage : vous n'en seriez fâchés ni l'un ni l'autre, si elle vivait encore... Cela servira de préface et de tout si on l'imprime. Il ne faut pas qu'un poëte parle en prose ni fasse des poétiques sur ses œuvres.

Je te remercie un million de fois encore du zèle que tu mets à tout cela. Tâche de trouver un bon lecteur. Jussieu lit bien, mais non pas bien le beau simple : on lui a tordu l'esprit, et il a pris de la manière dans le ton. Ne le choisis pas, ou rectifie-le beaucoup. Prends quelque bonne poitrine qui ait une âme et fasse un peu *ronfler* les vers, puisqu'enfin ce sont des vers, et qu'à la façon dont Jussieu et d'autres lisent, tout cela se métamorphose en prose coupée. Tu lirais très-bien cela toi-même, si ce n'est ta voix qui se voile au bout de cent vers, et alors adieu les inflexions pour un auditoire un peu nombreux. Au reste je m'en rapporte bien là-dessus, comme sur tout le reste, tout à toi.

Je suis empressé de le relire moi-même : imagine-toi que je ne l'ai lu pour moi et les autres que cette seule et unique fois. Je n'en ai pas d'idée nette. J'aurais voulu que Vignet le lût aussi, mais je le crois trop mal pour l'occuper de toutes ces sublimes bagatelles. J'attends toujours de ses nouvelles en vain et n'en ai qu'indirectement.

Je souffre beaucoup, depuis que le temps est redevenu pluvieux, comme en 1816. J'attends du soleil pour renaître un moment. Si je renaissais une bonne fois, tu verrais éclore très-vite une tragédie qui serait pour la fière politique uniquement ce que j'ai voulu faire de *Saül* pour la poésie et le pathétique, et cela serait bien bon pour le temps présent. Je me sens plus convaincu que jamais que la liberté est une condition qui n'est pas de notre nature, que les droits de l'homme sont les droits d'une chimère qu'ils appellent homme, que le seul bien de la société c'est la force, et la seule source de la force le courage et Dieu. Ce sont là mes bases. Jusqu'à trente ans je donnerais des tragédies, et, si Dieu me donnait la vie et la santé, de trente à quarante j'enfanterais *Clovis*. C'est *Clovis* qui est mon fait; c'est là qu'on verrait en liberté cette poésie dont on ne peut mettre qu'à lèche-doigt ailleurs pour des Français !

ANNÉE 1818. 177

Adieu, je m'arrête souffrant trop. Dis-moi ton avis sur la dédicace, et renvoie-la-moi, corrigée comme tu la voudras.

Écris-moi souvent et longuement : qu'as-tu à faire de mieux pour moi? Montchalin y est-il encore? Offre mes hommages à ta sœur et à ta mère.

DÉDICACE DE SAÜL

A Aymon de Virieu

Ce que je trouverais de plus doux dans le talent (si le public m'en reconnaissait jamais), ce serait d'en offrir l'hommage à ce que j'ai de plus cher au monde.

C'est à ce titre que je te prie d'accepter la dédicace de *Saül*. Je le composai pour toi et pour cette autre moitié de moi-même... Je ne puis plus le dédier qu'à son ombre. Mais, comme chacun de mes sentiments lui fut rapporté pendant sa vie, que chacune de mes actions lui soit consacrée après sa mort! Elle ne s'offensera pas de partager ce faible mais ardent hommage avec un ami pour lequel elle partagea tout mon attachement ici-bas.

Je ne sais ce que décideront les connaisseurs d'un ouvrage si peu soumis aux règles inconnues de leur art : la poésie, tu le sais, m'a toujours semblé moins un art que le résultat d'une inspiration, et, dans cet ouvrage, comme dans tous ceux qu'elle m'a forcé de produire, je n'ai suivi qu'elle, et je puis dire avec vérité que ce qu'il y a de bon, comme ce qu'on pourra y trouver de mal, appartient à elle, et non à moi. J'ignore donc absolument ce que j'ai fait. L'avenir m'en instruira, et je livre *Saül* avec crainte à des jugements si peu prévus par moi, pour apprendre, par le sort qu'il aura, le sort probable de mes autres œuvres.

Il y a un noble courage à toi d'accepter la dédicace d'un ouvrage dont le succès est livré au hasard de la représentation sur une scène si sévère, si orageuse, et dans un temps où la poésie est aussi loin de nos goûts que de nos mœurs. Je reconnais là cette généreuse amitié qui nous a unis dès l'enfance et qui de nos deux destinées n'en fera jamais qu'une.

1er mai 1818.

CXLIX

A monsieur le comte de Virieu
A Paris.

Montculot, près Dijon, 7 juin 1818.

Ce que tu me mandes des jugements opposés et contradictoires qu'on porte de *Saül* me fait de la peine, mais ne m'étonne pas du tout : c'est le sort de tous les ouvrages des hommes d'être contestés et jugés diversement par les divers esprits. Je désirerais seulement savoir une chose, c'est s'il plaît fortement à ceux à qui il plaît, et, en second lieu, si pendant les lectures les autres manifestent de l'inattention et de l'ennui; en un mot s'il ne les remue nullement, ou si seulement ils sont fâchés d'être remués par des moyens qui leur déplaisent. Voilà le seul point. Dis-moi franchement ce qu'il en est, dis-moi ce que t'en disent les deux partis, de bien et de mal; dis-moi si en totalité on y trouve un talent remarquable et vrai, ou si on traite cela comme l'essai d'un homme qui s'est essayé à tout hasard.

J'aperçois bien par ta lettre que tu n'es pas content des jugements en général, mais je tiens à savoir quelques-uns de ces jugements, à savoir par-dessus tout si l'on regarde *Saü[l]* comme une chose médiocre, ou les uns comme *du mauvais* et les autres comme *du très-bon*. Si c'est dans ce dernier sens qu'on en pense et qu'on t'en parle, je ne me désespérerai pas tout à fait; bien loin de là même, j'attendrai de la représentation beaucoup de bien et surtout beaucoup de bruit, fût-ce même en mal, et c'est là précisément ce qu'il me faut pour un début dans la carrière. Tu dois penser comme moi que la représentation doit être la pierre de touche d'un pareil ouvrage; qu'il est de nature à ce qu'elle lui ajoute beaucoup si elle est forte et chaude et qu'elle en fasse ressortir tout ce que j'ai tâché d'y mettre de passion et d'âme et de pathétique. Sois en paix alors : cette classe canaille et routinière dont tu fais un si bon portrait ne juge plus par elle-même dès qu'un premier jugement plus compétent a été porté. Or qui est-ce qui portera ce premier jugement à la représentation? Ce seront précisément les connaisseurs et la masse du public simple et droite, cette masse qui sent d'abord sans se rendre compte : tu sais qu'un public de deux ou trois mille spectateurs est presque toujours dans cette catégorie ; quant aux autres, ils auront beau crier après ; si la pièce a du neuf, de l'extraordinaire, de la terreur, et que Talma soit digne de lui et de son rôle, il y aura du tapage, on y courra, elle se vendra, elle frayera la route aux autres.

Mais j'ai toujours pensé que Talma seul déciderait tout : j'ai travaillé pour lui seul, et si bien pour lui seul, que, s'il n'y était plus, je ne la donnerais pas, ou ce serait une bouffonnerie. Représente-toi une telle pièce grotesquement ou froidement jouée, c'est en ceci surtout que du sublime au ridicule il n'y a qu'un pas, car tout dépend d'un moment et d'un prestige et d'un homme. Ne te rebute donc pas avant que tu l'aies lue en personne à Talma, c'est là le point unique : qu'il la saisisse, qu'il l'entende lire une fois comme elle est, et je suis sauvé ; car tu dois penser ce qu'un rôle pareil, joué par un tel homme, peut produire d'effet dans une telle pièce qu'il remplit presque tout entière.

Après lui il faudra trouver une actrice qui sache réciter en inspirée et en poëte les morceaux lyriques du troisième acte, un grand prêtre un peu chaud; et tout le reste souffrira toute la médiocrité imaginable sans péril. Tout dépend donc, comme tu le penses, du seul Talma. Fais agir Jussieu près de lui, et tout ce que tu pourras trouver qui le connaisse, et, je t'en supplie, vas-y toi-même, ne te lasse pas d'y aller jusqu'à ce qu'il t'ait entendu et compris. Songe qu'il n'y a pas de bassesse, et que la bassesse te sera une vraie gloire, puisque ce n'est pas pour toi que tu t'y soumets. Tu me donneras, en faisant tout près de lui, la plus grande preuve d'amitié, car je ne puis espérer quelque adoucissement à ma situation que par un début qui me rende quelque argent. Ce n'est que pour cela que je te presse : autrement que m'importe ! j'attendrai, et, si j'ai du talent, je ne manquerai pas la gloire un jour ou l'autre; et je n'ai pour ce qu'on appelle ainsi nul fol empressement.

Quant à aller à présent à Paris, cela m'est absolument impossible, quand tout en dépendrait pour moi. Je n'ai pas le sou, et, dans l'état déplorable de santé où je suis plus que jamais, je ne pourrais pas y aller et y rester, ne fût-ce que deux mois, sans y faire bien de la dépense ou sans y mourir de souffrances. Quand Talma aura décidé, je ferai tout au monde pour y aller pour les répétitions. Adieu.

CL

A monsieur le comte de Virieu

A Paris.

Montculot, 10 juin 1818.

Et dans tout Israël il n'est pas un prophète!

Je suis toujours ici retenu par trop de souffrances pour reprendre ma route à cheval. Je compte pourtant en partir ces jours-ci. On m'y a renvoyé hier ta grande lettre critique. Je pense que par le même courrier tu m'auras renvoyé ou l'original ou une copie du *Saül* en question, et que je le trouverai à mon retour à Mâcon.

Je ne saurai jamais assez t'exprimer toute ma reconnaissance pour l'intérêt que tu y mets. Je vois que cela te touche presque autant que moi, et que le peu de succès que j'ai là-bas t'afflige comme s'il s'agissait de prononcer sur ton œuvre propre. Je te renouvelle bien fortement la prière de ne laisser là *Saül* qu'après que tu auras obtenu de le lire toi-même au vrai juge, Talma, le seul dont le sentiment puisse influer puissamment non pas seulement sur la réception mais encore sur le succès de cet ouvrage dans le public. Après cela, que tu réussisses ou non, je ne t'en aurai pas moins la reconnaissance la mieux acquise, car je ne me dissimule pas l'ennui extrême que je te cause, et je vois à peu près cela d'ici.

Tu diras à Talma que, s'il veut recevoir *Saül* à la Comédie-Française, je m'engage à aller quand il le faudra à Paris, et à lui obéir complétement dans toutes les coupures et changements qu'il pourra désirer. Mais tu dois sentir que, malade comme je le suis, mourant même, je n'irai pas me donner une peine de forçat pour faire à tout hasard des changements notables, sans savoir s'ils seront réellement préférables au texte et s'ils seront agréés par messieurs les acteurs : ce serait risquer double ouvrage, et peut-être en pure perte. Je vais passer à présent à l'article des critiques que tu me fais passer et t'en dire mon propre sentiment en te demandant le tien.

1° Relativement à cette contradiction de jugements, à cette opposition directe de sentiments, et surtout à cette absence totale d'une voix publique sur le mérite ou le démérite de la pièce, je t'ai demandé une chose dans ma dernière lettre, à savoir s'il y avait dans les auditeurs le défaut d'attention, l'ennui apparent pendant les lectures, ou si les discussions ne venaient qu'après. Dans le premier cas il reste bien peu d'espoir, dans le second je serais moins étonné. L'ouvrage bon ou mauvais ne ressemble pas aux autres, et il est très-possible qu'il produise sur des auditeurs timides ou routiniers une espèce d'étonnement et d'incertitude d'où résulte ensuite cette diversité d'opinions qui nous étonne. Si la pièce avait été fortement représentée une fois ou deux, ceci diminuerait ou se changerait en enthousiasme d'un côté et en dénigrement de l'autre, qui est ce que je désirerais le plus au monde pour commencer. Réponds-moi donc franchement ce que tu en vois et ce que tu en penses.

2° *Le choix du sujet.* Je suis de ton avis en un sens. Je sens qu'il aurait été mieux reçu venant d'ailleurs que de *la Bible*, mais je ne crois pas pourtant que le parterre impie y trouve rien qui sente la capucinade ; et, qu'ils regardent *la*

Bible comme une fable, comme une histoire, ou comme *la Bible*, il me semble que le spectacle est le même à leurs yeux, celui d'un homme poursuivi par un Dieu, par les dieux, et par un rival adroit et des prêtres puissants. J'ai écrit à peu près pour les trois hypothèses, et c'est ce qui a fait dire à quelques-uns que David est trop peu brillant, à d'autres qu'Abner est de trop dans la pièce, à ceux-ci que David a trop l'air dominé par les prêtres, à ceux-là que les prêtres n'ont pas l'air assez dépouillés d'intérêt personnel dans la chose. L'effet général de *la Bible* est précisément cela, et, pour que *Saül* soit dramatiquement intéressant, il faut que cela soit ainsi et que le spectateur soit, pour ainsi dire, dans la même incertitude que lui sur les intrigues ou les prodiges qui l'entourent; mais il faut que cette incertitude soit très-vague et très-légère. C'est du moins ce que j'ai voulu produire sans avoir l'air de l'avoir voulu, et ce qui m'a fait donner une teinte si faible et si vague au caractère d'Abner que je n'ai mis là que pour être une occasion des retours de Saül et produire de grands effets avec de très-légères insinuations. Sans cela j'en aurais fait très-aisément un traître de mélodrame, et ce rôle, une fois beau, est usé aujourd'hui et ne doit plus reparaître.

3° Quant aux personnes qui ont trouvé la pièce plus épique que dramatique, ce sont des personnes d'esprit et de l'art ; ma première idée était tout épique. Le genre de la pièce, où l'intrigue est pour peu de chose et où tout marche comme par une impulsion surnaturelle, est épique ; le cinquième acte est tout épique. Restera donc à savoir si ce genre pourra être admis pour une fois sans tirer à conséquence, et si le dramatique n'y est pas assez fondu et assez frappant pour enchaîner les spectateurs à cette action très-réellement épique.

4° *Le premier acte trop rempli et trop achevé* est juste ; aussi je changerai cela d'un trait de plume.

5° *Le rôle d'Abner.* Je n'y tiendrais pas, mais il faudrait pourtant une pierre d'achoppement dans la pièce, et c'est là son rôle. Si je le retranchais en entier, Saül remplirait bien plus encore toute la pièce, ce dont on se plaint. Je ne sais si on ne se plaint pas là de ce qui en fait la force et l'intérêt, car qu'est-ce que j'ai voulu montrer ? Saül.

6° Le moment où Saül tombe aux pieds de David est, en effet, le point critique. Le succès ou la chute de ceci dépendra tout entier de Talma et de l'enthousiasme du grand prêtre ; mais je me garderais d'ôter cet endroit qui, s'il réussit, ne réussira pas médiocrement et qu'à mon sentiment je trouve assez naturel pour pouvoir réussir s'il est bien joué.

7° Quant aux deux récits qu'on veut supprimer, je supprimerais sans difficulté le premier de David ; le second où Jonathas peint la folie de Saül et les soins de Michol, je le supprimerais avec plus de peine, parce que je n'ai pas du tout montré aux yeux le touchant spectacle qu'il décrit ; mais cependant Talma déciderait encore de lui.

8° Les acteurs seuls décideront encore s'il faut affaiblir ou raccourcir légèrement le cinquième acte : ils connaissent seuls la force du parterre pour supporter de tels spectacles, mais je leur dirai encore que la situation est en effet forte et déchirante, mais qu'elle n'est pas noire, barbare et révoltante, ce qu'il faut distinguer ; ce n'est pas du *Vergy*.

9° On a raison aussi de se plaindre de l'insensibilité de David sur son ami ; je la réparerai, comme tu dis, en quatre ou cinq vers.

10° Quant à ceux qui voudraient que la pièce commençât par la pythonisse, que David ne vînt qu'au deuxième acte, ou que la pythonisse déterminât le dénouement, que Michol devrait chanter la victoire présente de David, etc., etc, je n'ai rien à leur répondre, sinon que la pièce est faite, conçue, inventée, ordonnée d'après un autre plan pour produire tels ou tels sentiments, telles ou telles situations, de tels ou tels genres, et qu'il est possible qu'elle eût été mieux étant autrement, mais ce ne serait plus la même pièce. Je répondrai la même chose à ceux qui désireraient que les scènes d'Alfieri où Saül demande à ses enfants de lui livrer David se trouvassent dans mon *Saül;* et, à ceux qui voudraient qu'il s'abaissât pour cela devant ses enfants, et non pas au quatrième acte devant David pour lui demander d'épargner son fils dans sa grandeur future qu'il prévoit et ne peut empêcher par une force surnaturelle, je ne répondrai rien s'ils ne trouvent pas ma situation plus noble, plus naturelle, plus touchante, plus forte que la leur. Mais il est cependant possible que mon sentiment me trompe là-dessus.

11° Jonathas était plus jeune encore que je ne le représente. Il est vrai que Samuel mourut naturellement, mais j'ai eu besoin de son ombre pour l'effet de la scène du deuxième acte. Si la scène réussit, on me pardonnera bien d'avoir supposé qu'il mourut assassiné, quoique ce soit une faute.

12° Le caractère de Saül est odieux en effet ; mais en a-t-on pitié ou non, à force de malheurs? Voilà le point de la question.

13° David est marié, et sa tendresse n'est pas l'action et le pivot de la pièce. Tu ne t'en plains pas.

14° Quant aux deux pages supplémentaires de ta lettre, qui contiennent les critiques de style, je n'y répondrai qu'en les approuvant toutes et en les corrigeant quand on aura reçu la pièce au théâtre, fût-ce pour la jouer dans dix ans, ou bien en t'envoyant sur-le-champ des variantes que tu aurais la complaisance d'écrire à la place du texte que tu effaceras. J'en excepte les secondes personnes du singulier des verbes, qui font élision partout dans la tragédie chez Racine, Voltaire, etc.

Tu pleure, ah ! je comprends.

15º Je changerai, s'il le faut, la scène avec Abner où l'on trouve David trop Français; mais cependant il faut bien que l'on voie sa vertu, sa résistance aux hommes et son obéissance à Dieu, seule chose qui est montrée par cette scène et la suivante; j'y changerai les fanfaronnades.

Me voilà à bout, et je ne suis point étonné ni fâché de ces différentes critiques puisque j'en trouve au moins les deux tiers de justes; mais ce qui me fâcherait beaucoup, ce serait que Talma ne voulût pas me faire recevoir, de quelque façon que cela fût, pour tenter une fois l'effet d'une telle représentation. Je ne crains pas une chute illustre, mais je crains de ne pas pouvoir seulement la tenter, et c'est pour lui que je me recommande à tout ton zèle. Le ciel, qui pour mon malheur m'a forcé à être poëte, m'a donné le courage d'esprit nécessaire pour braver les revers et les sifflets littéraires avec un cœur d'airain; et, si je les craignais, je ressemblerais à un général qui voudrait gagner des batailles sans entendre le bruit des canons ennemis et sans vouloir être blessé ou tué même au besoin. La comparaison est exacte. Tâche donc qu'on reçoive *Saül* au comité, et moque-toi du reste. J'irai à Paris une année ou l'autre, armé d'autres pièces, et, si celle-là ne peut passer la première, je la ferai précéder d'autres qui lui ouvriront la route.

Mais figure-toi Talma jouant *Saül*, la scène du troisième acte passée sans malheur, et ne crains rien alors. Je retrancherai dans les chants de Michol les deux strophes que tu dis; retranche-les d'avance à la lecture.

Quant à toi, toutes ces contrariétés, toutes ces critiques ont-elles changé ton opinion sur *Saül*? As-tu trouvé quelques personnes de ton avis? Qui sont-elles? Dis-moi franchement ce qu'on pense du style, si l'on me croit poëte ou non; et, si on ne le croit réellement pas, j'y renoncerai, et je tâcherai de planter uniquement des choux dans mon jardin, sans être encore bien convaincu, car je sens le contraire. Ne t'afflige pas trop non plus de toutes ces vicissitudes, elles se retrouvent en tout et partout. Songe d'ailleurs au goût du public choisi rassemblé dans les séances de l'Institut pour applaudir les petits vers du vieux Ducis ou de Campenon ; songe comment Racine fut accueilli au temps de ces anciens Pradons : je ne veux pas me comparer à Racine, mais je ne veux pas non plus les égaler aux Pradons. Songe enfin que le public, quelque nombreux qu'il soit dans les salons, est ordinairement l'opposé direct du public d'un théâtre, je ne sais pas pourquoi.

Adieu donc, travaille encore un peu, mais uniquement auprès de Talma, et, si tu ne réussis à rien auprès de lui, je t'aurai encore une double reconnaissance, car tu auras eu et beaucoup de peine et beaucoup de chagrin pour moi. Pour moi, je m'affligerais d'une seule chose, c'est de n'avoir pas tenté cette voie de gagner quelques louis, et de n'avoir plus cette espérance devant moi dans mes anxiétés ; mais, au reste, comme le dit mon cher César dans ma *Bataille de Pharsale:*

> Je ne me hâtai point, j'attendis les instants :
> Ce qui manque le moins à l'homme, c'est le temps ;
> Et dans ceux où le sort a placé notre vie
> L'occasion toujours se prodigue au génie.

Adieu, je vais mieux ce matin. Écris-moi longuement et souvent, et pardonne-moi ces volumes. *To be or not to be.* _ _ _ _

Quand Talma revient-il ? Ne lui dis pas que je suis un auteur habitant la province, cela lui donnerait de mauvaises impressions. Dis-lui, pour m'excuser de n'être pas à Paris, que je suis très-malade et mourant à la campagne; et tu ne mentiras guère, car je m'en vais à grands pas depuis le beau temps.

As-tu parlé de *Saül* à ta sœur, l'artiste ?

P.-S. Je suis venu passer quelques jours ici chez mon oncle, où est mon père. Mon oncle est paralytique et ne promet pas une bien longue existence. Je pars un de ces jours pour Milly; je ne puis voyager qu'à cheval. Je viens de passer vingt-six jours sans fièvre; elle m'a repris hier, et je l'ai en t'écrivant ceci. Le malheur me poursuit comme Saül. Je tâche de m'y soumettre comme Jonathas. Pendant ces jours passés sans fièvre, j'ai enfin trouvé le moment, le nœud et l'action de la grande tragédie politique que je méditais depuis longtemps. Elle sera intitulée: *César ou la Veille de Pharsale.* J'y expliquerai convenablement mes opinions politiques, et j'espère peindre comme je les sens le grand César, Brutus et le féroce Caton. Adieu. Si on peut donner *Saül* cet hiver, tu verras un *César* l'hiver prochain, qui te fera, j'espère, autant de plaisir que tous ceux que tu connais. Bonsoir, écris-moi souvent, vite et longuement, à Mâcon où je serai dans deux ou trois jours. Envoie-moi mon manuscrit de *Saül*, et pense à moi. Vignet va à Paris.

CLI

A mademoiselle Éléonore de Canonge

Paris.

Milly, 27 juin 1818.

J'ai reçu hier, mademoiselle, votre dernière lettre. J'étais de retour depuis très-peu de jours, et, bien loin de concevoir les moindres doutes sur la sincérité de votre amitié, comme vous me dites que vous le craignez, je ne puis que me confirmer davantage dans l'idée que nos trop courtes relations m'ont fait concevoir de toutes les qualités de l'âme et de l'esprit qui vous distinguent.

Les progrès de mes souffrances m'ôteront même la force de chercher à les finir par aucun moyen. Je suis toujours dans le même état. Je me traînerai pendant l'été, mais je tremble pour l'automne, ou plutôt je ne tremble pas pour moi qui ne trouve pas si pénible la fin d'une vie si misérable, mais pour mon père et ma mère. C'est mon plus grand tourment. Quoi qu'il en soit, vous perdrez ou vous conserverez aussi en moi un homme qui vous apprécie et qui vous sera toujours vivement attaché.

Quand quittez-vous Paris? Allez-vous voir madame Boscary à la campagne? Je ne lui ai plus écrit, non plus qu'au colonel, non plus qu'à personne. Parlez-lui de moi, si elle y pense encore. Je ne compte point aller aux eaux d'Aix ni à aucunes eaux, du moins avant le milieu ou la fin du mois d'août. J'ai des moissons à faire ici ; je n'ai nul espoir de soulagement là-bas : je n'en attends que de quelques séjours dans des climats plus chauds, si cela m'est possible. Mais si vous passez à Lyon, je me fais un grand plaisir d'aller vous y voir, si cela m'est permis. J'attends ce soir ici un de mes amis de Chambéry, que vous avez vu avec moi aux eaux d'Aix. Il est à peu près aussi malade et aussi triste que moi ; il vient pendant quelque temps partager, mais non égayer, ma solitude.

J'ai lu, comme vous, l'ouvrage de madame de Staël. Je suis, Dieu merci, assez promptement servi de toutes vos nouveautés. Mais je ne veux pas parler politique sur ce sujet avec vous, vous savez que nous ne pouvons pas nous entendre. Nous partons de deux principes diamétralement opposés : vous croyez que les peuples corrompus doivent être gouvernés par la seule vérité, la seule raison, la seule justice, et que, dès qu'on la leur montrera, ils l'embrasseront, comme des philosophes sans passion. Moi, je crois que la seule fin pour laquelle on doit gouverner est la paix, l'ordre et la justice, mais que le seul moyen de gouvernement c'est la force. Madame de Staël est de votre parti ; l'expérience de tous les siècles et la nature de l'homme sont du mien. En philosophie et en littérature je regarde madame de Staël comme un grand homme, en politique comme une des dernières femmelettes. Chaque grand génie a eu son côté faible, il le faut bien, puisque enfin, quelque génie que Dieu nous ait donné, il faut que nous sentions par quelque point notre misérable nature humaine qui se compose, par parties égales, d'erreur et de vérité. Le bruit uniforme des coteries de Paris, où l'on ne connaît que l'idée du jour et l'opinion de son salon, vous aura confirmée dans vos principes ; la solitude, la réflexion et l'histoire de tous les lieux et de tous les âges me confirment dans les miens. Nous ne nous rapprocherons que par les événements, car l'expérience est dans ce genre le seul maître incontestable.

Adieu, Mademoiselle; pardonnez-moi ces mauvaises opinions comme je pardonne les vôtres, et que toute la terre se pardonne ainsi réciproquement et aussi facilement, et nous vivrons en paix. C'est ce qu'il y a de mieux à nous souhaiter.

ALPH.

CLII

A monsieur le comte de Virieu

Mâcon, 27 juin 1818.

Je suis venu ici, mon cher ami, chercher Vignet qui nous arrive de Lyon ce soir. J'aurais bien désiré avoir une copie de *Saül* à lui faire lire; je n'en ai ici ni copie ni brouillon ni souvenir. Il passera au moins une quinzaine avec nous. Vois si tu pourrais m'en expédier une assez à temps pour qu'il pût y être encore quand elle arriverait; tu me ferais plaisir. Je l'emmène ce soir à la campagne où je crains fort qu'il ne s'ennuie, n'ayant que moi à lui offrir, et je ne suis guère divertissant ni diverti. Je souffre un peu moins depuis quelques jours ; je prends quelques tasses de lait de chèvre, cela me fait du bien à l'estomac et du mal au foie : je ne puis adoucir un mal qu'en tombant dans un autre.

Comment vas-tu ? et que fais-tu ? Quels sont tes projets ou tes idées ? passeras-tu toute cette magnifique saison à Paris? Tu tombes mal, car voilà le seul été dont on s'aperçoive en France depuis notre été d'Italie. Nos champs sont superbes d'espérances, et, si ce n'étaient les traces de la grêle de l'année passée, nous aurions au moins une bonne et riche vendange, ce qui ferait grand bien à mon père, et à moi plaisir. Je sais que ta mère et ta sœur sont à Lamotte, cela fait envie.

Adieu, je vais au-devant de Vignet. Écris-nous, et, quand tu quitteras Paris, viens passer quinze jours près de moi. Nous serons seuls ; mais tu n'aimes pas tant les causeries de femmes que notre ami Vignet, et je suis de ton bord. Que fait César Alfieri? A propos j'ai reçu l'autre jour une lettre charmante de M. de Bonald, dans laquelle il me prie d'accepter la collection complète de ses œuvres qu'il publie dans ce moment. Il m'envoie pour cela un billet à ordre sur son libraire, que je te ferai passer la première fois que je t'écrirai, pour que tu reçoives tout cela pour moi et que tu me l'envoies. J'ai été très-touché d'un pareil procédé. L'as-tu rencontré cet hiver ? Bonsoir.

CLIII

A monsieur le comte de Virieu

Secrétaire d'ambassade à Munich.

Milly, 17 juillet 1818.

Me voici à mon aise pour t'écrire : Vignet est parti hier pour Paris. Comme nous te l'avons mandé, il a acheté une méchante chaise de poste et a commencé sa course à travers le monde, plein d'espoir, de jeunesse, de vie, d'action, de santé. Tu ne le reconnaîtrais plus ni de corps ni de tête, c'est le Vignet d'autrefois à ses défauts près. La tête seule est encore un peu faible, mais cela s'efface de jour en jour, et je ne doute pas qu'avant un an il ne soit en état de pouvoir tout ce qu'il voudra. Voilà ce que c'est que d'avoir un estomac, il vous tire de tout ; je t'en souhaite un. Le mien est moins détestable depuis que nous sommes dans un si bon climat, et je me traîne supportablement pourvu que je sois à la campagne et que je ne fasse absolument aucun usage de ma tête ni de ma plume. Je lis *Don Quichotte*, c'est le nec plus ultrà de mon application.

J'étais plus tranquille avant la visite de Vignet : bien loin de m'apporter le calme qu'il répandait autour de lui autrefois, quand son âme abattue par la souffrance s'était réfugiée dans la dévotion, il est venu agité, comme nous l'étions à seize ans, par toutes les perspectives de la vie, comme s'il y en avait encore pour nous et surtout pour moi. Il m'a voulu réveiller à bonne intention de mon assoupissement physique et moral : il m'a seulement agité en pure perte et troublé par des souvenirs ou des regrets. Je le lui ai bien dit ; mais, comme il se sent de la vie en surabondance et qu'il a toute la fermentation d'esprit de nos jeunes années, son atmosphère ne me vaut plus rien, et je m'en ressens péniblement. Pour le reste, sa société m'était agréable, car il a plus d'esprit que jamais, et, comme depuis plus d'un an je n'ai pas entendu causer un homme sans dégoût, il m'a remis en appétit de bonnes idées, mais où en trouver à présent ?

Je me trouve tout seul ; tout le monde est parti, jusqu'à mes sœurs. Je n'ai pour société ici que mon cheval, et je dois rester un mois ainsi. Je fais de belles moissons et nous espérons de belles vendanges, mais rien de tout cela n'est à moi en propre, je ne suis qu'un homme d'affaires. L'intérêt est beaucoup moindre, parce que la liberté n'y est pas. Cependant j'aime cette vie. Donne-moi des détails sur la tienne, et tâche de trouver à Munich ou à Francfort la fille de quelque riche banquier que tu nous ramèneras. Une Allemande te vaudra mieux qu'une Française, sois-en sûr : il y en a si peu qui aient une âme tout entière.

Vignet m'a apporté l'idée de deux mariages pour moi. Je les entreprends faiblement, comme on travaille à une chose dont on croit au fond la réussite impossible. Plains-moi, et admire la destinée. Prions qu'elle change d'elle-même, car à la combattre on ne gagne que des blessures de plus. *Tristis est anima mea usque ad mortem;* et cette mort ne vient pas, elle semble jouer avec moi, s'éloigner, revenir pour s'éloigner encore : quand j'y suis résigné elle disparaît, quand je forme un projet elle revient. Je ne formais plus de projet depuis longtemps, je maudis Vignet d'être venu me remettre aux prises avec l'espoir et la crainte ; je dormais déjà mon sommeil : j'espère me calmer après quelques jours de solitude et le recommencer encore.

Je suis touché de ta sollicitude pour mon cher *Saül*. Tu l'as vu, je n'avais que cette voie pour tenter encore ma fortune ; la nature avait semblé m'y pousser invinciblement toute ma vie, et la destinée même me fermait toutes les autres routes. Ce n'était pas cependant pour m'ouvrir celle-là, comme je l'imaginais. J'ai fait un dernier effort, j'ai écrit hier à Talma la meilleure lettre que j'aie certainement écrite de ma vie, et je lui ferai remettre *Saül* dès que je saurai où il est. Je serais devenu indépendant par un succès de ce genre, et, quoique tu penses que je n'aie qu'une tragédie dans le ventre, je vous aurais promptement montré que j'ai encore cinq ou six grandes idées neuves dans la tête et plus de couleurs qu'il n'en faut pour les rendre. Mais à quoi bon les écrire, si je n'ai pas la certitude qu'elles seront lues ? Il n'y a que le succès de la première qui m'eût excité à produire les autres. César même, mon héros, l'homme des hommes, César est resté enseveli dans la poussière de ma cheminée, et ne sortira pas de mon cerveau avec ce caractère moitié dieu moitié Henri IV que je lui destinais pour écraser les singes de liberté, et montrer aux hommes que, quand ils sont pourris dans les vices de l'égoïsme, un tyran est un bienfait pour eux.

Sois sûr qu'il y a encore des sujets, non pas de sujets d'intrigues : tout est connu et rendu en ce genre, tout se ressemble et ne vaut pas la peine de suer trois mois, pour montrer quoi? une nouvelle combinaison entre le tyran, le prince légitime, la reine, le fourbe et les confidentes. Une tragédie maintenant doit être une idée forte en action, et neuve s'il se peut, et les ressorts doivent être plus serrés, plus forts, plus pittoresques. Il faut du Shakespeare écrit par Racine, comme tu dis, ou bien il ne faut rien du tout. Ce qu'il faudrait surtout, c'est un vrai poëme épique. Je te jure qu'il est en puissance dans mon cerveau; mais, si je le commence, il ne sera pas lu, ainsi n'y songe plus : je ne faisais des tragédies que pour lui servir de passe-port. Les tragédies sont repoussées, et le poëme est mort-né. En voilà assez.

Si mes parents se refusent, comme je le crains, à une négociation active avec la famille de mademoiselle ***, pour un mariage, aussitôt après ma moisson, si ma santé n'est pas plus mauvaise encore qu'à présent, j'ai pris la résolution de partir pour Paris et d'aller moi-même m'offrir tel que je suis, sans assurances. S'ils me veulent ainsi, ils me prendront, sinon je reviendrai. Je ne veux pas rester plus de quinze jours en tout. Pendant ce temps-là, si *Saül* m'est revenu de quelque façon, je le lirai à Talma. Je ne conçois pas comment ce grand homme n'y verra pas tout ce qu'il y a là pour lui. Il faudra qu'il soit aveugle, car j'ai tout fait pour lui seul.

J'interromps ce bavardage qui m'amuse pour m'en aller dîner. Je n'ai point de ménage ici, et je vais dîner à Monceau, chez mon oncle, à une lieue d'ici, tous les jours. Je te reviendrai ce soir ou demain, car je m'imagine qu'à ta place j'aimerais les lettres de huit pages, bonnes ou mauvaises.

CLV

A monsieur le comte de Virieu.

Munich.

Mâcon, juillet 1818.

Je continue à aller plus supportablement. Je suis toujours à faire mes moissons, toujours avec un temps de Naples depuis deux mois, allant presque tous les jours nager dans la Saône. Je suis déterminé, aussitôt que j'aurai été refusé par mademoiselle D... à partir pour Paris, et à y passer une quinzaine à voir un peu s'il n'y aurait aucun moyen de me marier tout seul avec mademoiselle B...; et puis je reviendrai et m'en irai au mois de novembre à Naples. Et, si je puis amasser seulement cent louis, j'irai en Grèce et à Jérusalem avec un bourdon et un sac, et mangeant du pain. Autant finir là qu'ici et sur un grand chemin que dans un lit : la mort est partout la même.

Je n'ai aucune nouvelle de Vignet depuis son

départ; j'en attends bientôt, je t'en donnerai. Tu le verras d'ailleurs certainement à Munich.

Je me suis tellement remué, il m'a tellement passé d'idées dans la tête, depuis ces quinze jours, qu'il m'y est venu une ode intitulée *Le Malheur*. Je l'écrirai, si je puis en avoir la force, et je te l'enverrai, car je vois avec reconnaissance que tu aimes et que tu sens fièrement, non-seulement les vers, mais ce je ne sais quoi qu'on appelle Poésie. Il n'y a point de nouvelles ici que des bavardages que font certaines gens sur une certaine conspiration des royalistes dits ultras contre le roi ; Canuel et d'autres y sont, dit-on, impliqués. Je ne sais aucun détail, car au commencement j'avais pris la chose comme une plaisanterie d'après les sources d'où elle me venait.

Adieu, en voilà assez pour ce paquet-ci. Ne te noie pas tellement dans les affaires qu'elles t'empêchent d'écrire à tes amis ; ne t'oublie pas toi-même. Prête-toi, ne te donne pas, à la politique ; songe qu'après tout il n'y a de bon en l'homme que ce qui est tout à fait en lui, que tout le reste n'est qu'un sujet d'exercer son activité extérieure, mais qu'il doit avant tout conserver sa puissance, son âme et ses pensées intérieures.

Tu es heureux d'être forcé d'apprendre l'allemand. Tout considéré, il n'y a plus que cette nation qui pense : les Anglais jouissent en matérialistes du monde physique, les Italiens sont morts, et nous délirons. Toute l'Europe recule, et ils avancent; mais ils iront plus loin que nous n'avons été, parce qu'ils fondent tout sur un principe vrai et sublime : Dieu et l'infini. Lis-les beaucoup, et tu reviendras plus avancé que si tu avais passé deux siècles dans les salons les plus distingués de Paris. J'envie ton sort sous ce rapport-là; rapporte et mets en commun ce que tu auras acquis. Adieu.

CLVI

A monsieur le comte de Virieu.

A Munich.

Milly, 8 août 1818 et jours suivants.

Vignet m'a mandé qu'il partait de Paris. Il doit être à la Haye actuellement. Tu peux lui écrire là chez M. de Salles, envoyé de Sardaigne. Son oncle, le doyen, est mort à Turin, ces jours-ci; il était évêque d'Aoste. Tu l'as connu, c'était un homme de bien de l'esprit, un de ces hommes heureusement nés qui ont dans l'esprit toute la chaleur de leur âme et dans leur âme toute la rectitude de leur raison. C'est un des caractères qui m'ont plu davantage dans cette famille où tout était remarquable. Le voilà tranquille et vraisemblablement heureux; et nous, nous ramons encore sur cette mer sans espérance. Quand on en est là, je ne sais plus pourquoi l'on y est, si ce n'est pour un but qui est ailleurs. Si l'on pouvait écrire, et agir ainsi sur les autres quand on n'a plus à agir sur soi, je conçois que cela consolerait en occupant, mais le peux-tu, toi? Moi je ne le peux pas. Je sens le vice radical de tous les livres qui se font de notre temps dans le mauvais sens, je sens ce qu'on devrait écrire à la place et je ne le puis, c'est un supplice. Tous les livres m'ennuient ou m'exaspèrent, je dis les livres du jour. Cependant, félicite-moi, je suis enfin tombé sur du bon, même sur du beau, même sur du sublime. Cela s'appelle *Essai sur l'Indifférence en matière de religion*. Cela est fait, dit-on, par un très-jeune abbé. C'est magnifique, pensé comme M. de Maistre, écrit comme Rousseau, fort, vrai, élevé, pittoresque, concluant, neuf, enfin tout. Je te le conseille pour passer huit jours avec un écrivain d'un autre siècle.

Je n'ai aucune nouvelle du misérable *Saül*. Je venais d'écrire à Vignet pour qu'il le réclamât chez M. Beaucé, Vignet est parti avant que ma lettre lui soit parvenue; j'ai écrit à M. Beaucé lui-même, j'attends la réponse. Mon destin s'attache à mes œuvres. Je ne compte plus aller à Paris, ainsi il deviendra ce qu'il pourra. Si tu avais trouvé quelqu'un qui eût voulu s'en charger pour le présenter à Talma, tu n'aurais peut-être pas mal fait. J'avais écrit une belle lettre à Talma que Vignet m'a renvoyée.

Comment est donc faite la triste Allemagne? Tu me parles de climat nébuleux et inconstant. Nous avons ici toujours le même soleil et le même bleu de ciel, depuis le 20 du mois de mai. Tout grille et périt : on n'a pas pu semer les menues récoltes, on craint que le prix du blé ne s'en ressente cet hiver. Adieu jusqu'à demain.

As-tu lu un certain dernier petit roman romantique et mystique de madame de Krüdner? On ne sait trop ce que c'est au début des volumes, mais il y a un grand talent de descriptions de lieux et de temps, comme ces lieux communs sur lesquels nous nous exercions au collége. Je m'étais bêtement imaginé que cette femme-là avait trouvé au moins, dans le troisième ciel où elle vit, la clef de l'Évangile et de la politique humaine. Mais, hélas! je vois, par une trentaine de maximes dont elle a farci son petit volume, que si le ciel l'inspire, ce n'est pas sur les destinées de la terre. Sa politique est tout bonnement celle d'un Marat de bonne foi, et cette femme qui croit en Dieu croit en un contrat social! C'est seulement ajouter une inconséquence à une absurdité. La voilà aussi tombée dans mon esprit, et je t'avoue que, si je ne croyais pas, du moins j'espérais en elle. Je me figurais qu'une forte conviction et qu'un grand zèle ne pouvaient naître que de quelque sublime vérité découverte. Serait-ce encore là une de ces vérités à rayer de notre entendement? Véritablement, hors Dieu, il n'y restera bientôt rien. Mais celle-là suffit pour attendre patiemment les autres.

Pendant ma courte paralysie j'ai composé rapidement, par circonstance, une ode sur le rétablissement de la statue d'Henri IV au Pont-Neuf, que j'enverrai aux Jeux Floraux qui ont proposé ce prix-là après l'Académie de Mâcon. Comme j'avais entendu tant de ces odes ici, où personne ne faisait parler Henri IV en roi, cela m'a fait penser à essayer de le faire; je ne sais pas encore si mon ode vaut guère mieux que les leurs. Je m'en vais, pour m'amuser, t'en envoyer quelques strophes pour que tu m'en fasses passer ton avis; car il n'y a personne dans ce pays-ci qu'on puisse entretenir de vers, ou qui les sente le moins du monde.

... Cela commence par une longue comparaison à la manière homérique :

Quand la lance d'Achille, après tant de batailles,
De la ville d'Hector eut forcé les murailles
Et ravi des Troyens le saint Palladium,
Le nautonier, voguant sur les flots du Bosphore,
  Des yeux cherchait encore
Les palais de Priam et les tours d'Ilium :

Surpris il approchait, et la rive déserte,
De silence et de deuil hélas! partout couverte,
Ne résonnait au loin que du seul bruit des flots;
Mais au moins ces débris, dans leur triste étendue,
  Découvraient à la vue,
Près du tombeau d'Hector, les urnes des héros!

Mais nous! — Quand le vieillard sur les bords de la Seine
S'assied en soupirant, et tristement promène
Ses yeux accoutumés aux splendeurs de nos rois,
Il voit sortir de l'onde une cité superbe,
  Et cherche en vain sous l'herbe
Une tombe, un débris, une ombre d'autrefois !

Quoi! ce peuple, dit-il, nouveau fils de la gloire,
N'a-t-il donc point d'aïeux au temple de Mémoire ?
Dans les fastes du monde est-il né d'aujourd'hui?
A t-il répudié, dans sa fierté sauvage,
  L'immortel héritage
Que vingt siècles de gloire ont amassé pour lui?

Le vieillard se plaint ainsi, et Henri IV lui apparaît à la même place où était son bronze.

De son coursier de feu l'ondoyante crinière,
  Secouant la lumière,
Frappe de mille éclairs les yeux du vieux Français.
. . . .

Henri IV lui promet son retour avec le retour de ses fils, etc.

. . . .

Penses-tu que ma gloire ait ressenti l'atteinte
Des coups qu'ils ont portés à cette image sainte
Que leur volage amour adorait autrefois?
Non, leur lâche courroux, dans la demeure sombre,
  A réjoui mon ombre!
La haine des pervers est l'éloge des rois!

Qu'ils tremblent cependant! Tel que m'ont vu leurs pères
Dans mes mains tour à tour clémentes ou sévères
Serrant le fer vainqueur, arbitre de leur sort,
Tel, à la place même où ta douleur m'implore,
  Ils me verront encore
Présenter à leur choix le pardon ou la mort!

Dans son bonheur d'un jour l'iniquité sommeille,
Mais, la foudre à la main, la vengeance l'éveille;
Le néant engloutit tous ces crimes perdus,
Et, comme un astre fixe allumé par Dieu même,
  La justice suprême
Se lève sur le monde et ne se couche plus!

. . . .

Il dit: la Seine au loin frémit; le Louvre antique,
Reconnaissant les sons de la voix prophétique,

Incline en tressaillant ses superbes créneaux ;
Et le Temps se hâta d'enfanter la journée
  Où de la destinée
L'arrêt avait marqué le retour du héros !

11 août.

Notre temps a changé de l'extrême chaleur aux pluies glacées : tu n'as pas d'idée de l'état d'angoisse et d'agonie où cela m'a rejeté, ces deux ou trois jours. Il n'y a pas moyen d'être impassible pour le corps; je crois en vérité que l'âme a plus d'empire sur ses propres douleurs, elle a des consolations que le corps n'a pas.

Tu me demandes de longues lettres, en voilà. Mais tu veux des conseils, de la force, de l'espérance, à qui diable t'adresses-tu ? Que veux-tu que te dise un homme qu'on écartèle ? Il crie, et voilà tout; il espère faiblement que ses tourments le mènent à une meilleure vie, mais encore, encore : l'espérance, qu'on dit si vive aux derniers moments, m'a bien l'air de ressembler aux faux amis, chauds dans le bonheur, froids ou nuls dans l'extrême adversité. Un certain nuage obscur se répand sur les yeux, on est las, on est calme, on est assoupi, et l'on passe je ne sais où sans sentir comment. Voilà de belles consolations! Heureux donc l'homme qui croit! heureux celui qui espère, seulement comme je croyais, comme j'espérais avant un malheur sans remède! Je donnerais mon reste de jours pour un grain de foi, non pas pour soulever les montagnes, mais pour soulever le poids de glace qui me pèse sur l'âme. Je la demande aux livres, je la demande à ma raison, je la demande au ciel, je veux la demander aux œuvres aussi : j'obtiendrai peut-être. La foi serait si bien faite pour nous autres malheureux qui ne sommes pas du tout, non pas du tout de ce monde, qui ne vivons pas de sa vie, qui ne sommes pas heureux de son bonheur, qui ne nous nourrissons pas de son pain! Où nous appuierons-nous si cet appui mystérieux nous manque toujours?

Soleil mystérieux, flambeau d'une autre sphère,
Prête à mes yeux mourants ta mystique lumière!
Pars du sein du Très-Haut, rayon consolateur!
Astre vivifiant, lève-toi dans mon cœur!
Hélas! je n'ai que toi : dans ces heures funèbres
Ma raison qui décroît m'abandonne aux ténèbres;
Cette raison superbe, insuffisant flambeau,

S'éteint comme la vie, aux portes du tombeau.
Viens donc la remplacer, ô céleste lumière!
Viens d'un jour sans nuage inonder ma paupière;
Tiens-moi lieu du soleil que je ne vais plus voir,
Et brille à l'horizon, comme l'astre du soir!

Voilà les vœux que je me fais et que je te fais aussi de toute mon âme. Adieu, je suis exténué, la plume m'échappe.

CLVII

A monsieur le baron de Vignet.

Milly, 20 août au soir 1818.

Je reçois ta lettre à l'instant, et, comme il faut que ma réponse parte demain d'ici avant le jour, je t'écris ces deux lignes avant de me coucher.

Cette nouvelle me porte un coup terrible : on peut avoir plus ou moins de courage pour soi, on n'en a point pour les disgrâces de ses amis. Je trouve tout cela hideux. Je ne sais que dire, comme à mon ordinaire; mais j'espère que tu seras du moins reçu convenablement par le marquis Alfieri, et qu'il ne t'imputera point les sottises de son fils; encore qui sait! Tâche au moins de n'être pas tout à fait dupe, et que ton voyage ne soit pas encore une ruine de plus pour toi. S'il en est ainsi, c'est une chance nouvelle à tenter, il n'y aura que demi-mal. J'attends de tes nouvelles de Paris. Je ne sais comment raconter et expliquer ton retour avec des gens avec qui il faut tout commenter : tu ferais peut-être mieux de ne pas passer ici, tu me dirais le jour de ton passage à Lyon, j'irais t'y embrasser et t'y consoler. Je te soumets cela ; alors je ne dirais rien à personne jusqu'à ce que tu fusses réintégré à Chambéry. Réponds-moi vite là-dessus.

Tu auras reçu mes lettres et vu que je n'avais rien à espérer pour moi de mademoiselle D...; je n'ai pas eu même la possibilité de me présenter. Mon père ne s'est prêté à rien, et je vois clairement qu'il n'y a rien à faire qu'à battre des rochers pour se briser davantage soi-même. J'ai vu et je vois tout ce que j'avais pressenti toute ma vie, et je vois même mieux. Il n'y a rien à dire : supporter et supporter encore ! dans mon état, voilà tout. D'un autre côté je n'ai guère mieux à espérer.

Je suis très-malade et perclus de nouveau au point de pouvoir à peine écrire. Ma mère est dans la désolation. Nous sommes contrariés et épluchés sur tous les points; tout est triste, tout est lugubre. Espérons, mais n'espérons que de l'avenir éternel ! C'est maintenant qu'il faut s'armer de tout ce qui peut rester de philosophie ou de religion dans l'âme.

Ta sœur ne sera pas si étonnée que tu penses : elle prévoyait très-fort la fin de tout cela dans la lettre que j'ai reçue d'elle. Quant au ridicule chez toi, il n'y en aura pas : il y en aurait ici où nous en avions bêtement dit plus qu'il n'y en avait. J'en étais fâché parce que je connais ces retours. Tout le monde te croit attaché à l'ambassade et parti pour de longues et belles missions. Quand tu seras revenu, et que cela aura dormi un moment, il y aura pour excellente raison ta santé à mettre en avant avec de tristes gémissements.

M. de Coppens part le 29 août pour Paris; veux-tu le voir et que je l'instruise, ou veux-tu laisser tout cela incognito? Cela vaut, je pense, mieux, je te le répète. Ne t'occupe nullement de *Saül* ni de moi ; il n'y a rien à tenter, rien à faire en aucun genre : tu ne ferais que de l'eau claire ; ce sont pas perdus et niaiseries. Je sais assez où doivent aboutir toutes mes démarches; d'ailleurs elles seraient ridicules, et il ne faut pas se livrer à la dérision soi-même. Je te remercie mille fois de ton zèle, mais il serait en pure perte en tout genre.

Adieu, écris-moi vite. Je ne dis rien jusque-là à personne au monde.

Ne reste pas inutilement à Paris, tire vite ton épingle du jeu. Prie l'ambassadeur de te protéger. et reviens au gîte : voilà tout mon avis. Plus de leurre, du solide ou rien. Quant à venir ici dans ce moment, je t'avoue que je n'ose t'y engager pour tout ce que j'ai dit et pour d'autres sottises que je te dirai de vive voix. Adieu ; je songe moi-même à aller passer un mois à Paris en octobre.

Virieu sera au désespoir.

CLVIII

A monsieur le comte de Virieu.

Munich.

Milly, 24 août 1818.

Ta lettre du bon temps m'est arrivée ici avant-hier, elle m'a secoué de mon engourdissement moral. Tous ces charmants projets de réunion dans un bon pays où nous serions tranquilles et seuls et bien établis, où nous recommencerions Naples, si l'on recommence quelque chose dans ce monde, tout cela m'a fait sourire, et je me suis dit d'abord : oui, partons ; mais la réflexion, mon état de santé, un pays glacé, une année peut-être passée dans l'inaction la plus absolue là-bas, l'argent, ce grand mal du monde, plus que tout cela les souffrances présentes, m'ont un peu refroidi. Au reste, j'avais eu avant toi le projet de t'aller voir au moins un moment ; et si, si, si mille choses tournent bien, j'irai, tu me verras avant l'hiver ; mais il y a bien des mais.

...J'irais en Turquie, j'irais en Perse, si je pouvais aller et faire, mais j'ai des maux par-dessus d'autres maux : me voilà avec des rhumatismes aigus dans le dos et dans les bras, qui me rendent momentanément sénile. Y a-t-il donc une Providence? Mais n'en parlons plus; parlons de toi qui en es une preuve.

Te voilà donc une fois supportablement, car il te manque encore un monde pour être heureux. Jouis donc de ce que tu as : quand tu ne me le dirais pas expressément, je le verrais par ce ton de gaieté ou de philosophie calme que tu reprends dans tes lettres. Elles me font le même bien que tu me dis que te font les miennes qui ne sont cependant que des complaintes monotones pour me débarrasser non de ma pensée, comme tu dis très-bien, mais de mon ennui. J'en jouis surtout quand elles m'arrivent ici où je suis seul, et que tu te donnes la peine d'écrire un peu plus serré que de coutume. La dernière est délicieuse. Je la reçus en sortant de table; je montai pour te répondre sur la montagne de Milly, avec mon album et mon crayon ; et tout ce que tu me dis dans ta dernière page, joint au spectacle que j'avais sous les yeux, m'inspira une Méditation de plus. Je t'ai parlé de mes Méditations poétiques, je t'en ai même, je crois, récité à Lemps quelques vers. Comme ces vers-là ne sont que pour moi et pour vous dans le monde, je t'envoie les stances dernières, telles qu'elles sont tombées sur l'album, et sans avoir le temps d'en faire les vers. Cela n'est que pour toi, ce n'est qu'un croquis.

MÉDITATION HUITIÈME.

STANCES.

Souvent sur la montagne, à l'ombre du vieux chêne,
Au coucher du soleil, tristement je m'assieds,
Et promène au hasard mes regards sur la plaine
Dont le tableau changeant se déroule à mes pieds.

Ici mugit le fleuve aux vagues écumantes ;
Il blanchit et s'enfonce en un lointain obscur.
Là, le lac immobile étend ses eaux dormantes,
Et le pâle Vesper tremble dans son azur.

Au-dessus des hameaux la rustique fumée
Ou s'élève en colonne ou plane sur les toits ;
Plus loin, dans la chaumière, une flamme allumée
Semble un astre nouveau se levant sur les bois.

Aux sommets de ces monts couronnés de bois sombres
Le crépuscule encor lance un dernier rayon,
Et le char vaporeux de la reine des ombres
Monte et blanchit déjà les bords de l'horizon.

Cependant, s'élançant de la flèche gothique,
Un son religieux se répand dans les airs,
Le laboureur s'arrête, et la cloche rustique
Aux derniers bruits du jour mêle de saints concerts.

Mais à ces grands tableaux mon âme indifférente
N'éprouve en les voyant ni charme ni transports;
Je contemple la terre ainsi qu'une ombre errante :
Le soleil des vivants n'échauffe plus les morts.

De colline en colline en vain portant ma vue,
Du sud à l'aquilon, de l'aurore au couchant,
Je fixe chaque point de l'immense étendue,
Et je dis : Nulle part le bonheur ne m'attend !

Et qu'importe à mon cœur ce spectacle sublime,
Ces aspects enchantés de la terre et des cieux !
L'univers est muet, rien pour moi ne l'anime,
Et sa froide beauté lasse bientôt mes yeux.

Que me font ces vallons, ces îles, ces chaumières,
Froids objets dont pour moi le charme est envolé ?
Fleuves, coteaux, forêts, ombres jadis si chères,
Un seul être vous manque, et tout est dépeuplé.

Que le tour du soleil ou commence ou s'achève,
D'un œil insoucieux je le suis dans son cours ;
Qu'en un ciel pur ou sombre il se couche ou se lève,
Qu'importe le soleil ! Je n'attends rien des jours.

Quand je pourrais le suivre en sa vaste carrière,
Mes yeux verraient partout le vide et les déserts ;
Je ne désire rien de tout ce qu'il éclaire,
Je ne demande rien à l'immense univers.

Mais peut-être au delà des bornes de sa sphère,
Lieux où le vrai soleil éclaire d'autres cieux,
Si je pouvais laisser ma dépouille à la terre,
Ce que j'ai tant pleuré s'offrirait à mes yeux !

Là, je m'enivrerais à la source où j'aspire,
Là, je retrouverais et l'espoir et l'amour,
Et ce bien idéal que toute âme désire
Et qui n'a pas de nom au terrestre séjour !

Que ne puis-je, porté sur le char de l'Aurore,
Vague objet de mes vœux, m'élancer jusqu'à toi !
Sur la terre d'exil pourquoi resté-je encore ?
Il n'est rien de commun entre la terre et moi.

Quand la feuille des bois a jonché la prairie,
Le tourbillon se lève et l'arrache aux vallons ;
Et moi, je suis semblable à la feuille flétrie,
Emportez-moi comme elle, orageux aquilons !

Tu vois que je t'envoie dans chaque lettre quelques vers bons ou mauvais parce que je sais que tu les aimes. J'ai fait ceux-là uniquement à ton intention. Ils m'ont pris la place que je comptais consacrer à des bavardages en prose. Je ne t'écris que ces quatre pages aujourd'hui parce que j'en ai d'autres à écrire à mademoiselle de Canonge qui ne s'est point lassée de me témoigner une véritable amitié depuis un an, qui ne s'est pas rebutée de mon silence, et qui m'écrit tous les huit jours au moins. Je lui écris avec plaisir à présent de temps en temps.

J'attends impatiemment des nouvelles plus fraîches de ce pauvre Vignet; il est vraiment très-malheureux maintenant. Il se sent toutes ses facultés en vigueur, il a le besoin de les employer toutes : il se lance pour cela, et le voilà retombé. Il veut, dit-il, se faire officier sarde sur-le-champ. Je l'en détourne de mon mieux. Il ne se doute pas de ce que c'est que la servitude oisive d'une garnison, et du temps qui reste à un sous-lieutenant comme lui pour se dévorer d'ennui, sans qu'il lui en reste pour travailler aux choses de son goût. Je lui conseille d'affermer un bien de son frère et de se faire laboureur, seul état fait pour nous quand nous n'avons pas la place qu'il nous faudrait, état d'ailleurs qui occupe très-suffisamment l'âme à tous les moments de l'année, et qui prend tous les jours plus d'empire sur l'homme. Je voudrais bien pouvoir l'être, moi qui parle, et que tu le fusses à dix lieues de là. Adieu donc ; continue à prendre la vie en patience, ne te laisse pas languir ni moralement ni autrement. Je serais bien curieux de voir ton établissement qui me paraît très-confortable. Bonsoir.

Je vends livres et cheval pour me préparer à partir, premièrement pour Paris, et puis Naples ou Munich.

CLIX

A mademoiselle Éléonore de Canonge.

Aix.

Milly, 28 août 1818.

Je reconnais votre amitié, Mademoiselle, dans le soin que vous prenez de me donner de vos nouvelles dès le moment de votre arrivée. J'étais en effet en peine de ce voyage, après un si long voyage et dans un état de santé si peu satisfaisant. Me voilà rassuré sur ce point, mais pas du tout sur l'article de la société où je vois avec peine qu'il vous manque des éléments essentiels, l'original Faverges et l'excellent marquis de Costa. En revanche vous avez M. de la Pomarède et M. de Divonne, et cela m'empêche de vous plaindre.

J'aurais vivement désiré d'aller partager ou vos plaisirs ou votre ennui, car, quand on est deux ou trois à s'ennuyer de compagnie, chacun porte mieux son fardeau, et l'ennui total est moins lourd. Mais me voilà une seconde fois seul à la campagne, et chargé de faire des vendanges considérables, ou du moins de les commencer. Vous savez ce que c'est que de récolter, cuver, pressurer, trois ou quatre cents pièces de vin, et vous devez penser que je n'ai guère de temps à moi. Je suis dédommagé de l'ennui que cela va me donner un instant par le plaisir de voir enfin ce pays si heureux, et de remettre de beaux résultats entre les mains de mon père. Dès que cela sera bien en train et que ma mère viendra me remplacer, je songe à aller vous voir à Lyon, et de là à partir pour Paris où je compte passer un mois ou six semaines seulement. Mais je serais bien désolé que vous n'y fussiez pas de retour à cette époque, et je n'ose l'espérer.

Parlons de vous : les bains, les douches vous font-ils quelque bien? Comment êtes-vous logée? Comment passez-vous les soirées? Car pour les journées je sais bien où. Comment se trouve mademoiselle Virginie? Y a-t-il quelque charmant Écossais à la figure ossianique qui fasse palpiter son cœur? Va-t-elle rêver toute seule au clair de lune sous les treilles de M. Perrier? ou bien passe-t-elle sa nuit au bal chez quelque voisine qui remplace madame Dounadieu? La table est-elle bien composée?

avez-vous réussi à y mettre de force quelque gaieté ?
Où êtes-vous assise ? vis à-vis de quelque grotesque
figure d'Allemand, comme votre gros voisin d'ennuyeuse mémoire ? Je m'intéresse vivement à tout
cela à cause de vous, mais un peu moins pourtant
depuis que je sais que vous prolongerez le moins
possible votre séjour à Aix. Revenez vite, croyez-
moi, vos nerfs sont trop faibles pour supporter
impunément des eaux si fortes ; vous vous en trouverez mal un mois après, vous serez comme moi.
Souffrez plutôt avec patience encore quelque
temps, et vos maux disparaîtront peu à peu d'eux-
mêmes, car tout s'use dans ce monde, même les
souffrances qui torturent le corps : celles de l'âme
sont immortelles comme elle. Revenez à Lyon, et
dites-moi le jour de votre arrivée. Je dois y aller
aussi pour le passage d'un de mes amis. Voilà
trois mois que je dois y aller, et je ne puis me décider à sortir de ma tranquille solitude : il faudra
votre présence pour m'arracher d'ici.

Je pense cependant sérieusement à me remettre
en mouvement, j'ordonne mes affaires, je paye des
dettes, je vends mon cheval, je m'arrange pour
être prêt à un départ quelconque, d'ici à un mois au

plus tard. Ma santé est telle que vous l'avez vue; je regagne pourtant un peu d'appétit à force d'eaux de Vichy, mais je suis un peu pris de rhumatisme sur le dos et le col. Hélas! quand j'y pense, quel mari à offrir à une jolie, jeune et fraîche personne! quel corps! et quelle âme vis-à-vis de dix-sept ans! Je crois que cela ne serait ni juste ni sage; il y a tant de vie, d'espoir, de chaleur, d'illusions dans un cœur de cet âge: il n'y a plus chez moi que du bon sens et de la douleur. Tout cela ferait un trop bizarre accouplage. Il faut se rendre justice à soi-même, car tôt ou tard les autres vous la font toujours. Nous n'avions pas suffisamment pensé à tout cela, et je n'avais pas vu le changement qu'une année apporte en moi. Comment être agréable à un autre, quand on est insupportable à soi-même? Il faut vivre et mourir seul.

Je m'arrête faute de papier. Je vous prie de vous charger de tous les compliments d'usage que je puis avoir à faire à Aix. Je ne me réserve que mademoiselle Virginie à qui je veux dire moi-même combien je l'aime et combien je lui souhaite de plaisir et surtout de bonheur.

Votre ami à jamais, ALPHONSE.

CLX

A monsieur le comte de Virieu
Chargé d'affaires de France à Munich.

Charolles, route de Paris, 1er septembre.

Hier, à deux heures, j'ai reçu ton paquet. J'ai commencé par pleurer d'attendrissement de voir d'un côté.... et de l'autre un ami tel que toi. Ma pauvre mère en a fait autant. J'ai délibéré ensuite cinq minutes : je me suis déterminé, j'ai envoyé à Mâcon chercher des bottes, six chemises, un habit ; je suis allé faire mes adieux à mes tantes et oncle à Monceau, et je suis parti ce matin à cheval de Milly pour Moulins où je prendrai demain soir le courrier ou une diligence, et je serai vendredi 4 au matin à Paris, hôtel de Richelieu. Vignet y sera peut-être encore. Adresse-moi là tout ce que tu voudras.

Pas plus de *Saül* que sur ma main, et M. Beaucé prétend que je dois l'avoir. Je t'écrirai donc de Paris dans sept ou huit jours. Je suis toujours bien souffrant, et je ne sais ce qu'il va être de tout ceci. Adieu.

CLXI

A monsieur le comte de Virieu.

Paris, 15 septembre 1818.

Ton idée était bonne : M. de la Garde est toujours Dieu sait où, mais M. Mounier m'a bien servi. Il m'a dit qu'on m'enverrait bien aisément à Munich si je le voulais, mais que cela ne me mènerait pas bien loin, et fort lentement, parce qu'on m'y oublierait, et que je n'aurais rien à faire après vous ; qu'il valait mieux rester à Paris, travaillant au ministère en qualité d'attaché à la diplomatie ; que là on m'emploierait, qu'on me pousserait, et qu'aux premiers mouvements je serais utilement placé dans une ambassade. J'ai senti cette raison de poids, j'ai accepté, et j'attends demain la réponse et la décision dont M. Mounier m'a répondu ; et il paraît puissant puisqu'il va au Congrès avec M. de Rayneval. Ce premier pas est donc fait à peu près.

Je mets *Saül* en train aussi, mais je ne l'ai pas.

Envoie donc vite : c'est le moment, l'autre est finalement perdu.

J'ai revu mesdames de Raigecourt et compte les beaucoup voir. J'ai vu M. de Sainte-Aulaire qui m'a reçu d'une manière très-aimable et chez qui je dîne tout à l'heure. Je me lance très-fort comme tu le voulais, et, chose rare, heureuse, incroyable, je me porte quasi bien. Je n'y connais plus rien : je me tâte pour voir si je suis moi.

Je ne vois point d'amis, je ne fais que des visites utiles. J'ai vu le seul Jussieu qui prospère dans la basse littérature ; il va voir Talma aujourd'hui. Pour moi, je vais voir les acteurs et les actrices. Je me suis fait habiller et je tâche de redevenir un peu joli garçon, mais j'en suis à ce point où la toilette fait l'homme.

M. Mounier m'a beaucoup parlé de toi et interrogé. Tu juges si j'ai répondu; il est au pinacle à ce ministère, dit-on. M. de la Garde ne va pas au Congrès, ou il y va comme amateur. Adieu pour aujourd'hui, je vais m'habiller.

16 septembre.

Je reprends ma lettre le lendemain matin, jour où M. de la Garde arrive à Paris, à ce que m'a dit ta cousine hier. J'ai dîné chez elle avec M. Decazes et toute la famille et société intime. Elle m'a présenté à M. Decazes. J'y ai passé la soirée, et j'ai été, en ton honneur, traité et caressé par tout le monde d'une manière on ne peut plus aimable. Outre cela, j'ai trouvé M. et madame de Sainte-Aulaire et une ou deux autres personnes qui étaient là, et de cette amabilité facile, spirituelle, douce, communicative, qui me plaît tant. Je t'assure que je désire ardemment y être trouvé bien et que je compte y aller jusqu'à en abuser. Je vis des miettes que tu as laissées tomber pour moi ; car il n'est pas possible d'être mieux accueilli en tout point. J'attends *Saül* qu'ils me demandent pour le leur lire ; envoie donc vite. Talma est fataliste comme *Saül* et comme moi, cela prendra.

Quels appointements ont les seconds secrétaires ? quels sont ceux que tu touches comme chargé d'affaires ? Réponds-moi. Rien de neuf ici, le calme parfait. Oh ! que ce serait une belle chose qu'un gouvernement pareil, sans les orages des assemblées, et si l'on ne dansait pas toujours sur les bords des précipices. Madame la duchesse de Berry a fait une fausse couche, mais les journaux te l'auront dit. Je ne sais rien. Bonsoir. J'attends demain ou après-demain de tes nouvelles : j'en suis impatient, on s'inquiète ici de ta santé ; comment est-elle ? Le pauvre Vignet est à Chambéry. Adieu.

Je brûle d'avoir *Saül* pendant que je n'ai rien de mieux à traiter. A quelle adresse l'envoies-tu ?

CLXII

A mademoiselle Éléonore de Canonge

Lyon.

Paris, 26 septembre 1818.

Je reçois à l'instant, mademoiselle et chère amie, votre bonne et longue lettre de Lyon. Vous avez sans doute reçu vous-même mes deux lettres adressées à Aix : vous y avez vu mon départ pour Paris et mes projets diplomatiques, et comment cela n'a pas encore lieu ; et je compte repartir dans la quinzaine.

J'ai la fièvre lente depuis huit jours ; je me suis d'abord porté comme un ange : voilà de nos vicissitudes. Paris m'est en horreur, je soupire après la solitude nouvelle, et je vais la regagner dès que j'aurai mis en train ici une affaire très-secondaire que vous connaissez aussi. C'est votre vilain général La Garde qui m'a empêché d'être nommé tout net secrétaire d'ambassade avec mon ami M. de Virieu à Munich. Nous parlerons de tout cela.

Serez-vous encore à Lyon au 15 ou 20 octobre?

Je ne vous écris comme autrefois qu'une page de choses et non de mots, parce que me revoilà souffrant comme autrefois. Permettez que je vous embrasse, vous et mademoiselle Virginie, et que j'offre les souvenirs les plus reconnaissants à l'aimable docteur. Que n'a-t-il dit vrai! et pourquoi ne suis-je pas près de vous au spectacle de Lyon?

ALPHONSE.

Hôtel de Richelieu, rue Neuve-Saint-Augustin.

CLXIII

A monsieur le comte de Virieu

Paris, 10 octobre 1818.

J'ai reçu, mon cher ami, ta lettre et celle pour M. Hérard. Cela est arrivé on ne peut pas plus à propos, et je trouve toute ta conduite, tout ton zèle pour moi, le type et le prototype de la parfaite amitié. Je t'avoue que cela me console et me met plus de baume dans le sang que ma nouvelle déroute n'y a mis d'exaspération ; tout n'est pas mal puisqu'il y a tant de choses qui se compensent.

J'arrivais hier de la campagne où j'avais passé trois jours agréables chez les N., lorsque je trouvai deux lettres de toi, plus deux *Saül*, un de toi, un de Mâcon (il s'est retrouvé enfin). Il était temps : Talma attendait. C'est *après-demain dimanche* le grand jour où je le lis à Talma.

J'ai été, comme je m'y attendais, très-content de Talma ; le génie est bon et facile à traiter.

Sans prendre de détours, je lui ai écrit une lettre dans le bon style. Cela l'a ému, il m'a répondu très-joliment aussi en me donnant un rendez-vous : j'y suis allé. Il paraît qu'on lui avait beaucoup bourdonné de *Saül* aux oreilles, je ne sais qui ; il m'a dit que c'était chez Ouvrard le banquier. Il m'a beaucoup parlé de ma santé dont on lui avait aussi parlé, il m'a engagé à aller chez lui à la campagne, et nous sommes convenus de dimanche, s'il est en train, pour lire ensemble *Saül :* c'est là la pierre de touche de l'ouvrage. Dans le cas où cela le saisira un peu, il m'a promis de travailler à me faire entendre au comité un peu plus tôt que les règlements ne le permettent, s'il le peut. J'attends donc après-demain avec tremblement. Je relis ce *Saül*, et j'y donne quelques légers coups de pinceau ; mais c'est bien épique en effet pour un parterre de turbulents Français. *César*, s'il était fait, serait mieux leur affaire.

Voilà que, pendant que je t'écrivais ceci, on m'a apporté une vieille lettre de toi, jointe à la copie de Freyra, qu'on avait oublié de me remettre ; et j'y lis que le grand Michelot a décidé contre la représentation de mon ouvrage. Ah !

si j'avais su cela, je n'aurais pas seulement vu Talma : Talma est l'homme le plus influencé par ses camarades, et Michelot est son oracle. Ainsi, que Talma soit content ou non, tout est dit ! Nouvelle vicissitude, la plus irréparable de toutes. Pourquoi ce Michelot, le plus commun des esprits routiniers du théâtre, a-t-il mis son nez pointu dans une chose comme *Saül?* C'est comme si je faisais juger lord Byron par N..., qui s'amuse aux périodes. Je ne lui ai pas seulement lu *Saül!* La bataille, comme tu dis, est donc perdue sans être donnée ; c'est là le pis. Je n'aurai pas même eu la consolation d'être sifflé ! Ta lettre m'a mis la mort dans l'âme; mais je me moque de cela comme du reste, et j'attends mon sort de plus haut. A demain.

Suite. Samedi 21 octobre.

Je reprends mon griffonnage avec une meilleure plume qu'hier. Il s'est développé beaucoup de choses en toi depuis deux ans, et tes lettres en sont un témoignage frappant. Elles m'enchantent par le neuf et le profond, et le *clair* qui y manquait souvent autrefois. Madame de Beufvier et moi, nous parlons de ta métaphysique qui est bien à peu près la mienne. Tu as trouvé en effet le vrai mot, l'*infini*. Je l'avais dit souvent sans m'y fixer; je l'avais dans l'esprit, et tu l'as produit : c'est cela, et il faut le mettre en réserve, tout est là. C'est l'âme de l'homme tout entière; et par conséquent tout ce qui doit et peut agir sur son âme, dans les arts mêmes, doit en tenir et y tendre par quelque point. Je t'avais bien dit que l'Allemagne te creuserait.

De l'infini, passons à Moetz le bottier. J'ai enfin tes bottes, c'est-à-dire une paire très-élégante. Mais, quand je suis allé il y a huit jours chez Pattay, pour lui dire de t'envoyer Bignon, ton énorme caisse était pleine et fermée. On y aura cependant joint Bignon, mais pour des bottes il n'y a pas moyen. Comment donc faut-il te les adresser? Réponds-moi vite, ou je serai parti.

Tu me parles de passion à faire : ah! grand Dieu! il n'y en a plus de germe dans mon âme, pour le moment du moins, car je ne pense pas que l'infini s'épuise jamais; mais je serais bien heureux de pouvoir seulement aimer d'une douce tendresse une femme, si j'en ai jamais une! —

Quant à parvenir, il n'y faut pas songer : il me faudrait, comme je te l'ai souvent dit, au moins quatre mille livres de rente à moi pour point de départ. Songes-tu que j'ai juste douze cents francs ?

J'ai été aussi étonné que bien aise des détails que tu me donnes sur ton établissement confortable là-bas et tes appointements : tout cela est très-bon et doit t'aider à te guérir complétement, âme et corps. Tout est bien dans ton affaire, et je vois même, par ce que j'entends dire, qu'on ne te laissera pas longtemps là.

Vignet a des espérances très-fondées sur la protection du marquis Alfieri qu'on prétend devoir être incessamment ministre des affaires étrangères à Turin. Je voudrais aussi qu'il fût bien. Cela m'aiderait à prendre mes propres vicissitudes en patience. Je me moquerais même très-librement de mon état présent, si mon avenir était assuré : autant j'apprécie la médiocrité, autant je redoute la misère réelle ; voilà ce qui m'agite, mais *scriptum est*.

Tu m'as trouvé de l'entrain, les premiers jours, dans mes lettres, parce que je me portais bien ; mais à présent j'ai le foie enflé, comme l'hiver de 1817 ici, et cette lettre m'est une fatigue horrible. Il fait ici un temps d'Allemagne, du mois de mars, tout ce qu'il y a de pis pour moi. Je me suis donné trois ou quatre fois de l'Opéra pour m'assourdir et m'endormir et me faire du bien aux nerfs. Cela ne manque jamais son but. Il y a un phénomène de danseuse qu'on appelle mademoiselle Noblet, qui a débuté ces jours-ci. Elle a dix-huit ans, belle comme Clotilde, dansant comme cette Gasselini que nous aimions tant, mais mieux et avec autant de noblesse que Bigottini; ravissante en tout. Je regrette que tu ne voies pas cela, c'est l'*infini* de la danse. J'en suis à ne plus aimer que cela; et je fais des tragédies, et je ne mets pas les pieds aux *Français* où j'aurais mes entrées dans tous les cas, si je voulais. Mais si Talma ne prend pas feu, je ne présenterai rien, car je crains cet infernal Michelot. Si Talma est content, je courrai vite chez Michelot et le conjurerai de se taire et de ne pas influencer ses camarades contre moi, de laisser passer. Mais l'honneur de soutenir un premier jugement est une terrible chose, n'est-ce pas?

Voici un signal que je te donne pour t'apprendre la perte ou le gain de ma bataille de dimanche avec Talma : si je la gagne, je t'écrirai un mot en en sortant, et alors le surlendemain de cette lettre tu en auras une autre. Si je la perds, je ne t'écrirai que dans cinq ou six jours; ainsi tu sauras à quoi t'en tenir. Je suis sûr que tu es plus en peine encore que moi, car je ne sais si tu ne prends pas plus d'intérêt à moi que moi-même. Bonsoir donc. Prie pour moi, et tiens tes mains élevées au ciel sur la montagne pendant que je combats dans le bourbier.

CLXIV

A monsieur Laurent de Jussieu

Paris, mardi 13 octobre 1818.

J'ai été bien sensible à votre lettre, mon cher Jussieu; et j'aurais bien désiré pouvoir aller vous embrasser en passant à la Ferté, et être présenté par vous à votre famille, mais je prends malheureusement une autre route. Je vais à Dijon, je pars samedi prochain.

Quant à *Saül*, son sort est-il de rester dans l'obscurité où il est né? — J'ai vu Talma. Je le lui ai lu : il m'a paru très-enchanté des vers, très-enthousiasmé même du rôle de Saül; il m'a dit qu'il y avait là dedans une superbe tragédie, qu'il ne l'aurait jamais imaginé, qu'il la jouerait avec goût; mais qu'elle était injouable, et surtout non recevable par son chien de comité, avec les innovations qu'elle contient. Il m'a prêché quatre heures pour m'engager à bouleverser tout cela et à lui faire avec mes débris un édifice plus proportionné au Théâtre-Français, au comité; c'est-à-dire à ôter tout le neuf, l'original, le pittoresque, le grandiose de la pièce, pour faire du commun, du petit, du plat. J'ai résisté à ce bouleversement général : je lui ai accordé toutes les observations, corrections, retranchements de détails, même la suppression de mes scènes lyriques; et il est convenu que je lui renverrai la pièce ainsi mutilée pour qu'il juge si elle peut passer.

C'est alors, mon cher ami, que je vous prierai de me sacrifier une matinée pour en faire lecture au comité. Vous savez ce que sont les comités! Tâchez de voir Talma, et de le nourrir dans l'opinion que je peux lui faire du bon.

Nous avons beaucoup parlé de vous. Tâchez d'être heureux autant que vous en êtes digne. Il y a une Providence : elle viendra tôt ou tard se révéler à vous. Adieu, je vais m'enterrer pour mon hiver à la campagne tout seul. Vous seriez mille fois aimable de m'y donner de temps en temps le plaisir de causer avec vous.

ALPH. DE LAMARTINE.

CLXV

A monsieur le comte de Virieu

Munich.

Paris, 20 octobre 1818.

La bataille est en effet très-perdue, mon cher ami ; elle n'a même pas été douteuse. Talma a été dans l'enthousiasme des vers, du style, des beaux effets produits par la façon dont la pièce est conçue. A mesure que j'allais, il s'agitait sur son fauteuil et disait : Il y a une tragédie là-dedans ! C'est étonnant, je ne l'aurais jamais cru ! Il m'a dit, et il a mieux fait, il a montré que le rôle de Saül le tentait violemment. Il m'a répété vingt fois que c'étaient les plus beaux vers qu'on lui eût lus ; que j'étais poëte, et peut-être le seul ; que *Moïse* de M. de Chateaubriand était beau, que *Saül* était fort au-dessus ; mais que, dans l'un comme dans l'autre, il y avait des innovations qu'il était certain que le comité ne passerait pas ; qu'il me ferait d'avance tous les bulletins que j'aurais : —

L'auteur a un talent de premier ordre, mais la pièce n'est pas jouable aux *Français;* nous regrettons qu'il se soit abandonné à son imagination au lieu de se renfermer dans les règles ordinaires, et nous l'engageons à appliquer son talent à un autre sujet moins extraordinaire.

Ce qui le choque surtout, c'est, comme de raison, le plus beau, les scènes lyriques; il n'a pas seulement osé les sentir par peur du comité. Il m'a prêché cinq heures de suite pour m'engager à lui refaire *Saül* de telles, telles et telles façons, dont l'effet serait, de son propre aveu, de lui ôter tout ce qu'il y a de grandiose et d'original, pour renforcer tout ce qu'il y a de plat, de vulgaire et de routinier. J'ai impitoyablement refusé. Je lui ai dit que s'il voulait se borner aux critiques de détail sur les longueurs, les retranchements, les indications plus prononcées de certaines intentions, la suppression même de la scène lyrique, je la lui arrangerais pour être jouée, en la laissant à l'impression à peu près telle qu'elle est; mais que, quant à démolir pour rebâtir du commun sur du beau, je ne le ferais pas, je ne pourrais pas le faire. Cela a été convenu ainsi, et je m'en vais donc lui arranger ou plutôt lui déranger *Saül*, et le lui envoyer dans deux mois.

J'ai été, à la suite de ma séance, porter cette triste nouvelle à l'hôtel de Raigecourt. J'y ai dîné avec M. de Sade, que j'aime beaucoup aussi. Cela les a fort affligés, et j'ai bien peur que cela ne t'afflige plus que moi-même. Console-toi, il y a une fatalité générale. Qu'importent donc les événements particuliers dans une vie! Ce qui m'afflige, moi, c'est d'avoir vu que jamais je ne pourrai donner du vrai bon à ce comité, ni moi ni les autres. Il faut se faire petit pour passer par cette porte. Madame de Raigecourt, qui est adorable pour moi ainsi que toute la maison, veut le faire lire au roi. Je laisse donc l'original chez elle; j'emporte avec moi la copie, et je m'en vais dans cette semaine : 1° à Montculot huit jours; à Milly une quinzaine, et puis à Lemps, si ces dames y sont, passer quelques bons moments paisibles, et puis peut-être à Servolex, si Vignet veut y passer l'hiver; car, pour rien au monde, je ne veux le passer à mourir à petit feu dans une ville comme Mâcon ou comme toute autre.

Somme totale, je ne me porte ni mieux ni plus

mal de mon voyage; j'y ai moins souffert, moins pensé à mes souffrances qu'ailleurs. Je ne suis pas fâché de l'avoir fait, au contraire. J'ai vu que, si je donnais une autre pièce au théâtre, on ne me ferait pas attendre mon tour; Talma me l'a dit. Je suis seulement humilié aux yeux de ma famille par le refus de M. de La Garde, mais j'avale cela comme de l'eau. Adieu, écris-moi à Mâcon, adresse ordinaire. Je vais t'expédier tes bottes d'ici à cinq jours, si je ne reçois rien de nouveau de toi. Tâche de te bien porter et d'avoir un congé. Reviens me consoler. Tu es pour moi ma famille tout entière. Adieu.

Dimanche.

Madame de Sainte-Aulaire est sans fin à la campagne, je n'ai pas pu la retrouver une fois chez elle. J'irai encore une fois m'y écrire pour prendre congé.

CLXVI

A monsieur le comte de Virieu

Milly, 13 novembre 1818.

Puisque tu n'écris pas, j'écris. J'attendais tous ces jours-ci de tes nouvelles et ne voulais pas t'écrire à vide. Je remettais de jour en jour de t'écrire. M'aurais-tu mal à propos adressé tes lettres à Paris ou à Dijon? Dans ce cas-là tant pis. Tranquillise-moi là-dessus. Je ne serai tranquille aussi sur ton compte que quand tu m'auras écrit d'un style plus heureux que la dernière fois. Hâte-toi; il y a des moments où bon gré, mal gré, il faut employer un instant de vigueur sur soi-même : tu y es, secoue-toi, et tu surnageras. *Ego autem.*

Je suis à Milly comme ci-devant, heureux d'y être. Nous rentrerons à la ville dans huit jours; j'y rentrerai moi le moins possible. Je vais aller passer quelques jours chez un curé de campagne de mes amis, en Charolais; de là je reviendrai chez un autre curé à côté de Milly, puis à Milly, tout seul. Enfin je tâcherai de m'esquiver si bien que je ne voie guère N... cet hiver. J'éprouve que l'homme est un être fini, qu'il a un certain degré de force, de patience, de constance, de faiblesse même, si tu veux, passé lequel il s'échappe à lui-même. On peut tout supporter d'un homme, excepté de le voir à la fin. Mais bah! il faut souffrir et se taire jusqu'au terme. J'en ai peut-être fait souffrir d'autres. Il faut même pardonner pour être pardonné soi-même. Ainsi je me tiens à quatre. Je vais ce soir à Mâcon avec ma mère, pour voir, devine qui : Vignet.

Je comptais, comme tu sais, aller à Lemps voir quelques jours ta mère et ta sœur, mais j'y renonce pour mille petites raisons. Je suis, il est vrai, bien mieux portant que l'année dernière, mais j'ai cependant encore trop mal au foie pour aller courir l'hiver et ennuyer deux pauvres femmes. Je ne suis bien que le soir, le matin je souffre trop. Je serais excédant ou je me gênerais pour ne pas gêner. Seul, cela va bien : si je suis malade, je fais grand feu, et je ne bouge que pour dîner ; si je suis bien, à cheval ou à la chasse. Oui, je me mets quand je peux à la chasse, et que n'en peux-tu faire autant!

Hier je suis parti à cinq heures du matin, à cheval; au jour j'étais à deux lieues d'ici au rendez-vous. J'ai marché neuf heures de suite à pied, je suis revenu dîner à six heures, j'ai bien dormi, et, si je n'avais pas un reste de foie, je me croirais bien portant. C'est un état doux que de moins souffrir après avoir tant souffert. Suis, si tu peux, mes conseils : monte quatre heures à cheval par jour, marche peu à pied, et tu te rétabliras. Tu as, comme moi, comme tout ce qui sent, une maladie ou une affection des viscères. Le cheval est l'exercice qu'il leur faut.

Je ne fais rien que l'ode *au Malheur*, et je te l'enverrai dès qu'elle sera recopiée. Je tâcherai après de retoucher *Saül*, mais j'y répugne. Créer est beau, mais corriger, changer, gâter, est pauvre et plat, c'est ennuyeux, c'est l'œuvre des maçons, et non pas des artistes. Au reste je me moque de l'art et des arts. Je pense que les beaux ouvrages sont en *puissance* dans l'âme, et que peu importe qu'ils en sortent ou n'en sortent pas. C'est comme la vertu qui a son prix en soi et qui, obscure, n'en vaut que mieux. Qu'en dis-tu? Mais cela n'est pas vrai pour l'argent que les arts doivent produire pour alimenter l'artiste, et voilà ce qui me désole.

Que n'es-tu ici, à Milly, à passer l'hiver avec moi! je t'assure que nous serions heureux. Je me sens en veine intérieure de l'être, malgré l'état désespéré où je suis quant aux circonstances. A propos, tu sais nos belles élections, je ne pense plus ni ne parle plus politique. J'adopte, j'embrasse, je me colle de plus en plus à mon système qui est que Dieu fait tout, et qu'il ne faut jamais désespérer de rien, des événements possibles. Il les tient dans la main, heureusement, car les chances probables sont laides. Bonsoir.

Même jour 18.

Je te répète ici sur l'enveloppe de m'écrire souvent et bientôt. Si tu restes au printemps à Munich, et que l'hiver ait continué à être si doux et si humain pour moi, je prends mes arrangements pour pouvoir t'aller voir. Si tu as un congé, et que tu le passes à Paris, je serai également en mesure d'aller l'y passer avec toi. Mande-moi ce que tu

présumes là-dessus, s'il est possible de présumer
quelque chose. L'hiver pour moi serait bientôt
passé si je devais le continuer ici ; je suis content
comme un enfant d'y être et d'y vivre en sabots
et en parfait paysan, sans entendre parler d'oncle
pas plus qu'à Rome. Je dors un moment. Tu aurais
besoin de dormir ainsi à Lemps un ou deux ans;
mais je ne te conseille cependant rien, car il y a,
pour toi plus que pour moi, l'ennui que j'ai tant
connu autrefois. Tu es une créature plus agissante
que moi qui décidément ne pourrai, je crois, plus
rien faire : je suis tout contemplatif. Adieu donc
encore, et monte à cheval, crois-moi.

CLXVII

A mademoiselle Éléonore de Canonge

A Tarascon.

Milly, 13 novembre 1818.

Je suis désolé, mademoiselle et chère amie, du triste état où vous êtes, et par vos souffrances et par celles de la personne que vous soignez, et je suis bien touché qu'au chevet du lit d'un malade et dans la douleur qui vous environne, vous ayez pensé à mes inquiétudes et trouvé le temps de les calmer par votre lettre. Cette lettre cependant me fait beaucoup de peine, car j'espérais que ces longues courses, ces eaux, ces distractions, et par dessus tout cela le retour dans un climat chaud, vous auraient remise dans votre état naturel de santé : je vois le contraire, et je m'en alarme à l'entrée d'un hiver. Soignez-vous sans scrupule, et songez que, quand on a comme vous une âme capable de se consacrer exclusivement à la félicité des autres, on ne s'appartient pas tout entière, et l'on doit compte à ses amis de sa santé et de sa vie.

Je me proposais de vous réjouir en vous mandant que, depuis ces trois mois de courses et d'agitations, ma santé à moi avait fait de véritables progrès vers le mieux, que je mangeais bien, que je montais à cheval, que je chassais des jours entiers sans fatigue, et qu'enfin, quoique je ne fusse pas guéri, je commençais du moins à espérer et à sentir une existence moins douloureuse. Comme je ne puis pas douter que vous n'ayez pour moi une véritable amitié, je suis bien sûr que cela vous fera encore quelque plaisir. Je voudrais être aussi content de ma situation morale que de mon amélioration physique; mais il n'y faut plus penser, mon bonheur actuel est de ne plus chercher ni attendre de bonheur, et de tâcher de végéter le moins malheureux possible et le plus solitairement que je pourrai.

Il est dur d'en être réduit là sans nécessité, avec tout ce qu'il aurait fallu pour être ce qu'on appelle très-heureux; mais enfin c'est ainsi, il faut en prendre son parti, et l'espèce de désespoir d'un homme qui n'attend plus rien est un état comme un autre. Souvenons-nous de cela quand nous serons vieux, et ne faisons pas comme on nous fait. Je suis bien décidé à ne pas me marier passé trente ans ; ainsi, il y a cent à parier que j'augmenterai le nombre des vieux garçons, mais je veux tâcher de ne pas leur ressembler, et, si j'ai des neveux, je leur laisserai prendre la carrière et la femme qui leur plairont, et je ne les rendrai pas malheureux et coupables par une tendresse tyrannique. Voilà de la morale pour l'avenir.

Vous me demandez des vers, des élégies, je n'en ai pas une : tout cela est en Allemagne avec mon ami M. de Virieu ; mais soyez persuadée que, si de mon vivant il paraît quelque chose de moi, vous en aurez un des premiers hommages. Vous serez toujours placée dans mon cœur au nombre de mes amis les plus tendres et de mes bienfaiteurs.

J'ai été très-satisfait de Talma relativement à des ouvrages plus importants, mais vous ne verrez rien de moi de longtemps. Par le temps qui court, c'est la moindre des choses que d'avoir fait un ouvrage qu'on trouve même beau ; il faut en tout attendre son tour, et la noble lenteur des souverains de la scène nous fait attendre longtemps une gloire souvent très-courte. Mais quand j'aurai le plaisir de vous revoir, je vous ferai, si vous voulez, jouir ou souffrir d'avance d'une ou deux de mes tragédies, pourvu que cela soit entre nous seuls.

Quand vous reverrai-je? Je me faisais un rêve agréable d'aller vous voir dans votre Midi; mais vos raisons sont trop bonnes pour que je ne remette pas à d'autres temps cette jouissance très-vive pour moi.

Vous pouvez bien vous dire avec certitude que votre amitié a contribué beaucoup à l'amélioration de mon état. Jouissez donc du bien que vous avez fait, et aimez de mieux en mieux l'ami que vous vous êtes à jamais acquis à tant de titres.

A. L.

CLXVIII

A monsieur le comte de Virieu

A Munich.

Mâcon, 1ᵉʳ décembre 1818.

Je suis arrivé ici hier soir de mes courses dans le Charolais. J'y ai trouvé une seule lettre de toi du 5 novembre. Je vois que tu te relâches depuis que tu penses que j'ai moins besoin de ton secours et de ton aiguillon. Mais tu as tort, car je ne vis plus que dans deux personnes, dans ma mère et dans toi. Je vois avec plaisir que tu es un peu moins dans les ténèbres intérieures que dans ta précédente lettre. Pour moi, je suis complétement plongé dans les ténèbres extérieures.

Tu veux que je te donne un aperçu politique de notre état présent, je m'en vais essayer de te mettre au courant. Je n'aurais pas osé te parler de tout cela sans ton invitation, mais je m'en vais te peindre ce que je vois ou ce que je crois voir; tu y verras toi-même ce que tu pourras.

La lutte que tu avais vue s'établir avant ton départ entre le ministère et les ultra-royalistes a été bientôt décidée en faveur du ministère secondé par les libéraux jacobins, et, selon la règle, dès que ceux-ci ont été débarrassés de toute crainte, ils sont devenus exigeants et insolents ; ils ont attaqué à leur tour leurs généreux protecteurs qu'ils n'ont plus traités que comme des dupes. Dès l'année passée, le ministère, sentant sa position, recourut aux royalistes de l'Assemblée et proposa un rapprochement qui fut repoussé sottement et fièrement par le côté droit.

Dans tout le cours de cette année-ci, les choses en sont restées là, et le ministère a montré la plus grande pusillanimité vis-à-vis de ses nouveaux ennemis, les libéraux ; leur accordant avec un honteux empressement tout ce qu'ils semblaient exiger, et prévenant même leurs désirs, et s'en faisant hautement un mérite dans ses journaux, comme pour leur demander grâce. La liberté de la presse, qu'on leur avait si imprudemment accordée et que le côté droit a si bêtement demandée pour ses ennemis, a été une arme aussi terrible et aussi efficace entre leurs mains que tu m'as toujours vu le prévoir ; ils ont inondé la France entière d'un déluge d'écrits périodiques ou semi-périodiques dans lesquels ils réchauffent toutes les doctrines de 1789 et de 93. Tout cela, revêtu de beaux principes et de grands mots, a eu dans les villes et dans les campagnes l'influence la plus universelle. Ils nous ont perverti une nouvelle génération tout entière. Tout ce que tu as vu encore douteux, sans avis, sans opinion, flottant entre les deux principes et prêt à se décider pour le mieux appuyé, s'est déclaré violemment pour eux. C'est au point que tout ce qui reste encore dans les provinces de royalistes, de nobles ou de prêtres, n'a véritablement plus qu'une existence d'ilotes insultés, outragés, ou du moins à peine tolérés pourvu qu'ils se taisent et restent dans l'ombre.

Si tu peux douter de cette prompte perversion générale, prends les listes des élections de cette année, et vois quels hommes l'avis unanime a portés à la Chambre des députés. Ce qu'il y a de meilleur et de plus modéré était au moins de la Chambre des Cent jours. Cependant, comme il arrive toujours quand un parti triomphe sans lutte, le calme le plus plat a régné toute l'année jusqu'à l'approche des élections. J'ai quitté Paris six jours avant, et on croyait généralement que l'influence du ministère écarterait les libéraux jacobins et amènerait des hommes sans couleur : on a été promptement détrompé, le réveil a été terrible, surtout pour le ministère et les libéraux dupes. Car les ultra-royalistes n'ont pas dissimulé une certaine joie déplorable de voir leurs ennemis se diviser et s'attaquer ; ils ont oublié qu'ils étaient eux-mêmes le prix de la victoire et la proie qu'on se disputait.

Dans cette situation désespérée, il ne reste aux ministres que deux partis : l'un, de se retirer honteusement devant les jacobins, de leur laisser la place et le gouvernement, au plus tard dans un an et peut-être dès cette session ; l'autre, de faire un coup d'État hardi et difficile, de chasser la Chambre, de faire inconstitutionnellement une élection et une Chambre provisoire à la dévotion du gouvernement, d'en obtenir une autre loi d'élection et par conséquent d'autres députés, et de revenir en tout à des principes plus monarchiques et plus fermes. Personne parmi les royalistes ultra ni parmi les monarchistes n'espère ce courage ni cette volonté du ministère. Il est si dur de s'avouer à soi-même qu'on s'est trompé, qu'on a perdu un royaume, et de revenir sur ses pas avec la défaveur publique, qu'on croit généralement qu'ils vont continuer leur système de luttes inégales, de défaites et de concessions. Les jacobins, qui craignent ce retour de bon sens et de courage, s'agitent plus que jamais partout, et se disposent sans doute à une résistance vigoureuse s'ils sont menacés, ou plutôt, selon leur tactique, ils veulent prévenir et attaquer les premiers ; ils se servent de nouveau pour le peuple du nom de Buonaparte, qui n'a rien perdu de sa magie dans les campagnes.

On attend l'ouverture des Chambres avec une terreur générale. Les premières séances diront si nous sommes perdus cette année ou si notre agonie durera encore un an. Il y a cependant un petit parti d'ultra-royalistes, à la tête desquels se montre M. de Chateaubriand, qui s'agite fièrement dans une très-petite sphère, et qui a l'air enchanté et triomphant de cette détresse du gouvernement ; il espère toujours le ministère. Mais, entre nous, sa force réelle est plus que nulle, et tout son crédit est concentré dans quelques salons du faubourg Saint-Germain. Ils font maintenant un journal, appelé *le Conservateur*, qui a beaucoup d'abonnés, mais parmi des gens tout convertis : ils y prêchent avec violence les mêmes principes destructeurs de toute monarchie que la *Minerve*, journal jacobin ; ils promettent toutes les libertés possibles et impossibles, et ôtent par là toute confiance aux gens sensés sans en donner à leurs ennemis. Tu peux, d'après tout cela, te faire une idée assez précise de la position des choses et prévoir le sinistre avenir. Pour moi je ne prévois rien, car je crois qu'il y a une Providence qui perd et qui sauve contre toutes les apparences humaines, et je dors sur cet oreiller.

J'attends de nouveau Vignet et son frère. Ils viennent pour une entrevue, et je crois que Xavier épousera incessamment la plus jolie de mes sœurs et la plus aimable. Cependant n'en parle pas à ta mère et à ta sœur, parce rien n'est encore conclu, mais en très-grand chemin.

Bonsoir. Écris-moi. Je suis retombé dans mon état de souffrance depuis les froids humides. J'ai une seconde fois dit adieu à la vie, et j'attends paisiblement la fin tardive de tous mes maux. J'ai fait l'ode *au Malheur*, mais c'est un blasphème d'un bout à l'autre, et je ne te l'envoie pas à cause de cela, je veux même l'anéantir. Je vais, si je le puis, commencer enfin *Clovis* quand je serai moins mal. Talma se retire. Je ne touche pas à *Saül* avant de savoir ce qu'il en sera ; d'ailleurs *Saül* m'ennuie, il est dur de produire pour le néant. Cela m'a découragé. Adieu.

CLXIX

A monsieur Laurent de Jussieu

Milly, 1ᵉʳ décembre 1818.

J'ai été, en arrivant ici, mon cher Jussieu, bien agréablement surpris de trouver une lettre de vous qui m'attendait depuis plusieurs jours : je croyais bien à votre amitié, mais je crois aussi à votre paresse. L'une a vaincu l'autre, et je vous en remercie.

Je suis bien aise que vous ayez pu passer à la campagne ces deux bons mois : cela aura fait autant de bien à votre âme qu'à votre corps ; et il serait bien à désirer qu'une modeste aisance vous procurât les moyens de partager votre année entre Paris et la campagne ; ce n'est que là que l'âme a du superflu qu'elle exhale en vers et en prose. Paris absorbe, et la solitude féconde ceux qui sont dignes d'être fécondés. Vous reviendrez, j'en suis sûr, à ces muses trop négligées, et vous produirez dans vos heures de repos quelques-uns de ces chants tendres et faciles, qui sont aussi, comme la prière, *la respiration de l'âme.* Mais que dis-je, et que fais-je! Voilà du mystique adressé à un profane, à un Français, à un philosophe! Je m'arrête, vous n'êtes pas digne de cette langue obscure et sublime. Il vous faut encore quelques années de révolutions et de malheurs. Quant à moi, j'y ai été porté toute ma vie et ramené surtout par des malheurs de toute espèce. Je ne vois plus que cela et en tout et partout. Cela me tranquillise et me fait supporter plus patiemment les coups de la destinée.

Me voilà de retour de mon excursion, ayant à peu près échoué dans tout ce que j'étais allé tenter. Je suis accoutumé à cela, et dans toute ma vie je n'ai pu réussir à rien de ce que j'ai entrepris. Je vois bien que *Saül* ne sera pas joué, et j'aurai produit cela comme toute autre chose pour le néant. C'est bien la peine de produire!

On vient de me dire que Talma quitte le théâtre; qu'en est-il? L'avez-vous vu? Vous a-t-il parlé de moi, et comment? Mandez-moi cela franchement; car j'avais d'abord pensé à retoucher mon œuvre, et puis j'ai pensé que ce serait peine perdue, que ce serait encore en vain : je me suis découragé, je l'ai oubliée, et me voilà.

Je vois bien qu'il faut me mettre sérieusement à mon grand poëme de dix ans, et le lancer sans nom et sans renommée dans le monde. Si du moins j'étais maître des requêtes et prôné comme M. d'Arlincourt! mais je ne suis rien qu'un poëte, pauvre comme le Camoëns et malheureux comme le Tasse.

Vous avez bien fait de résister à cet instinct fatal qui vous poussait vers ce métier de dupe. Résistez, résistez toujours, et travaillez pour la jeunesse en vile prose. Faites des *Simon de Nantua* jusqu'à ce que vous puissiez ne rien faire et jouir du soleil gratis dans quelque chaumière ornée avec l'*aurea mediocritas*. J'appelle de tous mes vœux ce temps-là pour vous, et j'ai confiance qu'il arrivera. Il y a pour chaque homme une dose de malheur à avaler dans sa vie, les uns la reçoivent au commencement de leur carrière, les autres à la fin. Vous avez commencé par le mal, vous finirez par le bien. Vous le méritez trop par votre admirable conduite avec une famille si malheureuse, et il y a à la fin une Providence, quoi qu'on en pense quelquefois.

J'ai prié madame la marquise de Raigecourt, *rue de Bourbon, en face de l'hôtel de la Légion d'honneur*, de vous appeler si jamais elle avait occasion de faire lire *Saül* devant quelques dignes auditeurs. J'ai assez présumé de votre amitié pour moi pour lui avoir promis que vous ne refuseriez pas cette corvée, je lui ai donné en conséquence votre adresse. Dans ce moment-ci elle fait faire une copie de *Saül;* dès que cela sera fait, si vous avez envie de le lire tel quel, allez-y de ma part, et demandez-le-lui pour quelques jours. Je serai bien aise d'avoir votre avis et quelques observations et indications de votre goût.

Adieu. Je reste ici l'hiver ; il est trop tard pour aller à Naples, comme je l'espérais, et puis, entre nous soit dit, je suis sans le sou, et je reste où ce mal me prend. Bonsoir, aucune nouvelle d'Auguste. A revoir.

ALPH. DE LAMARTINE.

CLXX

A monsieur le comte de Virieu

A Munich.

Décembre 1818.

(*Fragment.*)

... Qu'est-ce que tu me conseilles, voyons? où faut-il aller, que faut-il tenter, quelle voie prendre? Si Saint-Lambert, ton ami, n'était pas parti, je partirais avec lui. Je ferais un commerce avec lui en Amérique, je prendrais une bonne petite fille pour femme, je ferais ma fortune, et je vivrais du moins en la faisant. Mais non, je tenterai tout en vain: il y a une fatalité qui nous ouvre ou qui nous ferme à son gré les voies ; on se fatigue à lutter contre elle, et, quand elle nous favorise, on est porté sans peine où elle veut ; on ne doit donc que l'attendre. Si j'ai commis des fautes en ma vie, j'en suis bien puni; mais ce qui me désole, c'est qu'avant d'en avoir commis, j'étais déjà puni. Brisons là.

Quelquefois le matin, tranquille entre mon feu

et mon paravent, j'essaie de rappeler l'inspiration qui s'éteint. Je travaille une heure ou deux, et j'ai enfin sérieusement commencé *Clovis*. Il sera fait, tu peux en être sûr, si j'ai huit ou dix ans de santé seulement aussi tolérable qu'à présent. Le merveilleux dont je craignais de manquer y surabondera : ce sera du vrai merveilleux de l'âme, du merveilleux platonique et du merveilleux chrétien fondus ensemble. Je veux me laisser aller où me portera la *fantasia*, et je sens qu'elle m'entr'ouvre des champs inconnus et assez vastes pour m'y égarer pendant une vingtaine de chants. Après cela je briserai, comme on dit, la lyre, et je laisserai ces chants s'évanouir dans les airs ou retentir dans l'avenir, selon que l'aura ainsi décidé l'irrévocable Providence. Il est dur d'écrire dans ce doute et de n'avoir pas un garant qu'on sera du moins entendu. N'importe! le monde serait désert qu'il faudrait que je produisisse encore. N'as-tu pas quelquefois chanté pour toi seul dans ta chambre ou dans les bois? C'est le même sentiment involontaire qui me force à composer; composons donc!

L'ode *au Malheur* dont tu parles est trop impie pour les yeux vulgaires, car elle ne l'est pas dans mon idée : ce n'est qu'une interrogation de désespoir, une vue de l'univers prise du mauvais côté. Cela m'a cependant arrêté, car, croyant fermement à la Providence, il aurait été doublement mal à moi d'en faire douter les autres. En voici quelques strophes pour toi seul, elles ne sont qu'ébauchées :

Lorsque du Créateur la parole féconde
Par un désir fatal eut enfanté le monde
  Des germes du chaos,
De son œuvre imparfaite il détourna sa face,
Et, d'un pied dédaigneux le lançant dans l'espace,
  Rentra dans son repos.

« Va, dit-il, je te livre à ta propre misère ;
Trop indigne à mes yeux d'amour ou de colère,
  Tu n'es rien devant moi :
Roule au gré du destin dans les déserts du vide ;
Qu'à jamais loin de moi le Hasard soit ton guide,
  Et le Malheur ton roi ! »

Il dit. Comme un vautour qui plonge sur sa proie,
Le Malheur, à ces mots, pousse, en signe de joie,
  Un long gémissement,
Et, pressant l'univers sous sa serre cruelle,
Embrasse pour jamais de sa rage éternelle
  L'éternel aliment.

Le mal dès lors régna dans son immense empire,
Dès lors tout ce qui pense et tout ce qui respire

Commença de souffrir ;
Et la terre et le ciel et l'âme et la matière,
Tout gémit ; et la voix de la nature entière
    Ne fut qu'un long soupir.

Levez donc vos regards vers les célestes plaines,
Cherchez Dieu dans son œuvre, invoquez dans vos peines
    Ce grand Consolateur :
Malheureux ! sa bonté de son œuvre est absente.
Vous cherchez votre appui ? l'univers vous présente
    Votre persécuteur.

Hélas ! ainsi que vous j'invoquai l'Espérance ;
Mon esprit abusé crut avec complaisance
    Son langage imposteur :
C'est elle qui, poussant nos pas dans les abîmes,
De festins et de fleurs couronne les victimes
    Qu'elle livre au Malheur.

Si du moins au hasard il décimait les hommes,
Ou si sa main tombait sur tous tant que nous sommes
    Avec d'égales lois !
Mais les siècles ont vu les âmes magnanimes,
La beauté, les vertus, ou les talents sublimes,
    Victimes de son choix.

Tel, quand des dieux charnels voulaient en sacrifices
Des troupeaux innocents les sanglantes prémices
    Dans leurs temples cruels,
De cent taureaux choisis on formait l'hécatombe,
Et l'agneau sans souillure ou la blanche colombe
    Engraissaient leurs autels.

Ici il y a une description en quelques strophes

des différentes sortes de malheurs qui atteignent partout les hommes. Puis je reprends :

Créateur tout-puissant, principe de tout être,
Toi pour qui le possible existe avant de naître,
  Roi de l'immensité,
Tu pouvais cependant, au gré de ton envie,
Puiser pour les humains le bonheur et la vie
  Dans ton éternité !

Sans t'épuiser jamais, sur toute la nature
Tu pouvais à longs flots répandre sans mesure
  Un bonheur absolu !
L'espace, le pouvoir, le temps, rien ne te coûte.
Ah ! ma raison frémit, tu le pouvais sans doute,
  Tu ne l'as pas voulu !

Quel crime avions-nous fait pour mériter de naître ?
L'insensible néant t'a-t-il demandé l'être,
  Ou l'a-t-il accepté ?
Sommes-nous, ô Hasard ! l'œuvre de tes caprices?
Ou plutôt, Dieu cruel, fallait-il nos supplices
  Pour ta félicité ?

Montez donc vers le ciel, montez, encens qu'il aime,
Soupirs, gémissements, larmes, sanglots, blasphème,
  Plaisirs, concerts divins ;
Cri du sang, voix des morts, plaintes inextinguibles,
Montez, allez frapper les voûtes insensibles
  Du palais des destins !

Terre, élève ta voix ; cieux, répondez ; abîmes,
Noirs séjours où la mort entasse ses victimes,

Ne formez qu'un soupir !
Qu'une plainte éternelle accuse la nature,
Et que la douleur donne à toute créature
          Une voix pour gémir !

Du jour où la nature, au néant arrachée,
S'échappa de tes mains comme une œuvre ébauchée,
          Qu'as-tu vu cependant ?
Aux désordres du mal la matière asservie,
Toute chair gémissant, hélas ! et toute vie
          Jalouse du néant !

Des éléments rivaux les luttes intestines ;
Le Temps, qui ronge tout, assis sur les ruines
          Qu'entassèrent ses mains,
Attendant sur le seuil les œuvres éphémères,
Et la Mort étouffant, dès le sein de leurs mères,
          Les germes des humains !

La vertu succombant sous l'audace impunie,
L'imposture en honneur, la vérité bannie,
          L'errante liberté
Aux dieux vivants du monde offerte en sacrifice,
Et la force partout fondant de l'injustice
          Le règne illimité !

La fortune toujours du parti des grands crimes,
Les forfaits couronnés devenus légitimes,
          La gloire au prix du sang,
Les enfants expiant l'iniquité des pères,
Et le siècle qui meurt racontant ses misères
          Au siècle renaissant !

Il y a encore trois strophes qui sont à Milly, et dont le sens est que tout cela n'aura de changement et de terme que lorsque la destruction finale de tout aura fait succéder l'éternel silence à l'éternelle douleur.

Si ces strophes te donnent du goût pour le reste, je te les enverrai quand j'aurai été à Milly. Brûle toujours tout cela dans tous les cas.

Adieu. J'ai un peu la fièvre. Depuis trois mois, je ne l'avais pas eue; cela n'est pas grand chose, mais cela m'empêche de t'en écrire plus long. Écris-moi le plus tôt possible. Bonne année pour 1819 !

CLXXI

A mademoiselle Éléonore de Canonge

A Tarascon.

Mâcon, 18 décembre 1818.

Vous devez penser, mademoiselle, combien je dois être en peine depuis plus d'un mois que je suis sans lettre de vous, vous sachant cependant mal portante et auprès d'un parent fort malade que vous soignez non sans inquiétude et sans fatigue. J'attendais de vos nouvelles pour vous écrire moi-même ; mais je vois que j'attendrais trop longtemps, et je vous écris pour vous en demander. Ou donnez-m'en, ou faites m'en donner si vous êtes trop fatiguée pour tracer quelques lignes. Instruisez-moi, je vous prie, de vos projets, de vos voyages, de vos peines et de vos plaisirs, mais surtout de cette santé qui est si chère à tous vos amis.

La mienne continue à se remettre graduellement et insensiblement. Je suis revenu depuis quelques jours à la ville auprès de mes parents. Je travaille sans trop de fatigue, et mes journées toutes semblables s'écoulent assez rapidement. Quand on peut passer toute sa matinée à l'ouvrage, on a besoin de repos dans la soirée, et le temps n'est pas si pesant. Je voudrais bien que vous fussiez aussi bien que moi. Je ne sais trop où cette lettre ira vous chercher, je l'adresse à tout hasard à Tarascon.

Je désirerais beaucoup que la première que je recevrai de vous fût datée de Lyon. Je suis tout occupé dans ce moment-ci du mariage d'une de mes sœurs avec un de mes amis. Cela aura lieu à peu près dans un mois, et je m'occupe déjà d'en marier une quatrième. Je ne pense plus à moi, j'ai un destin trop sévère qui s'y oppose.

Je pense que ce billet (car ce n'est pas une lettre, ne sachant pas si elle vous parviendrait), vous arrivera quelques jours avant le premier janvier 1819. Il vous portera tous mes vœux de nouvelle année, bien tendres, bien ardents, bien sincères et bien mérités : puissent-ils vous servir à quelque chose, puissent-ils du moins vous montrer une faible partie de l'amitié que vous avez acquise sur mon cœur et que les années cimenteront et accroîtront sans cesse !

Je vous envie d'être dans un climat sec et chaud ; nous sommes à présent ici enterrés sous la glace et les neiges. Malgré mon désir de vous revoir, je vous engage à achever l'hiver sous notre ciel de Provence. C'est un beau présent que la nature vous a fait que de vous faire naître là plutôt qu'ailleurs. J'espère que votre santé finira par s'en trouver mieux, et qu'au printemps vous nous reviendrez avec le même cœur et un meilleur visage.

Adieu, mademoiselle et chère amie, songez souvent à un ami à qui vous avez fait beaucoup de bien, et qui ne passe pas de jour sans penser à mademoiselle Éléonore ; et, si vous y songez, écrivez-lui de temps en temps quelques lignes, pour l'instruire au moins de votre santé.

Votre ami à jamais,
ALPHONSE.

CLXXII

A mademoiselle de Canonge

A Tarascon

Mâcon, 24 décembre 1818.

J'apprends avec bien du plaisir, mademoiselle et très-chère amie, que vous n'êtes pas dans le triste état où mon imagination inquiète vous voyait, et en second lieu que vous n'avez pas à regretter l'excellent parent que vous me peignez. Je partage votre joie de sa guérison, et je m'unis à celle que va vous faire éprouver l'excellent projet dont vous tentez l'exécution pour monsieur votre frère. Je le trouve parfaitement sage et bien calculé ; quelles que soient les folies de jeunesse dont vous parlez, un mariage avec une femme qui lui plaira et qui prenne sur lui l'empire aimable de la tendresse et de l'estime, le rangera insensiblement sous la loi du devoir et de la raison. La raison n'est jamais plus forte sur nous que quand elle nous est non pas commandée par l'autorité, mais inspirée par l'amour. Vous savez mieux que personne nous imposer son joug sans que nous nous apercevions de son poids : vous la couvrez de fleurs, et nous sommes tout étonnés de nous trouver tout à la fois si raisonnables et si heureux sous les charmes que vous nous imposez librement. Trop heureux les hommes qui trouvent à l'entrée de leur carrière un guide semblable à celui que vous voulez donner à monsieur votre frère ! Hélas ! j'ai connu ce bonheur, et le Ciel me l'a enlevé pour jamais. Je ne l'en apprécie que mieux pour les autres.

Je m'étonnais que votre excellent cœur et votre esprit si juste ne vous eussent pas déjà inspiré cette bonne idée pour un frère que vous aimez comme une mère. C'est tout à fait mon idée à moi, et si j'avais ou un fils ou un frère, c'est le parti que je prendrais. Il n'est pas infaillible, rien ne l'est dans le monde, mais c'est du moins tout ce qu'on peut faire de mieux, et le reste appartient à la destinée ou à la Providence. Combien j'eusse été meilleur et plus heureux si mes parents eussent pris avec moi un tel parti ! Ma mère en a bien souffert, elle pense comme vous ; mais elle ne peut pas pour son fils ce que vous pouvez pour un frère. Je vous engage à ne pas borner votre œuvre au mariage de ce frère, mais à lui créer en même temps une occupation attachante et forcée chez lui, sans cela vous n'aurez rien fait encore, et l'ennui succédant aux premiers transports de l'amour le pousserait dans quelques égarements nouveaux. Donnez-lui une terre à faire valoir, des intérêts à traiter, des affaires enfin de quoi remplir son esprit, autant que sa femme et ses enfants rempliront son cœur : le bien alors sera complet parce qu'il sera assuré. Croyez-en mon expérience de jeune homme.

Vous savez aussi que je marie ma sœur, mais cette affaire ne ressemble guère à la vôtre.

J'ai eu en effet une charmante lettre de madame Boscary. Quelque peine que me fasse l'éloignement du temps où j'aurai le bonheur de vous voir, je vois avec un plaisir que je ne puis vous peindre que vous passerez votre hiver dans le Midi. Si vous trouvez le Midi froid, que diriez-vous donc de notre Nord ? Restez-y, soignez-vous bien, occupez-vous de noces, de festins, du spectacle des heureux que vous allez faire, et revenez ensuite en faire d'autres à Paris, quand vous serez comme moi sur le chemin d'un rétablissement solide. C'est là l'idée qui m'occupe : je voudrais vous voir grasse et fraîche comme ces figures de sans-souci, comme votre amie Virginie. Si vous allez à Aix au printemps, je vous ferai connaître plus intimement ma sœur qui sera alors à Chambéry ; elle a appris de moi à vous aimer, et elle l'apprendra davantage encore de vous-même.

Ne me parlez pas de mes œuvres : vous ne les verrez jamais que dans l'intimité, du moins de mon vivant. Je mets au nombre de mes plus grandes calamités l'influence funeste qui m'a fait naître poëte dans un siècle de mathématiques. Il faut être de toute éternité prédestiné au malheur dans le monde pour être poëte, quand les vieilles nations civilisées sont usées sur toutes les nobles illusions de l'esprit et de l'âme ; il faut alors produire pour produire, parce que c'est un besoin de la nature, et sans en attendre ni profit ni gloire de son vivant. Il vaut mieux cultiver son champ, et c'est là depuis longtemps mon ambition et le terme de mes désirs, le reste n'est que vanité et affliction d'esprit, comme le disait très-bien Salomon.

Je m'oublie à causer avec vous, tandis que vous

êtes sans doute surchargée d'embarras pour vos projets actuels, et que vous présidez à deux destinées que vous allez unir. Je vous en demande pardon. Mais le plaisir de recevoir votre longue lettre, après un silence qui m'avait alarmé, m'a mis en train de bavarder avec vous, et vous en supportez la peine. Tâchez cependant qu'au milieu de vos plaisirs, comme parmi vos peines, mon souvenir ne s'efface jamais de votre cœur, et qu'il vous reste toujours un moment à donner à un vieil ami qui vous consacre tous les jours quelques-unes de ses pensées les plus douces.

- -Adieu donc, mademoiselle et chère amie. J'espère que vous me donnerez de jour en jour de meilleures nouvelles de cette santé si chère à tant de pays différents, et des détails sur vos noces auxquelles je m'unis de cœur et d'esprit. Tout ce qui sera un bonheur pour vous sera un plaisir pour votre ami.

ALPH.

ANNÉE 1819

ANNÉE 1819

CLXXIII

A mademoiselle Éléonore de Canonge

Tarascon.

15 janvier 1819.

Je suis venu hier à la ville, mademoiselle et chère amie, et j'ai eu le plaisir d'y trouver votre bonne et longue lettre. Ne vous accusez pas de sa longueur, car c'est ce qui m'en plaît le plus : les témoignages d'une amitié si douce et si tendre sont toujours trop courts pour l'homme qui a le bonheur de les apprécier. Cela me prouve aussi que vous pouvez écrire sans trop de fatigue, et que votre santé est probablement meilleure depuis que ces froids ont cessé. La mienne, au contraire, qui s'était trouvée si bien de l'automne et du commencement de l'hiver, recommence à se déranger sensiblement depuis une quinzaine de jours. Cela influe sur mon humeur et sur mon bonheur ; j'ai des douleurs violentes d'estomac et de foie, j'ai une fièvre momentanée et tout ce qui s'ensuit. Je me sauve à la campagne où je souffre en paix, et me renferme de nouveau dans mes ténèbres; je cherche à changer de place, espérant toujours être mieux où je ne suis pas. Si je savais que Paris me fît autant de bien qu'il m'en a fait cet automne, j'y retournerais. Je suis dans l'irrésolution la plus complète, c'est un ennuyeux état.

Je vois avec peine que vous n'êtes pas vous-même au bout de vos embarras, puisque le mariage n'est pas encore décidément arrêté. Je fais des vœux pour que tout finisse promptement à vos souhaits, car je présume bien tout ce que de pareilles négociations ont de fatigant pour une âme si ardente et une santé si ébranlable que la vôtre. Vous prenez le bon parti en donnant des biens à faire valoir à ce frère prodigue. Si une jolie femme et beaucoup d'affaires ne remplissent pas le cœur d'un homme, il faut désespérer de son bonheur; mais soyez convaincue que cela atteindra son but. Nous autres jeunes gens, nous faisons bien des sottises, mais la plupart de nos fautes doivent retomber sur ceux qui nous dirigent si mal : on nous expose sans défense à tous les dangers, et puis on nous blâme d'y succomber. Si on ôtait de notre vue l'oisiveté et qu'on prît des mesures contre les écarts de l'amour, nous serions presque tous sages et heureux. Monsieur votre frère le deviendra, n'en doutez pas.

J'ai eu le plaisir de rencontrer ici un jeune homme qui ne vous a connue qu'un moment, et qui a su vous apprécier parfaitement; il se nomme M..... Il fit le voyage de Lyon à Avignon par le Rhône avec vous, il y a deux ans; vous fûtes très-aimable pour lui; il vous donna un livre pour souvenir : vous en souvenez-vous? Il m'a chargé de vous présenter ses hommages. C'est un très-aimable garçon qui a une charmante femme, une princesse florentine. Il est major et en garnison ici depuis un an. Je le vois souvent, nous avons parlé de vous toute la soirée d'hier.

Le mariage de ma sœur se fera avant le vôtre, aux premiers jours de février. Elle est charmante.

Je vous félicite de vos missionnaires, mais je ne vous engage pas à vous convertir sur aucun point : vous êtes très-bien, tenez-vous-y. Tout ce qui est violent est passager; les années en arrivant apportent naturellement à nos idées religieuses le complément ou les modifications nécessaires. Je crois que dans ce genre, ainsi que moi, vous avez plus à craindre le trop que le trop peu. C'est que, ma foi ! tout le reste, excepté l'amour pur et absolu, ne signifie rien ; il n'y a que l'infini qui remplisse l'âme en tout genre : tout ce qui finit est court et incomplet.

Dérobez toujours quelques minutes à vos parents pour votre ami, et soyez sûre que, quand il est au bout de vos quatre pages, ce n'est pas de votre longueur qu'il voudrait se plaindre.

Votre ami à jamais,

ALPHONSE.

CLXXIV

A monsieur le comte de Virieu

Secrétaire de la légation française, à Munich.

Milly, 18 janvier 1819.

J'ai reçu une lettre de toi, il y a cinq ou six jours; j'y ai vu avec plaisir que tu étais moins sombre et moins tourmenté. Mais ton génie a passé en moi. Depuis trois semaines environ je ne vois que ténèbres et désolation d'esprit. Je suis d'abord redevenu aussi malade que jamais. Personne ne peut imaginer une continuité de souffrances aussi aiguës, cela ressemble à deux ou trois agonies par jour et par nuit. Je n'ai plus la consolation de pouvoir travailler à mon poëme, à peine puis-je t'écrire : j'en suis resté à la fin du premier chant; je m'en désole. Cela n'aurait peut-être rien valu aux yeux du monde; cela était bon pour moi et quelques personnes comme moi. Cela serait tout à fait d'un genre neuf : on y est tantôt sur la terre avec les passions des hommes, tantôt dans le ciel avec les puissances surnaturelles, tantôt dans la moyenne région avec les génies intermédiaires qui font aller les ressorts cachés des âmes humaines. Cela aurait satisfait les métaphysiciens qui veulent quelque chose de complet et d'infini ; on aurait vu l'ensemble et l'infini du monde et les rapports de deux mondes. Tu me parles de retoucher, mais je ne puis pas physiquement : retoucher me fatigue bien autrement que produire ; j'y penserai si je guéris jamais.

Me conseilles-tu, si je pars pour Paris, comme je m'y sens poussé par le malaise, d'y faire imprimer *Saül*, non en y rien retranchant, mais en y ajoutant quelques hymnes de plus, et en intitulant le tout *Nélo-tragédie* ? J'ai envie de le faire. Comme j'ai été mieux à Paris cet automne, je me figure faussement que j'y serai mieux encore à présent. Mais ne parle plus de sous-préfecture à personne : je souffre trop. Voici un nouveau projet meilleur que nous avons combiné, M. de Nansouty et moi, ces temps-ci, et auquel un autre de mes amis s'associe. Vois si tu veux en être.

Il y a vis-à-vis de Livourne une petite île de six lieues de tour, nommée la Pianozza, qui est inculte et n'appartient à personne. Elle est très-fertile cependant; mais les Italiens n'en savent rien ou ne s'en soucient pas. Nous en demandons la concession. Nous réunissons tout l'argent que nous pouvons : cela va déjà à soixante et dix mille francs. Nous y portons des charrues, des ânes, des mulets, et nous y semons du blé. Nos *minimum* de produit sont de cent pour cent, dès la première année, bien calculés. Peu à peu nous y élevons quelques baraques et y faisons pour nous et nos amis un petit champ d'asile. Mande-moi si tu veux en être, et ce que tu pourras y mettre. Cela se fera en septembre : nous avons toutes les données préliminaires, il ne s'agit que d'obtenir la susdite concession. Nous avons déjà écrit à Florence pour cela, et quelques-uns de nous iront, si cela prend.

C'est le pendant de notre affaire de coton à Naples, à l'*Isoletta*. Cela est moins beau, mais plus solide. Je vais tâcher de trouver quelques milliers de francs de façon ou d'autre pour les y mettre; et de plus je suis le régisseur, et MM. de Veydel et de Nansouty seront les agriculteurs. Nansouty, qui est lieutenant-colonel de notre légion, quitte sa légion pour se consacrer à notre affaire. C'est lui qui y met le plus de fonds. C'est un bon garçon d'esprit et de courage, et de plus grand agriculteur. Cela ne te fait-il pas bondir le cœur? Tu vois bien qu'il y a là dedans un double but. Dans tous les cas, nous ne risquons pas de perdre nos capitaux. Nous aurons seulement chacun six ou huit cents arpents de bonne terre dans un beau climat, qui nous rendront bien l'intérêt de nos mises. Réfléchis à tout cela. Je te tiendrai au courant.

Il n'y a rien de nouveau à te dire. Tout suit sa marche nécessaire, *facilis descensus Averni*. Les Vignet arrivent ici ces jours-ci pour la noce. Cela va me tourmenter encore. Je vais être forcé de faire le gentil pendant quinze jours, et je ne me supporte que seul au coin de mon feu ; encore, encore !

Adieu.

ANNÉE 1819.   303

CLXXV

A mademoiselle Éléonore de Canonge

Tarascon.

Ce 28 janvier 1819.

Vous pouvez vous figurer mon chagrin, mademoiselle et chère amie, de la triste aventure qui vient de vous arriver à mon occasion, et dont je ne me consolerai jamais d'avoir été la cause.

Je pense de plus en plus à faire un voyage très-prochain à Paris, voyage d'affaires plus que d'agrément. J'y serai au plus tard dans un mois ou cinq semaines. Je fais argent pour cela de tout ce que je possède. J'y serai vraisemblablement deux ou trois mois, et je médite ensuite un grand parti dont je vous ferai part en temps et lieu.

Je partage votre crainte en fait de politique : je n'ai jamais cru, en fait de gouvernement, qu'à une seule chose qui est la *force*. Ce ne sont pas les belles phrases *ultra* ou *libérales* qui peuvent la créer, c'est la vigueur de volonté écrasant à la fois les deux partis extrêmes et n'accordant rien à aucun. Quand on croit à la raison souveraine des peuples éclairés, on ne les connaît pas du tout, par conséquent on n'est pas fait pour les gouverner. On ne gouvernerait pas dix enfants dans un collége avec les principes que l'on ne cesse de proclamer pour le gouvernement d'une nation turbulente, inquiète et divisée. Vous avez eu votre part dans l'erreur générale du temps, je crains que vous ne l'ayez dans les conséquences qui en découleront. Ceux qui auront fait le mal et ceux qui l'auront prédit seront également enveloppés dans ses résultats ; je crains qu'il ne soit plus temps d'y porter remède. Quand les principes sont établis, rien ne peut en fausser les conséquences ; or les conséquences de tout ceci sont l'anarchie la plus complète dans les idées, dans les croyances, comme dans les institutions. Il y a longtemps que vous vous moquez de mon peu de foi dans les lumières de la grande nation ; il y a longtemps que les ultra m'appellent libéral, et les libéraux ultra : je ne suis ni l'un ni l'autre, car je voudrais être gouverné et non pas gouverner moi-même. Vous en reviendrez là comme eux, mais il ne sera plus temps, et vous reconnaîtrez trop tard que les *gouvernements parfaits*, par là même que vous les voulez parfaits, sont impossibles. Rien n'est parfait dans ce monde très-imparfait, et avec des agents aussi imparfaits que le sont les hommes. Il en coûte de convenir de ces tristes vérités : on ressemble à l'homme qui redescend des régions imaginaires, et qui retombe avec douleur sur la dure réalité ; mais, en fait de gouvernement plus qu'en toute autre chose, c'est de réalité qu'il s'agit.

Pardon de cet inutile bavardage. Je vous donnerai mon adresse en partant pour Paris. J'espère recevoir au moins encore une lettre avant ce départ. Je marie ma sœur dans huit jours avec M. le comte Xavier de Vignet, frère aîné d'un jeune homme que vous avez vu à Aix avec moi.

J'apprendrai avec bien de la joie la conclusion de votre grande affaire ; jusque-là je serai en peine de vous. Vous devez avoir trop de soucis et d'embarras pour une santé si frêle. Ma santé à moi, comme je vous l'ai mandé, est un peu déclinée depuis six semaines ; j'ai trop de peines aussi, trop constantes, trop renouvelées. Il faut que cela finisse d'une manière ou d'une autre : l'âme de l'homme n'a comme son corps qu'une force de patience bornée, je touche aux bornes de la mienne, et j'ai trop de raisons pour cela. Il n'y a dans l'âme que la faculté d'aimer qui n'ait pas de limites, c'est qu'elle a été créée pour cela dans ce monde et dans l'autre ; tout le reste n'est rien.

Recevez pour la millième fois, et non pour la dernière, l'expression d'une amitié sans bornes et sans fin.

ALPHONSE.

CLXXVI

A monsieur le comte de Virieu

Secrétaire de la légation française à Munich.

Mâcon, 14 février 1819.

Ce n'est que pour te dire que j'ai reçu hier ta lettre qui m'annonce ta maladie et ton rétablissement. Je ne me doutais pas que tu fusses malade. Dieu soit loué, puisque tu es guéri ! Ce sera peut-être un bien si cela t'a rattaché à la vie. Quant à moi, je suis très-mal, je vise au désespoir. Je souffre des douleurs si affreuses dans l'estomac, que je ne sais que devenir. Je me suis décidé à essayer d'un voyage. Je pars demain pour Paris, *Hôtel de Richelieu.* Peut-être cela ira-t-il mieux. Peut-être trouverai-je jour à quelque place diplomatique. Peut-être serai-je aussi mal là-bas qu'ici, *ci vuol pazienza!* Je me dépêche aussi de t'écrire pour te mander de ne pas m'envoyer d'argent, puisque tu n'en as pas en avance. A toute rigueur je pourrai m'en passer. Bonsoir.

CLXXVII

A mademoiselle Éléonore de Canonge

Tarascon.

16 février 1819.

Je ne vous écris aujourd'hui, chère Mademoiselle et amie, que pour vous prier de ne plus m'adresser vos lettres ici. Je pars demain pour Paris, et je pars bien malade. Je viens de passer toute notre noce dans mon lit, et je m'en vais bien vite chercher quelque soulagement dans mon voyage.

Je crois que j'ai la goutte dans l'estomac, tant je souffre de douleurs. Le temps y contribue sans doute. Comment êtes-vous, vous-même? Où en sont vos grandes affaires de mariage? Je me figure que vous êtes au plus fort.

Voici mon adresse, *rue Neuve-Saint-Augustin, grand hôtel Richelieu.* J'espère que vous ne l'oublierez pas, et qu'un intervalle de quelques lieues de plus entre nous ne me privera pas d'une correspondance qui fait la plus douce consolation de mes ennuyeux jours.

ALPHONSE.

CLXXVIII

A mademoiselle Éléonore de Canonge

Tarascon.

Paris, 4 mars 1819.

Quelle bonne lettre vous m'écrivez là, Mademoiselle et chère amie! Vous n'écririez pas mieux à un frère, à un fils. Plus je vous connais, plus je vous lis, plus je vous médite, plus je m'étonne de tant de bonté, de vertus, d'amitié, d'amabilité de tous genres, que la nature a réunies en vous, sans que pour cela vous en soyez plus heureuse. Au moins vous rendez heureux tout ce qui vous entoure, et vous inspirez à tout ce qui vous connaît un intérêt et une affection qui laissent des traces ineffaçables.

Rassurez-vous donc sur moi, sur ma santé, sur mes grands projets. Je suis beaucoup moins mal depuis que je suis ici. Les nombreuses distractions, les courses obligées, les conversations de mon goût, les spectacles, les visites, les bonnes réunions de famille chez les gens véritatablement aimables, l'absence de contrariétés, tout cela me soulage, m'enlève à moi-même, au sentiment de mes douleurs physiques et de mes peines morales. Ajoutez-y quelquefois des lettres de trois pages de mademoiselle Éléonore, et vous mettrez le complément à ces moments de bonheur négatif, d'oubli, d'indolence, dans lesquels je me trouve. C'est ce que je puis ambitionner de mieux dans ma triste position. Je nourris aussi de grands projets, des projets qui nous sépareront pour quelques années. Il le faut, je ne puis plus endurer cet esclavage sans résultat. Je veux tenter le sort dans d'autres climats. Je veux enfin tâcher de me créer une indépendance quelconque, moyen de me marier à mon gré.

Ah! si ma santé voulait me laisser en paix seulement deux ou trois ans, vous me retrouveriez heureux et paisible. Ma santé seule m'a retenu jusqu'à aujourd'hui et me fait hésiter encore, mais je tâcherai de tout concilier, et tout se concilierait si j'allais au Midi comme Pinel me le conseille tant. Au reste je ne vous dis rien de ces projets, enfants de la nécessité, parce que vous les trouveriez trop chanceux, et, comme le dit notre vieux Corneille,

.... pour être approuvés,
De semblables projets veulent être achevés.

En attendant je prends patience assez bien ici, j'y suis dans un monde charmant, j'y suis caressé, aimé, accueilli, prévenu sur tous les points. J'ai le projet d'y rester encore à peu près deux mois, à moins qu'avant cette époque je ne prenne mon vol vers vos beaux climats pour des climats plus beaux encore. Je n'ai pas vu encore Mme Boscary. Je lui ai écrit. Mais j'ai vu de ses amis qui m'en ont donné de bonnes nouvelles.

Vous me demandez de vous rassurer politiquement. C'était vous autrefois qui me rassuriez ; mais vous vous adressez bien. Je ne suis jamais très-inquiet parce que mon opinion politique se borne au commencement du Crédo, *Je crois en Dieu le père tout-puissant.* Je crois que tout est soumis dans l'univers physique et moral à une toute-puissante Providence que je nomme quelquefois fatalité; elle nous perd et elle nous sauve par des moyens que nous ne prévoyons jamais, parce qu'ils sont au-dessus de notre prévoyance. Ainsi dormons tranquilles au sein des nuages politiques, comme nous dormirions pendant les orages du ciel : la foudre n'en sortira que s'il a été décidé que nous en serions frappés. Nous n'y pouvons rien, et une main céleste la dirige ou la retient à son gré. Vous n'aurez que cette nouvelle de moi. Vous la saviez, n'est-ce pas ? N'importe, elle est très-bonne à répéter. Oh ! que cette croyance à la Providence, à la fatalité, est un bon oreiller pour les faibles, pour les malheureux, pour nous !

Je vous plains bien de la passion que vous avez à combattre dans monsieur votre frère. C'est à votre sagesse à examiner sur les lieux si c'est un feu follet de jeunesse ou un sentiment véritable. Mais, si la femme qu'il aime est mariée, vous ne risquez rien de le pousser un peu à suivre vos vues. Il n'aura que des malheurs autrement. Les premiers moments seuls lui seront affreux, et il finira par s'attacher à sa femme. Cependant le point est délicat, et cela demande tout votre jugement. Mais je vous plains, et je voudrais pour vous que cela fût terminé d'une façon ou d'une autre.

Je vous écris rapidement, tout occupé d'une soirée fort intéressante pour moi. Le duc d'Orléans et les princesses, ayant beaucoup entendu parler d'une de mes tragédies que j'avais laissée ici cet automne, m'ont fait inviter à aller leur en faire une lecture aujourd'hui à huit heures du soir. Je m'y prépare en ce moment; je m'étudie à bien lire et à produire sur Leurs Altesses un effet qui pourrait m'être fort avantageux par la suite, toute ma famille ayant depuis un siècle été attachée à leur auguste maison. Voici ce qui fait que vous n'aurez que quatre pages aujourd'hui : on est préoccupé en pareil cas, car tout cela est fort important. Adieu, soyez aussi heureuse que vous êtes bonne et aimable.

ALPHONSE.

CLXXIX

A monsieur le comte de Virieu

Paris, 16 mars 1819.

Je m'en vais commencer par t'envoyer quatre strophes que je viens de faire, en m'éveillant ce matin, en réponse à une jolie petite épître qu'on m'a adressée pour me détourner de renoncer à la poésie. Voici le début ; tu ne sauras pas encore cette fois où j'en veux venir. — Écoute.

ODE A M. R.

Tel, quand la flamme qui consume
Les flancs sulfureux de l'Etna,
Au souffle inconnu qui l'allume
Frémit sous les coteaux d'Enna ;
Comme une fougueuse bacchante,
On voit la cime haletante
Déchirer ses flancs entr'ouverts,
Et, parmi des flots de fumée,
Vomir une lave enflammée
Jusqu'au sein bouillonnant des mers :

Tel, quand une verve insensée
Commence à m'agiter soudain,

Sous le Dieu mon âme oppressée
Bondit, s'élance et bat mon sein :
La foudre en mes veines circule ;
Étonné du feu qui me brûle,
Je l'irrite en le combattant ;
Mais la lave de mon génie
Se déborde en flots d'harmonie
Et me consume en s'échappant.

Muse, contemple ta victime :
Est-ce là ce front inspiré ?
Est-ce là ce regard sublime
Qui lançait un rayon sacré ?
Sous ta dévorante influence
A peine un reste d'existence
Au sombre Érèbe est échappé ;
Mon front, que la pâleur efface,
Ne conserve plus que la trace
De la foudre qui m'a frappé.

Heureux le poëte insensible !
Son luth n'est point baigné de pleurs ;
Son enthousiasme paisible
N'a point ces tragiques fureurs.
De sa veine libre et féconde,
Coulent pour le charme du monde
Des ruisseaux de lait et de miel ;
Et cet Icare pacifique,
Trahi par l'aile pindarique,
N'est jamais retombé du ciel !

J'étais occupé à t'écrire ceci lorsque le cocher

de M. de Caraman est venu m'apporter ta lettre et ta caisse. J'ai été tout ému de voir quelqu'un qui venait de te voir. Je vais faire tes affaires aujourd'hui même : je chercherai chez Barba ce qui pourra te convenir. Je mettrai aussi aujourd'hui la caisse à la diligence pour Lemps. Au reste, je te prédis que tu as trop d'esprit pour très-bien jouer la comédie; tu ne joueras pas mal pour la même raison. J'ai toujours remarqué que les bons acteurs de société étaient légèrement bêtes. Mais cela te distraira, t'amusera, tant mieux ! Mais pourquoi ne viens-tu donc pas? Rien de nouveau pour moi.

Je viens de chez Barba, j'ai choisi douze petites pièces drôlettes, ou vaudevilles, car en fait de petites drôleries il n'y a que des vaudevilles. Je vais les porter comme tu m'as dit, sous bande, à la poste avant deux heures ; dans huit jours tu les auras. Si les susdites pièces sont insuffisantes ou ne sont pas de ton goût, écris-le-moi sur-le-champ, je t'en enverrai une nouvelle pacotille. Mais en société, je vous conseille *Les Rivaux d'eux-mêmes*, *La Suite du bal masqué*, *Le Ci-devant jeune homme*, et *Le Solliciteur*, qui sont là dedans. Je les ai vu jouer avec succès ; voilà pourquoi j'y ai pensé.

J'ai dîné hier avec Mme de Beufvier, M. de Sade, etc. Nous n'avons cessé de parler de toi. M. Michaud, chez qui je recommence à aller, m'en a aussi parlé. Nous y passons une soirée vendredi, où Désaugiers chantera ses chansons, et Baour, je crois, dira ses vers. Je vais aussi dans la Banque. J'éprouve qu'une fois lancé ici, on est obligé de s'arrêter, de se tenir à quatre, ou il ne reste pas une heure pour ses amis et pour soi : c'est fâcheux, mais il faut prendre un parti violent. Bonsoir.

CLXXX

A mademoiselle Éléonore de Canonge

A Tarascon.

19 mars 1819.

Vous n'aurez qu'un petit mot de votre ami ce matin, Mademoiselle, parce qu'il a une espèce de petite fluxion sur un œil, qui l'empêche d'écrire, et qu'il n'a pas un secrétaire. J'ai reçu hier, en rentrant, votre longue et aimable lettre; qui dit longue, dit deux fois aimable. J'ai vu avec plaisir que vous n'attendiez plus que des dispenses de Rome pour accomplir le grand œuvre auquel je prévoyais plus d'obstacles de la part de M. votre frère.

Je vous féliciterai bien le jour de la conclusion. J'ai parlé de tout cela à Mme Boscary, chez qui j'ai dîné il y a quelques jours, et qui prétend qu'elle vous aime bien, quoiqu'elle ait des reproches à se faire sur son inexactitude à vous écrire. Cela tient à toutes sortes de chagrins qu'ils ont eus tout l'hiver, relativement à des amis intimes qui ont mal fait leurs affaires. Ce commerce est une mer orageuse : aujourd'hui dans le ciel, et demain dans l'abîme. Elle m'a engagé à la voir souvent, mais je ne veux pas en abuser, et je me contenterai de la voir de temps en temps.

Vous me demandez des nouvelles de ma lecture chez le duc d'Orléans. Elle a passé tout ce que je pouvais en espérer. Mais son but d'utilité est encore bien éloigné, le prince ne voulant former sa maison, où ma place était assurée, qu'après la mort de sa mère. Dans ce temps-là, je n'aurai plus besoin de cela.

Quant aux emplois dont vous parlez, je ne voudrais pas des uns, et les autres sont trop difficiles à obtenir : je n'espère rien dans ce pays de cabales. Cependant, j'ai une protectrice très-bonne et très-zélée dans madame de Sainte-Aulaire, mère de M. Decazes. Je serais déjà loti, si j'avais pu aller au Nord, mais je ne le peux raisonnablement pas dans mon état. Pinel m'assure que je n'y résisterais pas un an. Ce serait de la folie. Je suis bien sûr que madame de Sainte-Aulaire fera ce qu'elle pourra pour m'envoyer utilement au

Midi. Mais cela est lent et difficile ; et, si dans six semaines ou deux mois, je ne vois jour à rien, j'exécute mon grand projet, et je vous verrai en passant. Vous savez si je sais apprécier une amitié si tendre, si obligeante, si dévouée, si étonnante toujours pour moi.

J'attendais, en effet, vos lettres pour vous écrire. Je pense bien que dans ces moments vous n'aurez pas autant de temps à donner à votre ami. J'écrirai toujours, et plus longuement quand je serai moins aveugle. Mon existence est toujours fort douce, fort paisible, fort occupée, fort distraite et ma santé assez passable ; seulement la société, dont j'ai un peu trop, commence à me fatiguer. J'ai la malheureuse habitude de faire du jour le jour et de la nuit la nuit; ici c'est différent, et je ne peux pas m'y habituer, je renonce aux bals. Il y en a eu deux cent quinze connus hier à Paris. Vous voyez que tout le tintamarre politique ne nous ôte pas les jarrets. On parle en effet de Nîmes, ici, d'une façon alarmante, mais c'est le pays des têtes chaudes et des bons cœurs. Je me suis bien félicité, en apprenant cela, que vous n'y fussiez pas. Adieu.

CLXXXI

A mademoiselle Éléonore de Canonge

Tarascon.

Paris, 5 avril 1819.

Comment va la noce? car vous y êtes sans doute enfin, et votre long silence me fait penser que vous êtes plongée dans les préparatifs ou dans les suites de ce grand événement.

Puisque vous ne me donnez pas de vos nouvelles, je vais vous donner des miennes. Elles sont toujours les mêmes, à part la santé qui recommence à me tourmenter, j'ai depuis quelques jours repris mes palpitations de cœur; il est bien vrai qu'il y a un peu de ma faute, mais j'en suis bien puni! Je pars demain pour la campagne, pour me reposer complétement pendant cette semaine sainte. Je m'en vais en Normandie, chez le duc de Rohan qui a pour moi l'amitié la plus prévenante et les plus grands soins de ma santé.

J'ai vu, il y a peu de jours, Mme Boscary.

Elle avait reçu votre lettre, nous en avons causé. Elle a obtenu quelques lettres pour votre protégé; quant à moi je n'ai pu trouver personne assez en liaison avec M. de Girardin. Je me suis adressé à deux de ses anciens amis qui ne le sont plus. Mais soyez tranquille, les choses vont de façon que ce sera le plus sûr des titres d'avoir été déplacé en 1815, et M. S. sera replacé, n'en doutez pas.

Mes projets personnels sont toujours en bon train, et, s'il y avait quelque stabilité dans les espérances de ce monde, j'aurais sujet d'être assez content. J'attends assez prochainement une décision quelconque. Vous savez bien quelle sera la première personne à qui j'en ferai part : c'est vous voler un plaisir que de ne pas vous instruire la première de ce qui arrive d'heureux à vos amis.

Vous en méritez, des amis, parce que vous savez être amie vous-même. Aimez, et on vous aimera : il n'y a rien de plus vrai, quoi qu'en disent les misanthropes qui n'aimèrent jamais. Pourrez-vous me lire? J'écris avec une rapidité incroyable pour écrire moins longtemps, parce qu'à chaque ligne j'ai un élancement dans le cœur, et encore je m'arrête à chaque phrase. Le reste de la santé va cependant bien, et l'âme n'est pas triste. Je n'ai jamais été, depuis que nous nous connaissons, moins mécontent, jouissez-en. Adieu, je m'arrête par force. J'attends de vos lettres. Je vous aime comme toujours, et toujours un peu plus ; rendez-le-moi.

Votre ami,

ALPHONSE.

CLXXXII

A monsieur le comte de Virieu

Paris, 11 avril 1819.

J'ai trop mal au cœur pour répondre dignement à ta grande et belle lettre de huit pages reçue hier. Comment donc espérer un opéra? Je sens le tien, je ne le trouverais point au-dessous de moi. Je l'ai fait dans ma tête, c'est *Jephté*. Il y aurait tout ce qu'il me faudrait, amour, fatalité, pathétique, lyrique et merveilleux. Dis à ce confrère en génie que, s'il veut m'attendre un an et me faire de la musique sur de vrais vers liés, phrasés, harmonieux, et non sur des rébus en deux temps, je suis son homme, à condition qu'il le fera jouer en Italie ou en France. En veut-il un autre? J'en ai un qui me brûle, c'est une *Sapho*, superbe sujet d'un opéra pareil. Qu'en dis-tu?

J'ai porté hier à Didot une de mes *Méditations* pour qu'il me l'imprime à dix exemplaires ; tu en auras un. Ce n'est rien, c'est pour voir l'effet que font mes vers imprimés. Je les aurai mercredi ; mais je pars pour passer la semaine sainte à La Roche-Guyon, chez le duc de Rohan. Il m'emmène demain, nous ne serons que nous deux. Il est enthousiasmé de moi, il ne sort plus de chez moi, et je l'aime. M. Mathieu de Montmorency m'a aussi engagé à aller le voir à sa petite maison de M. de Chateaubriand. J'espère que ces petits séjours de repos me remettront, car je suis hors des gonds à force de souffrances de cœur depuis dix à douze jours. Tous les enchantements d'espérances disparaissent, je suis homme et mourant et, qui pis est, souffrant au delà des bornes. Je ne puis pas écrire, mais je veux écrire, tu le vois, viens donc, je puis parler.

Cette dernière lettre ne me parle pas d'arrivée, malheureux ! Pense donc quel printemps nous passerions ici si tu étais arrivé, un temps de Naples ! Le numéro 13, à côté de mon numéro, est vacant, je te le retiendrais, nous serions comme logés ensemble. — Adieu, voilà plus que je ne peux écrire aujourd'hui. Plains-moi, car j'aimerais bien à causer plus avec toi : tout le reste n'a qu'une face, tu les as toutes pour moi. Adieu encore.

CLXXXIII

A monsieur le comte de Virieu

Secrétaire de la légation française, à Munich.

Paris, 13 avril 1819.

J'arrive de La Roche-Guyon où nous avons passé une semaine des plus paisibles et des plus agréables ; mais je n'ai pu en jouir. Mes douleurs de cœur continuent au suprême degré, et me voilà, avec mille belles espérances sur les bras, prêt à les voir se réaliser, et, par ce nouvel incident douloureux, obligé de renoncer encore à tout et de me sauver peut-être bientôt dans quelque trou de Milly, à souffrir et à gémir en paix.

En arrivant, j'ai trouvé un énorme paquet de lettres de tous les pays. J'ai entrelu rapidement les autres, et j'ai gardé les tiennes, comme à mon ordinaire, pour la bonne bouche. Si je ne t'écris pas plus souvent et surtout plus longuement à présent, ne t'en prends pas à mes plaisirs ou à mes affaires. J'aurais assez de temps à te donner, mais c'est que je ne puis plus écrire, à la lettre ; c'est un supplice, et je sors de là avec des palpitations redoublées. Il n'y a pas de minute où je ne voulusse t'écrire ; je n'aime que toi seul après ma mère dans la nature, et je t'aime comme un peu plus de la moitié de moi-même. Il n'y a ensuite que toi qui aies de l'esprit à mon idée et à mon goût et à ma dose. Je ne trouve rien qui manque en toi pour moi. Ici je trouve de l'esprit jusque-là, et là de l'âme jusqu'à tel degré, et là des idées poétiques, et là de la sensibilité, etc. Tu as cela à grandes doses, et tu te développes tous les jours à un point effrayant.

Mais, au nom de Dieu, ou de moi, ou de toi, viens s'il se peut reposer tes idées et ton cœur, soit ici, soit à Lemps. Partout où tu seras je serai. Je penche bien pour la campagne pendant quelques mois pour te rétablir et te rafraîchir le sang exalté comme le mien : du petit-lait, du lait d'ânesse, un cheval, une heure de promenade au pas le matin et autant le soir ; se coucher à dix heures ou à neuf, un bon régime et ne rien faire que lire des bagatelles. Je sens que tu as besoin de cela après ou avant un petit séjour de six semaines à

Paris pour tes projets subséquents, *si toutefois il est sage dans ton état d'avoir des projets pareils*. Songe à vivre d'abord, en santé. Quel que soit mon chagrin de penser que tu te marieras, marie-toi, rétablis-toi, et tu auras bien le temps de trouver des chances d'action. Elles ne nous manqueront pas, *sois-en sûr*.

> Je vis que j'étais né dans ces phases brillantes
> Où des États vieillis les bases chancelantes
> Dans l'abîme des temps s'écroulent à grand bruit,
> Où tout dans l'univers ou change ou se détruit ;
> Je le vis : et de loin, dans la terreur commune,
> J'en rendis grâce aux dieux et bénis ma fortune.
> Réjouis-toi, César, ces jours sont faits pour toi !

Voilà ce que disait mon cher César dans ces mêmes circonstances.

A propos de vers, on me demande partout mon *Saül*, et je ne puis plus lire quatre vers à cause de mon cœur. Je ne te l'envoie pas, puisque tu arrives. Du reste, tout ce que je vois ou connais ou qui m'entend n'a qu'une voix sur mon talent poétique. J'ai même fait des enthousiastes par delà tout ce que tu peux imaginer. Le duc de Rohan, Mathieu de Montmorency, sont du nombre. Je viens de faire pour eux, à La Roche-Guyon, pendant la semaine sainte, les plus ravissantes stances religieuses que tu puisses imaginer. C'est original, pur comme l'air, triste comme la mort et doux comme du velours. J'ai été bienheureux d'avoir là si à propos cette inspiration qui répondait juste à ce qu'ils me demandaient. Didot les imprime dans ce moment-ci avec d'autres stances du même genre que je t'ai une fois envoyées :

Souvent sur la montagne, etc.

Je ne les laisse imprimer qu'à une vingtaine d'exemplaires tous retenus. C'est seulement pour voir l'effet de mes vers imprimés, sur les yeux. Je te garde, comme tu le penses, les premiers exemplaires des deux poëmes. J'en donne à M. de Sade un. Je l'aime beaucoup, c'est un homme sec mais pas froid. Je suis à corriger les épreuves dans ce moment-ci. C'est difficile, mais combien cela vaut mieux qu'écrit à la main. C'est autre chose, c'est mieux.

Comment as-tu pu écrire huit pages ? Ne te fatigue pas à m'écrire si longuement, mais bien souvent. J'ai une soif de tes lettres inextinguible. Pense donc que je n'aime rien dans ce monde après toi, que je n'ai pas un pauvre ami avec qui causer, à qui faire part des fluctuations de mes idées et de ma fortune. Ah! si j'allais à Florence, comme je m'assoierais enfin!

On me demande des vers partout. On me cherche, on me recherche. Je devais dîner hier chez le duc de Rohan. J'y dîne dimanche avec M. Mathieu de Montmorency, M. de Bonald, l'abbé de Lamennais, etc., et on y lit *Saül* et des odes. Cette connaissance avait été ménagée pour me faire recommander à M. de Narbonne par ses amis qui vont là; mais cela devient sans but. Je reçois force cadeaux et livres que les auteurs, *mes confrères*, me font. Je suis vraiment ici dans un assez joli moment pour l'amour-propre, si j'en avais. Je voudrais que tu le visses, cela t'amuserait. C'est une petite vogue, mais cela ne m'enivre pas. J'ai un besoin trop pressant, trop présent, trop poignant, du solide, pour me nourrir d'une sotte petite fumée qu'un souffle dissipe, et puis je suis trop malade du corps pour que mon âme ne reste pas très-dépouillée et très-saine.

J'ai demandé de ta part à ta cousine ton tableau; je me suis chargé de le faire emballer et de te l'envoyer, avec tout ce que tu m'indiques, dans le courant de la semaine. Elle doit me l'envoyer aujourd'hui. Mais je recevrai peut-être une autre lettre de toi d'ici là qui me dira que tu arrives et de ne rien t'envoyer. C'est là ce que je voudrais.

Viens ici, c'est le moment pour toi, très-prochain du moins. Il y aura partout des gîtes, et tu pourras en trouver un qui réunisse ce qu'il te faut : avancement et beau ciel. Adieu, réponds à tout ce fatras. Je m'arrête là, parce que j'ai un peu de fièvre. Ménage-toi et achemine-toi à petites journées vers l'hôtel de Richelieu. Mille choses de la part des Raigecourt que j'ai vus hier au soir.

CLXXXIV

A monsieur le comte de Virieu

Paris, 21 avril 1819.

J'ai reçu tes lettres et la dernière où tu me dis que je te verrai dans le milieu de mai. Allons, je m'en vais faire ce que je pourrai pour t'attendre, mais j'y suis dans les convulsions de ma maladie de cœur, j'en perds la tête, je ne sais ce que je vais devenir. Je ne pourrais pas accepter un poste dans une ambassade. Mes finances baissent d'ailleurs grandement. Je suis un peu au désespoir. Mais je suis bien aise que nous n'y soyons pas deux à la fois. Si tu arrivais dans les mêmes dispositions que moi, je ne sais ce que nous ferions. Adieu, je ne puis pas écrire. Pour remplir ma lettre, j'y joins un modèle de la façon dont Didot imprimera mes *Méditations*. Regarde comme cela vaut mieux qu'écrit. Bonsoir, et tâche d'être heureux.

CLXXXV

A monsieur le comte de Virieu

Secrétaire de la légation française à Munich.

Paris, 22 avril 1819.

Adieu tous mes projets, tout mon espoir, adieu le bonheur de vous voir, je pars ! Mes douleurs de cœur sont à leur comble, je ne puis rester ainsi ici. Je n'y pourrais rien accepter. Un autre motif encore que tu peux deviner sans peine ne me laisse pas même la liberté du choix. Je pars dans huit jours. Je serais au désespoir, si je n'étais pas accoutumé au désespoir. J'ai vu hier M. Mounier, il me parle souvent de toi. Je t'ai annoncé, et j'ai raconté comment ta santé te faisait un devoir de désirer l'Italie.

Je suis au désespoir de cent mille façons, mais je me résigne, et je suis au-dessus de tout cela par l'impassibilité philosophique et religieuse que le malheur perpétuel apprend jusqu'à ce qu'on n'y puisse plus tenir et qu'on se précipite dans les nouvelles chances de l'inconnu. Adieu, adieu, ne m'écris plus ici, je te donnerai mon adresse quand je saurai où je vais.

Naples n'est pas donné.

CLXXXVI

A mademoiselle Éléonore de Canonge

Tarascon.

25 avril 1819.

Dans l'incertitude où vous trouvera cette lettre, car vous ne me dites pas quand et chez qui vous serez à Montpellier, je l'adresse encore à Tarascon. Je vous écrirai de chez moi dans une huitaine de jours, car mes souffrances de cœur me font chasser de Paris pour le moment, comme on vous chasse de Tarascon. On me renvoie à la campagne dans la solitude la plus profonde et dans un silence obligé de toutes mes facultés. Je pars dans cinq ou six jours, écrivez-moi donc dorénavant à Mâcon. Je n'y serai pas, et je ne sais pas encore où je serai, mais on le saura là, et l'on m'enverra vos lettres où je trouverai votre adresse. Je suis bien malheureux d'être repris de ces douleurs cruelles dans un moment où tout me souriait et où je n'avais qu'à laisser faire pour devenir heureux;

mais j'ai du courage, on en trouve au fond du malheur.

Je ne sais encore comment je ferai mon voyage, car la voiture est pour moi un supplice. Peut-être le ferai-je à cheval ou par eau. Je ne puis pas vous écrire une longue lettre, il m'est interdit d'écrire, et celle-ci est une faute contre l'ordonnance. Je prends le lait d'ânesse qui me passe à merveille, et j'en espère une guérison provisoire. Je souffre doublement de vous savoir si souffrante aussi ; essayez de mon lait d'ânesse. Si je me rétablis après un mois de solitude et de repos, je pourrais bien aller de vos côtés. Il est question légèrement d'un mariage. j'irai vous voir avant tout.

On m'accable ici de soins et de bontés, on me tourmente pour me faire accepter une petite maison de campagne près de Sceaux, que M. de Montmorency m'offre pour me rétablir, passer mon été et travailler. Je sens que tout cela ne me guérira pas, et je vais de nouveau attendre mon sort dans quelque asile bien ennuyeux de mon pays.

Je ne présente point encore de tragédie au théâtre pour des raisons essentielles. Seulement j'ai fait force lectures, on me trouve un vrai talent partout, et l'admiration m'a fait une foule d'amis bien ardents dans le grand monde où je me trouve lancé à présent. On me persécute pour imprimer au moins un volume de *Méditations*. C'est un genre neuf dont j'ai eu l'idée, et j'en ai assez pour en faire un volume. Mais il me faudrait deux mois de santé pour les retoucher et préparer ce volume à l'impression. On m'offre d'avance cinq cents souscripteurs. Je vois qu'on sent encore la poésie ici, je ne le croyais plus.

Pour me tenter, le duc de Rohan et quelques autres personnes en ont fait imprimer deux ou trois, à mon insu, par Didot; ils m'en ont donné quelques exemplaires. Je vous en envoie une petite qui ne tiendra pas de place. Vous verrez au moins une belle impression. Si j'imprime, ce sera de cette manière.

Adieu, chère amie, pauvre malade, consolons-nous mutuellement, puisque le sort nous en veut tant. Bien portant ou malade, heureux ou malheureux, je vous aime et aimerai également comme la meilleure des amies.

ALPHONSE.

CLXXXVII

A monsieur le comte de Virieu

A Lemps.

Montculot, 4 mai 1819.

. . . .

. . . . . Tu arrives cette semaine avec Vignet. Je suis bien content que tu l'aies pour ces temps de ténèbres, en attendant que je vienne le seconder ou le remplacer. Je ne puis partir avant au moins cinq ou six jours: j'ai donné rendez-vous à Dijon à la personne que tu sais, et il faut que j'aie une réponse avant de quitter; elle ne peut pas tarder plus de cinq à six jours. J'irai de là à Mâcon où je serai obligé de m'arrêter également quelques jours seulement pour voir ma mère. Je m'en irai de là aisément chez toi, si tu peux m'envoyer à jour dit à Bourgoin ou à La Tour-du-Pin un cheval que j'y trouverais. Écris-moi dans laquelle de ces deux villes on prend la route de Lemps; je ne m'en souviens plus. Adresse ta lettre à Mâcon, et je t'écrirai moi-même de là quel jour, j'y serai à l'auberge que tu m'indiqueras.

La lettre de ta mère me confirme dans ce qu'on m'avait mandé de la santé de mademoiselle Fanny. Donne-m'en des nouvelles, et conseille-lui le lait d'ânesse, si elle peut le digérer. J'ai voulu reprendre ici ce lait qui m'avait tant fait de bien à Paris, mais je n'ai pas pu en digérer une goutte. Quand on le peut, cela est souverain. Prends-en toi-même, et assujettis-toi à ta santé, si tu ne veux pas qu'elle t'assujettisse bien autrement plus tard : tu es trop désordonné pour elle. Il faut absolument te réformer en cela.

Parlons d'affaires. Je n'ai d'espoir en plus rien au monde qu'en une place de secrétaire d'ambassade. Je viens d'écrire à M. Mounier, je suis en correspondance avec madame de Sainte-Aulaire. J'attends ces jours-ci quelques nouvelles, mais je ne pense pas trop être nommé avant le moment où tu seras toi-même envoyé en Italie, si tu persistes à y songer, comme je te le conseille. Cependant cela me tient aussi en suspens pour toutes mes démarches, et sans cela je prendrais un parti long et violent. Je n'ai rien à attendre de mes parents pour une amélioration d'existence; mais j'espère assez une place diplomatique, M. de Rayneval me l'a à peu près assurée; et, si j'avais pu rester à Paris, cela aurait été plus sûr, mais il y a impossibilité, et l'impossibilité est la voix du ciel. Le seul prophète est la nécessité.

Je te prie de dire de ma part à mademoiselle Fanny que je dois faire imprimer, je ne sais quand, un petit volume de *Méditations* poétiques; qu'il me faut une gravure à la rigueur; que je ne veux pas entrer dans le monde autrement que sous ses auspices; que je lui demande instamment cette gravure dont voici le sujet : un rocher sauvage et pittoresque dominant un lac ou une plaine, ou un fleuve ou une mer. Quelques arbres superbes sur le rocher, et la lune se levant par-dessus et éclairant tout cela d'un beau jour. Sur le rocher, debout, assise ou couchée, une figure de femme représentant la méditation ou l'enthousiasme avec ce vers gravé en bas du dessin :

Le désir et l'amour sont les ailes de l'âme.

C'est pour un grand in-octavo, comme tu peux en juger par la grandeur de la feuille que je t'ai envoyée. Quand sa santé lui permettra de le faire, je te prierai de le faire graver ou lithographier bien soigneusement, et la meilleure part de mon volume sera faite.

Je viens de faire une exécution terrible sur une partie d'un de mes ouvrages que j'aimais tant, *César* : j'ai anéanti ce qui était fait pour le refaire sur un plan français, et cela s'appellera *César et Caton*. Hors de ce sujet-là je ne connais rien au monde. Je porterai *Saül* à ces dames, si je le trouve arrivé à Mâcon, comme il doit l'être en effet.

J'espère que Vignet vous aura apporté le *Lazzarone*, et que, s'il y manquait de bonnes pages, tu pourras les lui fournir. Stimule un peu sa paresse. Ce sera un livre plus qu'il ne pense. Ce n'est pas la vérité qui y manquera, en dépit de mademoiselle Fanny, de madame de Beufvier, et de toutes les femmes généreuses qui veulent que l'on caresse le serpent qui nous ronge. Je suis en relations indirectes avec madame de Beufvier par son cousin, M. de Saint-Mauris. C'est un homme que tu auras du plaisir à mieux connaître. C'est au-dessus de M. de Sade, pour la chaleur de l'âme et autant d'esprit peut-être. Mon ami de deux mois, le prince de Léon se fait prêtre. Voilà-t-il de la foi! Il faudra que je te mette en relation avec tout cela et surtout avec l'abbé de Lamennais : c'est Pascal ressuscité, mais pas dans le *Conservateur*. Il m'aime, et il me traite on ne peut pas mieux, mais il est bien malade aussi.

Je te conseille d'écrire à Paris pour qu'on agisse dès à présent. Tu es très-bien noté, à ce qu'il m'a paru dans leurs propos. Ils se plaignent de tous, excepté de d'Agoult et de toi. Mais je te préviens qu'il faut faire semblant de pâlir sur les traités diplomatiques. Ils m'en ont donné, je ne sais combien. Je n'y pâlirai pas avant d'y être à coup sûr.

Adieu, je cause de loin, ne pouvant faire mieux. Que n'ai-je ma liberté et une chaise de poste dès aujourd'hui! je ferais mieux. Dis à Vignet que je n'ai rien à lui recommander que le *Lazzarone*, que je ne lui réponds pas parce que je le verrai. Je vous recommande à tous deux de vous lever matin et de vous promener beaucoup dans vos bois. Je vous vois d'ici étendus sur les larges canapés du salon immense de Lemps; que n'y suis-je tout transporté moi-même! Mais la route m'épouvante avec mon mal de cœur qui n'est tolérable que dans la parfaite tranquillité où je suis. Si j'avais à moi ce coin du monde, vous y viendriez, et je n'en bougerais plus.

Adieu, je souffre pour en avoir écrit si long. A revoir, et présente en attendant mes respectueux hommages à tout le salon de Lemps.

P. S. Je n'ai rien reçu encore. J'attendrai jusqu'à lundi, et, si rien n'arrive, je partirai mardi ou mercredi, à la garde de Dieu, comme on dit; et, si mon cœur n'est pas insupportable, je ne m'arrêterai que deux jours à Mâcon. Je brûle d'être là-bas. Ce qui me désole, c'est que vous n'y passiez pas l'été tout entier. C'est une chose terrible que d'aller et venir. Restons-y. Je viens de mander ton retour à madame de Raigecourt. Si tu reçois des lettres pour moi, gardez-les-moi.

CLXXXVIII

A monsieur le comte de Virieu

A son passage à Lemps.

Montculot, 13 mai 1819.

Aussitôt que tu seras arrivé, écris-moi deux mots pour m'en instruire à mon adresse à Mâcon. J'ai des choses à te mander; sans cela nous serions longtemps sans nous retrouver de correspondance. Adieu, je suis ici depuis huit jours, ni bien ni trop mal portant et prenant le lait d'ânesse. Fais-en autant.

Bonsoir, je ne pourrai pas aller te voir à Lemps. Je n'ai plus le sol et ne peux pas trop me transporter sans beaucoup de peines. Tu me manderas ton passage à Mâcon, et j'irai te voir et t'y recevoir. Madame de Sainte-Aulaire veut m'envoyer en Bavière à ta place, et toi à Naples. Mande-moi si cela est possible, et s'il me faudra bien de l'argent pour m'équiper et aller à Munich, ou si l'on me paierait mon voyage. Adieu.

CLXXXIX

A mademoiselle Éléonore de Canonge

A Tarascon.

Montculot, près Dijon, 15 mai 1819.

Votre lettre ne m'a rejoint qu'ici, Mademoiselle et chère amie, elle m'est arrivée hier; elle m'a consolé à moitié de mes nouvelles souffrances et de mes éternels ennuis. Vous en aurez reçu depuis une de moi où je vous mandais mon prochain départ de Paris, départ forcé par ma santé et quelques autres raisons aussi fortes, et qui a coupé court à ce que je pouvais espérer pour le moment dans ma chère diplomatie. Mais comment prendre une place dans un moment où l'on ne peut pas tracer huit lignes sans un effort surnaturel? Je n'y renonce cependant pas tout à fait, si mon cœur continue à aller mieux, et si mes parents se prêtent en quelque chose à ce que cela exige; mais j'ai bien peu d'espoir, surtout de leur côté.

Ne vous tourmentez donc pas, comme vous faites, de mon état. Je suis ainsi, il en faut prendre son parti avec fermeté, je suis accoutumé à le prendre tant bien que mal sur tout. La nécessité est un grand maître, il faut souffrir, il faut languir, il faut s'attendre à mourir ; nous sommes nés pour cela, pourquoi nous étonner? Il n'y a qu'un baume à tout cela, c'est la patience et l'espérance dans un meilleur avenir, dans une meilleure vie. Ne vous affligez donc ni de vos souffrances ni surtout des miennes : regardez tout cela comme une nécessité qu'il faut prendre telle qu'elle est, sans se tourmenter et se fatiguer à vouloir la changer. Nous ne pouvons rien sur nous-mêmes, les circonstances sont tout dans nos destinées, et les circonstances, qu'est-ce qui les amène, si ce n'est une volonté et une force supérieures à nous?

Je vous dis tout cela parce que votre lettre trop tendre m'a fait de la peine : vous avez bien assez de vos propres ennuis sans prendre trop à cœur les miens. Aimez-moi, plaignez-moi, mais ne vous rendez pas plus triste et plus malade vous-même par les maux d'autrui. Parlez-moi donc de votre grand œuvre ; à quand ce mariage? A quand le voyage à Aix? Je n'irai certainement pas, si ce n'est pour vous voir quelques instants si je me traîne jusqu'à Chambéry; je n'attends rien des eaux ni des médecins. J'attends du temps et de la patience, et je dépends de mes finances, que je suis obligé de ménager prudemment parce que si l'on venait à me nommer secrétaire d'ambassade en Italie j'aurais besoin de tout ce que je puis avoir pour les premiers moments, équipements, voyages, etc...

Je ne puis pas dire au juste quand je serai à Mâcon, mais je pense que cela sera dans trois semaines à peu près. En attendant, adressez-y toujours vos lettres; j'aurais peur, si elles venaient me chercher ici, qu'elles ne séjournassent en d'autres mains.

Adieu, excellente, rare, unique et chère amie. Heureux ou malheureux, bien ou mal portant, mon cœur et mon amitié seront à jamais tout à vous.

ALPH. DE L.

CXC

A madame la marquise de Raigecourt

Rue de Bourbon (Paris).

Dijon, 21 mai 1819.

Je profite, Madame, d'une matinée que je suis venu passer à Dijon, pour me rappeler à votre souvenir. Je suis dans une telle thébaïde qu'une lettre que je vous aurais écrite aurait couru le risque de rester huit jours sans arriver à la poste. Si le plaisir qu'on éprouve à s'occuper de ceux qu'on a quittés est un garant du souvenir qu'ils nous conservent eux-mêmes, je suis persuadé que vous recevrez de mes nouvelles avec intérêt et bonté. J'ai fait mon voyage péniblement et lentement, mais enfin je l'ai fait, et j'en suis complétement reposé; le lait d'ânesse, que je vais recommencer ces jours-ci, va achever de me remettre, non pas bien mais supportablement : un état supportable est tout ce à quoi une créature raisonnable doit prétendre; je ne prétends à plus en aucun genre.

J'ai trouvé ce matin, en arrivant, une lettre charmante de M. de Saint-Mauris. Ce qu'il me mande est triste, mais il le dit d'une façon si aimable, et je suis tellement accoutumé à tous les désappointements que, somme totale, la lettre m'a fait plus de plaisir que de peine. Je vous prie, Madame, de vouloir bien l'en remercier en attendant que je l'en remercie moi-même. Je n'aurai pas le temps de lui écrire aujourd'hui ; je repars tout à l'heure.

J'ai été d'abord alarmé de l'accident arrivé à madame de Beufvier sur la route de Neuilly, mais j'ai vu que cela n'avait pas eu de suites fâcheuses, et je vous en félicite avec bien de la joie. J'ai été, je vous l'avoue, bien aise aussi d'apprendre que vous ne partiez pas pour Bordeaux. Cela me donne l'espoir de vous retrouver, si un meilleur sort me ramène. C'est le plus grand plaisir que je puisse me promettre, et vous seriez la seule à ne pas me croire si je vous disais là-dessus tout ce que je pense et tout ce que je sens. Votre maison est une famille pour moi, et, ce qu'il y a de mieux, c'est une famille de choix et d'adoption. Je vous prie de parler de moi à tout ce qui la compose, je n'ai pas à me reprocher de n'y pas sentir tout ce qu'il y a d'aimable et de parfait. J'y pense tous les jours et plus d'une fois dans le jour, et je fais des vœux bien vifs et bien sincères pour que rien ne trouble votre repos. J'espère que ce beau printemps arrangera toutes les santés selon vos désirs et les miens.

Je n'ai pas besoin de recommander mes petits intérêts à madame de Beufvier. Je n'en parle que pour lui renouveler l'expression de ma reconnaissance. A ce sujet, si, entre elle et madame de Sainte-Aulaire, elles peuvent enfin corriger un peu mon insipide destinée, je paraphraserai en vers, pour ces deux dames, les litanies de la Providence.

Aymon devait venir à Paris, et puis il a changé d'idée. Aura-t-il changé encore? Je ne sais rien de lui, je n'ai reçu aucune lettre de personne que de M. de Saint-Mauris. Je suis dans le pur isolement, il faut que je me suffise totalement à moi-même. Je n'y réussis pas, je fais quelques méchants vers, que je n'écris pas, en me promenant tout le long du jour dans les bois les plus sauvages et les plus pittoresques du monde. Ah! si l'homme pouvait rendre seulement quelque ombre de ce qu'il sent dans la nature même inanimée, cela serait assez beau ; mais je crois que les belles images que nous recevons par les yeux s'altèrent et se décolorent en passant par l'entendement, et nous ne faisons que de pâles et ternes copies de ce divin original. Les hommes sont bien orgueilleux de parler de leur beau idéal, c'est la nature qui est le suprême idéal. Nous ne faisons que la gâter, et nous croyons l'embellir. Il y a plus de *poésie* dans le plus petit coin d'un de ses tableaux que dans toutes nos poésies humaines. Cela me désole et me console en même temps.

On vient m'interrompre au plus fort de ma divagation pour me rappeler qu'il faut déjeuner et partir. Je laisse à regret cette courte conversation avec vous, Madame, et je ne me console qu'en pensant que vous me permettrez de la reprendre. Daignez agréer et faire agréer tous les sentiments que je voudrais pouvoir vous peindre et le profond respect avec lequel j'ai l'honneur d'être, Madame,

Votre très-humble et obéissant serviteur,

ALPHONSE DE LAMARTINE.

CXCI

A monsieur le comte de Saint-Mauris

A Paris.

Montculot, 27 mai 1819.

C'est encore moi aussi, monsieur; mais si vous n'en êtes pas plus fâché que je ne l'ai été moi-même en vous retrouvant ce matin, il n'y aura pas d'excuses à se faire réciproquement. Aujourd'hui même une lettre de moi est arrivée à madame de Sainte-Aulaire. Je n'avais pas écrit plus tôt parce que je craignais qu'elle ne s'imaginât que je voulais lier une correspondance en règle avec elle, et que cela ne lui fît peur et ne la dégoûtât d'une protection qui lui aurait peut-être paru onéreuse. Je la presse le plus doucement possible de me faire envoyer à Munich ou en Italie. Si Aymon quitte décidément Munich, j'ai bien mal au cœur pour aller au Nord, mais s'il n'y a pas d'autres moyens d'entrer dans cette inabordable diplomatie, il faudra bien que je me trouve encore très-heureux d'aller succéder à Aymon en Allemagne, si on y veut de moi.

Quant au petit volume dont madame de Beufvier a la bonté de me faire parler, et que madame de Sainte-Aulaire croirait utile à mon placement, moi qui sais le fond du volume, entre nous, je n'en crois rien, et je pense qu'au contraire il serait plus sûr d'être placé avant. Vous savez que les espérances en fait de talent passent, comme en tout, les réalités. A supposer même qu'on trouve quelque chose dans une dizaine de ces *Méditations* que je publierais, on ne pourrait au fait y trouver qu'un talent de versification plus ou moins apprécié, car les choses par elles-mêmes ne sont rien. Une trentaine d'amateurs décidés liraient cela, et voilà tout : cela n'est pas de nature à faire le moins du monde bruit ou vogue, ce n'est pas un grand sujet, ce n'est pas du neuf, ou c'en est trop peu. Si, au contraire, on n'y reconnaît pas un talent vrai, cela dégoûtera madame de Sainte-Aulaire la première.

Que pensez-vous, entre nous, de tout cela ? J'ai travaillé un peu ces jours-ci, j'ai achevé deux ou trois *Méditations* qui n'étaient que des fragments, et j'ai un mal de cœur terrible pour si peu aujourd'hui. Cependant d'ici à un mois, je pourrais à la rigueur envoyer ce très-petit volume à l'impression. Je suis forcé d'en ôter une *Méditation* politico-poétique sur Rome qui ne me ferait pas protéger. J'y montre trop que le monde est gouverné par une grande force inconnue, aveugle, incontestable, tyrannique de sa nature, et non jamais par nos pauvres idées métaphysiques sur les gouvernements plus ou moins bons. C'est mon idée, je ne dis pas que ce soit la bonne, mais elle est vraie pour moi ; et elle ne convient pas à l'époque où les hommes veulent se faire dieux, et ne réussiront qu'à se faire culbuter sous leurs rêveries comme les géants sous leurs montagnes. Ce n'est pas l'idée de M. de Sade, ce n'est peut-être pas la vôtre, ce n'est pas l'idée des gens d'esprit, c'est celle des gens à instinct.

. Je ne puis pas trop remercier madame de Beufvier par votre organe, Monsieur, des conseils prudents qu'elle me fait donner et du zèle qu'elle met à ce qui me concerne auprès de madame de Sainte-Aulaire et de tout le monde. Vous voyez que naturellement vous devez prendre aussi beaucoup de cette reconnaissance pour vous :

j'en suis plus touché que je ne pourrais vous le
dire ainsi qu'à elle. Dites-lui, je vous prie, que je
n'ose pas lui écrire, mais que sans cela il y a longtemps qu'elle aurait eu de mes nouvelles. C'est
une terrible chose que les convenances en tout
genre, et nous en sommes tous plus ou moins les
victimes, mais les femmes plus que nous. Si nous
n'avions pas tant vu que la grande machine du
monde tenait à de petits préjugés, il faudrait faire
une croisade contre eux, mais c'est une bien plus
terrible chose que d'avoir et de voir en tout la raison d'un côté et l'expérience de l'autre, cela dé-
goûte du raisonnement; il y a longtemps que, pour
mon compte, j'y ai renoncé, et que je me suis réduit au pur rôle d'une machine sentante mais non
combinante. Je vous engage bien à faire de votre
mieux pour y parvenir. Cependant la perfection
serait de ne sentir ni penser. Peu de gens y par-
viennent, mais beaucoup en approchent plus ou
moins. Si vous lisez cela à madame de Beufvier,
elle se fâchera, et elle y aura plus de mérite qu'une
autre.

Si je pouvais écrire avec moins de fatigue de
cœur, j'enverrais aujourd'hui par vous, à madame

de Beufvier une petite ode en réponse à une sur le *Malheur* que je lui ai lue une fois. Je l'ai faite hier à contre-cœur pour y justifier la Providence que j'accusais ailleurs. Je pourrai ainsi mettre la première au rang de mes *Méditations*, et, sans réponse, cela ne se pouvait pas. Je pourrais encore lui envoyer une longue *Méditation* sur *Dieu*, que j'ai finie en faisant mon voyage romantique de Paris ici. Mais je ne dis pas cela pour me faire prier, parce que j'aimerais cent fois mieux en faire que d'en écrire. J'aurais bien besoin d'avoir quelqu'un ici à qui montrer mes vers ; quand je les fais, je ne ne sais jamais s'ils sont mauvais ou bons. Souvenez-vous de ma prière de m'en envoyer des vôtres. Si vous savez où est Aymon, je vous prierai aussi de me le mander quand vous me ferez le plaisir de m'écrire.

Vous me demandez des détails sur ma vie, les voici : Je me lève, je déjeune, je me promène dans les bois, je dîne, je me promène, et je me couche sans variation aucune. Tout cela entremêlé de la lecture de Montaigne et de Saint-Évremond, et de quelques vers bien rarement quand ils me tourmentent. Je ne m'en trouve pas mal, mais cependant pas trop bien. Je reprends le lait d'ânesse, et j'engage mesdames de Beufvier et de Raigecourt à en faire autant. Je compte rester dans ce désert encore un mois et repartir pour un autre, à moins que l'étoile de madame de Sainte-Aulaire ne me pousse ailleurs d'ici là. La voyez-vous à présent quelquefois? Je suis persuadé que vous vous plairiez beaucoup mutuellement. Priez madame de Beufvier de toujours me diriger du haut de sa sagesse. J'ai besoin d'un guide comme elle pour ne pas faire de lourdes sottises, je suis sujet à m'oublier moi-même, et je sais qu'elle n'oublie pas ; dites-lui qu'elle ne me laisse pas oublier par son amie, madame de Sainte-Aulaire. Je lui écrirai toutes les trois semaines. Savez-vous si M. Decazes prendra la place de M. Dessoles qui, à ce que je vois dans les journaux, prend celle de votre ministre? Cela serait bon pour nous.

Je suis désolé de n'avoir pas vu *Jeanne Darc*, d'après ce que vous m'en dites et ce qu'en dit le journal des *Débats*. Il me semblait bien avoir vu de beaux vers de M. d'Avrigny. Je regrette aussi la lettre de mademoiselle Fanny, que madame de Beufvier m'aurait montrée. C'étaient sans doute des conseils poétiques qu'elle avait la bonté de me donner, et je les aurais bien goûtés parce qu'ils partent d'une personne qui sent et comprend tout dans les arts. Mais cela ne sera pas perdu. Malheureusement il me faudrait à présent plus de force et de verve que de direction : je sens qu'il est trop tard pour faire rien de bon. Je voulais dix ans de santé, de trente à quarante, pour faire mon poëme de *Clovis*, et la nature ne me les donne pas. Je m'éteins dans les souffrances et les embarras de position. Je crois bien que le monde n'y perdra pas trop, mais j'y perds moi pour mon compte. Le poëte est comme Dieu :

> Il peuple l'infini chaque fois qu'il respire !
> Pour lui vouloir c'est faire, exister c'est produire !

et la production est grand plaisir, quels qu'en soient les résultats.

Adieu, Monsieur, je vous demande pardon pour la production de ce long rabâchage. Je me suis laissé aller au plaisir de causer avec vous sans façon, sans suite ; rendez-le-moi, et croyez à la parfaite amitié que m'inspire cette confiance.

ALPH.

CXCII

Au duc de Rohan

Montculot, 30 mai 1819.

Je ne me souviens pas de ce que je vous avais écrit, mon cher Auguste, dans le premier moment de mon arrivée ici; mais si dans ma lettre il y avait quelque chose qui annonçât de l'indifférence pour les sentiments de mes amis à mon égard, ou de moi vis-à-vis d'eux, cela n'était malheureusement que dans la lettre et nullement dans l'esprit. Je n'ai jamais été au point d'insensibilité où l'on n'aime, ni ne veut être aimé de personne sur la terre. J'avoue que je l'ai souvent désiré, car l'âme n'est vulnérable que par ses sentiments, et, si elle n'en éprouvait aucun, elle serait heureuse, elle ne serait pas. Si j'en étais là, je ne vous aurais pas écrit, je ne vous écrirais pas aujourd'hui, je n'aimerais pas à me reporter malgré moi vers un monde où il y a encore des êtres comme vous. Soyez persuadé qu'il ne faut pas prendre les gens malheureux par leurs paroles ; quand on est aigri par de longues suites de chagrins, on laisse souvent échapper des paroles amères qui ne prouvent encore que trop de sensibilité. Plus tard on ne dit plus rien.

Mais je ne m'en suis jamais pris aux hommes : je sais bien ce que sont les hommes, les aveugles machines de la Providence. Quant à vous et à quelques autres amis dans le monde, je vous regarde au contraire comme les gouttes de bien répandues çà et là dans cet océan de mal. Par une admirable compensation, cette Providence, qui m'a donné plus de mal qu'à un autre, m'a fait rencontrer davantage de ces consolations inespérées.

Je commençais à être inquiet de votre long silence. Le mien était forcé. Je ne vous ai pas dit adieu, et je vous en avais prévenu. Je ne vous ai pas écrit les premiers jours parce qu'il y a des situations dans la vie sur lesquelles il faut passer comme sur le feu, en courant et sans réfléchir. Il fallait partir, il m'en coûtait ; il fallait me décider fortement et laisser quelques jours sans relations avec ce que je laissais. Vous ne me comprenez peut-être pas, tant mieux pour vous! cela prouve que vous n'avez jamais passé par là. La vie est un horizon qui se développe à chaque pas qu'on y fait. Soyez sûr que, quelque esprit qu'on ait, on ne comprend pas tout quand on n'a pas passé par tout; et finissons mon excuse qui véritablement n'en est pas une, car je ne me reproche rien dans le fond du cœur, le cœur n'ayant pas été coupable en ceci.

Je vous écris aujourd'hui pour vous prévenir de ne plus m'écrire ici. Je comptais y être encore un mois, mais je reçois ce matin une lettre qui me force d'en partir. Je vais en Dauphiné, chez madame de Virieu. Cela me contrarie beaucoup pour ma santé qui se trouvait mieux de ce repos complet, et qu'un nouveau voyage de cinquante lieues n'arrangera pas, mais je ne puis pas hésiter. Je compte partir ces jours-ci, m'arrêter deux ou trois jours chez moi et repartir de là. Je vous prie de m'adresser vos lettres chez madame de Virieu, *au Grand-Lemps, département de l'Isère*. J'y serai vraisemblablement dans une douzaine de jours, ou très-près d'y arriver. Je commençais à faire quelques vers, à réparer quelques *Méditations*, mais je laisse tout là. Cela ne vaut rien. Il faut avoir du superflu pour produire, et mon esprit n'a pas le nécessaire. Il faut du repos, de l'espérance, un avenir; je n'ai rien de tout cela, et j'ai tout le contraire. Les méditations de Pascal me feraient mal au cœur à présent.

J'espère cependant encore un peu en votre jolie voisine, madame de Sainte-Aulaire. J'espère qu'elle déterminera M. Dessoles à m'employer; alors tout ira plus passablement, quoique je sois même condamné par là à vivre quelque temps éloigné de vous et des personnes qui vous ressemblent. Mais je m'arrangerai en trois ou quatre ans de manière à pouvoir passer le reste de mes jours plus près d'eux. Je m'amuse du matin au soir à faire tous mes calculs à ce sujet, et il ne me faut que quatre ans de la place qu'avait M. de Virieu à Munich; c'est peut-être celle que j'aurai. Que ceci ne vous passe pas.

Que je vous envie votre héritage pacifique dont vous vous mettez enfin en possession! Il fallait ajouter à toutes les béatitudes : heureux ceux qui croient! Elle les renferme toutes, et croyez-vous que, si je croyais comme vous le pensez, je balancerais à prendre mon parti? Qu'est-ce que je pourrais espérer de mieux? je vous le demande. Je me précipiterais dans cette source de vie, et j'y étancherais à jamais cette soif de justice et d'amour, que je n'espère jamais rassasier sur la terre. Mais je doute, je voudrais, je désire, j'espère, plutôt que je ne crois fermement. Cela ne suffit pas pour décider d'une vie. Il faut un motif en rapport avec les actions.

CXCIII

A mademoiselle Éléonore de Canonge

Tarascon.

Montculot, 6 juin 1819.

Je vais me rapprocher de vous, Mademoiselle et chère amie, je pars ce soir pour les environs de Grenoble, où un de mes amis malade m'appelle et m'attend ; je comptais passer encore un mois dans cette charmante solitude, mais la nécessité en décide autrement ; j'ai tant reçu de marques de dévouement de la part de mes amis que je dois plus que personne trouver de la douceur à leur en rendre quelques faibles marques moi-même. Je me hâte de vous en prévenir afin que vous ne m'écriviez plus ici mais à l'adresse ci-jointe. Je dois vous prévenir que la dernière lettre que vous m'avez écrite à Mâcon s y est égarée, ma mère me le mande, y avait-il quelque chose d'important ?

Je vous dirai que j'ai été voir deux fois Virginie.

Elle a été charmante. Je la verrai encore en passant. Son père n'a encore rien obtenu, et cela ne paraît pas prochain; M. de Girardin ne l'a pas flatté d'une espérance bien fondée.

J'ai vu les sœurs de Virginie, mais je n'ai rien vu qui la valût : elle est embellie, elle est pleine d'esprit et de sens. Elle fait honneur à la courte éducation que mademoiselle Éléonore lui a donnée; et ce qui m'a plu par-dessus tout, c'est qu'elle vous aime comme tout ce qui a pu vous connaître intimement peut le faire. Nous avons parlé de vous, et puis de vous, et toujours de vous; elle voudrait bien vous revoir, et moi aussi, et passer quelques bons mois les uns près des autres. Mais quand cela se pourra-t-il? Il n'y a que vous de libre, nous sommes, nous, des victimes des circonstances, nous n'avons que nos désirs à nous. Cependant, si on ne m'envoie rien de Paris, qui y nécessite mon retour, je pourrai, j'espère, trouver quelques moyens de vous poursuivre cet été, soit à Aix, soit du moins à Lyon.

Donnez-moi donc enfin la nouvelle tant désirée que ce mariage est fini, et que vous êtes plus tranquille et mieux portante. Je ne vais pas mal pour mon état présent. J'ai de bons jours, je travaille quand cela vient. Je menais ici une bonne vie d'ermite, et je n'y avais pour me charmer que le souvenir de mes amis et surtout le vôtre. Je désire que cet état supportable continue et s'affermisse.

J'ai soif de vous voir : mandez-moi tous vos projets, si vous en avez de fixes. Mais Virginie prétend que non, et que la Providence a eu tort de vous rendre libre parce que vous prodiguez votre liberté au service de tout ce que vous aimez, et vous aimez beaucoup. Pourquoi n'étiez-vous pas là? Nous aurions retrouvé Aix, et nous aurions été même plus gais qu'alors. Il vous faut pour être gais : Virginie voit trop dans l'avenir et moi trop dans le passé, vous adoucissez toutes nos teintes trop rembrunies. Mais me voilà au bout de ma feuille. Adieu, chère et parfaite amie, je vous quitte pour faire mon porte-manteau. Adressez-moi vos lettres sous enveloppe à cette adresse : *M. le comte de Virieu, au Grand-Lemps (Isère)*, et que vos lettres soient cachetées sous l'enveloppe.

Adieu encore.

CXCIV

A monsieur l'abbé Dumont

Curé de Bussières.

Mâcon, mercredi 9 juin 1819.

Je passe à Mâcon seulement vingt-quatre heures, Monsieur et bien cher ami. J'ai demandé de vos nouvelles : on m'a répondu que cela n'allait pas mieux que moi. J'en suis désolé. Quand donc irons-nous mieux l'un et l'autre ? J'unis souvent mes pensées comme mes souffrances aux vôtres. Puisse le ciel enfin unir une fois nos félicités ! s'il nous en réserve ; mais j'ai bien peur que nous n'en trouvions que dans un monde mieux administré.

J'ai trouvé moyen de vous avoir un abonnement au *Journal des Débats*, sans peine, et je trouverai celui de vous le faire continuer, j'espère. Je tâcherai aussi d'y faire joindre bientôt *le Conservateur*, si cela se peut. Vous recevrez ces jours-ci les *Débats*. Je m'en vais au Midi pour quelque temps encore. Et je me retrouverai avec bien du plaisir au coin du feu du plus ancien de mes amis. Adieu.

CXCV

A mademoiselle Éléonore de Canonge

Tarascon.

Lyon, 11 juin 1819.

Je vous écris de Lyon, ma chère amie, où je suis pour un jour avec un de vos anciens amis, M. de Larches. J'ai trouvé votre adorable lettre en passant à Mâcon. Que vous êtes toujours et toujours plus aimable, meilleure et plus tendre avec vos amis ! Je suis en route pour le Dauphiné, je pars demain. Je vous écrirai au long de là dans quelques jours. Je n'ai que le temps et la force de vous donner mon adresse *chez le comte de Virieu au Grand-Lemps (Isère)*.

Adieu, adieu.

CXCVI

A mademoiselle Éléonore de Canonge

Tarascon.

Grand-Lemps, 15 juin 1819.

Je vous ai écrit, chère amie, seulement un mot de Lyon où je n'étais qu'en passant et très-fatigué. Je me réservais de prendre ma revanche d'ici où je suis tranquillement installé pour un mois environ. J'avais trouvé une lettre de vous à Mâcon, toujours plus tendre, plus amicale, plus aimable : il n'appartient qu'à des cœurs faits comme le vôtre de sentir leurs affections se réchauffer et se nourrir par le temps et l'absence qui les éteignent ou les affaiblissent dans les âmes vulgaires. Le mien, je le dis sans modestie, est aussi de cette nature, et cela a été jusqu'ici malheureux pour moi ; peut-être cela fera-t-il ma consolation dans l'avenir, car enfin on dit que tout change. Jusqu'à présent, je n'ai vu que des variations et point de changement suffisamment satisfaisant dans le monde.

Vous avez, en effet, une partie de mon secret : je désire décidément être nommé secrétaire d'ambassade. J'en ai une espérance fondée, mais à une époque malheureusement encore incertaine. Si je réussis, je serai encore beaucoup mieux et à peu près bien sous les rapports d'existence et de fortune.

Je suis ici avec M. de Virieu qui revient de Munich d'auprès de votre ami M. de La Garde. Je voudrais bien le remplacer, mais gardez-vous de lui en parler, parce qu'il en désire toujours un autre que nous espérons qu'il n'aura pas mais pour lequel il se croira obligé de faire des démarches. Je n'ai pas vu Virginie à mon départ précipité de Dijon, j'y passais à quatre heures du matin, c'est une heure trop indue pour une jeune beauté. J'ai à vous un petit manuscrit de madame de Staël, que faut-il en faire ? Il serait possible que je retournasse à Paris avant six semaines pour me montrer encore en pure perte. Cela me contrarierait bien et me ferait manger encore des économies nécessaires pour la suite. Je voudrais bien attendre tranquillement ma nomination, mais on dit qu'on oublie à Paris plus qu'à Tarascon.

Adieu, chère et aimable amie, il y a à présent assez de jours passés sur notre liaison pour qu'elle mérite à jamais ce doux nom d'amitié que vous sentez et inspirez si bien. Vous pouvez compter éternellement sur la mienne, elle m'est à présent suffisamment démontrée à moi-même. Écrivez-moi, j'ose vous en prier, ici une ou deux fois et ensuite à Mâcon. Je vous instruirai au reste de mes excursions. Soyez heureuse et faites des heureux! c'est là votre destinée en ce monde. La mienne est de vous aimer et de vous apprécier comme vous le méritez. A quand la noce? Je ne vois que des gens qui me parlent de vous, à Mâcon, à Lyon et ici.

ALPHONSE.

CXCVII

A monsieur de Genoude

Grand-Lemps, 26 juin 1819.

Quel plaisir, mon cher Genoude, de voir ce matin sur la table du déjeuner une écriture et un timbre qui m'ont tout de suite annoncé que c'était vous! Votre lettre est arrivée à propos, car j'avais commencé hier une lettre moi-même, que je vous avais adressée chez le duc de Rohan, et qui ne vous aurait plus été dans votre nouvelle position.

Hélas! oui, nous voilà disséminés aux quatre coins de la France, nous qui voulions nous réunir! C'est ainsi que va toujours cet exécrable monde que vous êtes assez bon pour excuser, parce que vous le voyez à travers un voile d'espérance dont la foi l'enveloppe à vos yeux; mais moi qui le vois dans toute son horreur véritable et qui ai senti plus qu'un autre tout ce qui lui manque, que voulez-vous que j'en dise?

J'étais dans ma solitude absolue auprès de Dijon,

et je comptais y rester longtemps encore, quand une lettre de madame de Virieu m'a appelé subitement ici, dans votre patrie, où son fils, mon ami, venait d'arriver dans un état fort alarmant. J'y suis accouru, et j'y reste auprès de lui tant que je pourrai lui être agréable. Il va mieux. Il repartira pour Paris quand il aura de la force et me remettra en passant chez moi où je resterai à la campagne jusqu'à ce que quelque chance plus riante du destin me pousse à quelque chose. Voilà mon histoire présente et future que je vous donne pour que vous ne m'écriviez plus qu'une fois ici et ensuite à Mâcon, Saône-et-Loire.

Maintenant, causons de vous. Je vous envie d'être avec M. de Lamennais, et, si Saint-Malo n'était qu'à cinquante lieues, j'irais certainement vous y voir et achever avec votre hôte célèbre une connaissance à peine ébauchée et que je désirerais si fort cultiver davantage. Je ne le connais que par son génie, par cette partie de lui-même qu'il a livrée aux disputes ou à l'admiration de son siècle; mais je serais bien plus fier et plus heureux de le connaître par cette partie plus intime qu'un grand homme ne communique qu'à ses amis, et, quoi que les sots, qui ne savent lire que ce qui est écrit, en puissent dire, j'ai toujours pensé qu'un grand écrivain valait encore mieux que son plus beau livre, et vous êtes mieux placé que personne pour être de mon avis.

Mais que faites-vous là-bas? Persistez-vous dans le projet d'entrer dans la lice périlleuse où vous deviez suivre notre duc? Y avez-vous déjà fait le premier pas? Avez-vous remis à d'autres temps? Instruisez-moi, je ne sais rien. Le duc de Rohan m'écrit rarement et ne m'en dit rien. Il me mande qu'il est heureux; l'êtes-vous autant vous-même? Quels projets avez-vous? Ou bien êtes-vous comme moi, et n'en avez-vous point du tout?

Depuis quelques jours, toute cette maison était occupée de vous. J'y avais parlé des *Psaumes*, on les a fait venir de Lyon. On en lit un peu chaque jour: les juges sont délicats, et tout le monde est de mon avis, on est pleinement satisfait, on s'enthousiasme. Nous venons d'en demander quatre nouveaux exemplaires pour des Savoyards qui en veulent aussi. Soyez sûr que, dès que cela aura pu être goûté, cela sera dévoré. Tout le monde le pense ici, et tout le monde attend *la*

Bible, et s'étonne d'une entreprise aussi vaste et aussi supérieurement ouverte. Vous l'achèverez et vous jetterez ainsi un fondement immense à vos travaux et à votre réputation, réputation dont je ne vous parle que comme moyen et non comme but. Vous qui sentez ce que c'est que la vie, vous sentez assez ce que c'est que la gloire. C'est là le véritable rêve d'une ombre de Shakespeare.

Travaillez-vous où vous êtes? Quant à moi, quand mes souffrances me laissent quelques journées supportables j'en consacre quelques heures à la poésie. J'ai fait quelques nouvelles *Méditations* que je voudrais bien soumettre à M. de Lamennais et à vous ; mais je ne suis pas assez bien pour déployer toutes mes ailes et me remettre dans mon *Clovis*. J'espère cependant que, si ma position devient plus tranquille, ma santé reviendra plus vite, et, loin d'étouffer la verve de l'âme dont vous parlez, je la réchaufferai alors de mon mieux. J'ai de plus en plus l'espérance d'être employé dans la diplomatie, et, jusqu'à ce que je n'aie plus une lueur d'espoir de ce côté, je n'essaierai pas de rien publier. La réputation de poëte est la pire de toutes aux yeux des hommes qui possèdent ce monde matériel. Mais, quel que soit mon goût pour me lancer uniquement dans le monde moral, il y a une nécessité despotique qui est la dernière des raisons pour les individus comme pour les empires. Celle-là me commande.

Adieu. Que je voudrais être avec M. de Lamennais et vous pendant quelques mois! J'y gagnerais beaucoup, surtout si vous pouviez faire descendre dans mon âme autant de lumière que j'y sens de chaleur surabondante. Adieu encore. Aimez-moi de votre mieux. Demandez pour moi un léger souvenir à M. de Lamennais dont nous nous occupons souvent ici, et comptez à jamais un ami de plus en moi.

ALPH. DE LAMARTINE.

CXCVIII

A monsieur le comte de Saint-Mauris

Paris.

Lemps, 26 juin 1819.

Je sentais péniblement votre silence beaucoup trop discret, Monsieur et cher ami, et j'étais sur le point de vous écrire pour vous le reprocher lorsque votre lettre m'est arrivée. J'en ai lu une partie à ces dames et à Aymon qui m'ont chargé de vous remercier de votre souvenir, et qui comptent le plaisir de vous revoir à Paris parmi les plus doux qu'ils se promettent. Vous avez bien raison d'envier mon bonheur de passer quelques instants en si excellente et si aimable compagnie, c'est un bonheur que je sens complétement : la société est ici d'une douceur et d'une facilité qui ne peut être comparée qu'à celle où nous nous sommes connus. Notre tranquillité n'est troublée que par les inquiétudes que nous donne souvent la santé d'Aymon, qui est tour à tour très-alarmante et très-rassurante. Nous espérons que ces alternatives de bien et de mal sont elles-mêmes un caractère de la nature de sa maladie plus tranquillisant. Malgré son état de faiblesse il compte toujours partir incessamment pour Paris, il n'attend pour cela que la force de se mettre en route, mais il ne peut pas encore assigner un terme positif à cette incertitude. Ces dames n'iront, je crois, à Paris que quelques jours plus tard, et moi j'accompagnerai Aymon jusqu'à Dijon, à moins que d'ici-là les espérances que je nourris ne deviennent des réalités.

Vous m'avez fait un plaisir inexprimable en me transmettant l'espèce d'assurance que M. Mounier a donnée à madame de Montjoie. Je vous prie de témoigner toute ma reconnaissance à madame de Montjoie de la bonté qu'elle a eue de songer à me faire annoncer par vous cette bonne nouvelle. Je suis convaincu que ce qu'elle a bien voulu dire à M. Mounier aura contribué à réchauffer un peu son souvenir pour moi, et, si vous pensez qu'il n'y ait pas d'indiscrétion à la prier de parler encore de moi lorsqu'elle en trouvera l'occasion, j'ose vous prier vous-même, Monsieur, de vouloir bien le lui demander de ma part en lui offrant mes remercîments et mes respectueux hommages.

Sans doute je désirerais beaucoup que la place que j'obtiendrais me conduisît au Midi et fût aussi utile à ma fortune qu'à ma santé, mais il est pour moi d'une telle nécessité d'être placé, que je me trouverais encore très-heureux de l'être dans un climat moins favorable : j'aurais toujours l'espoir et plus de facilité à aller au même titre ensuite en Italie, vraie patrie des poëtes et des malades. Si Aymon obtient lui-même d'y être envoyé, je ferai tout ce que je pourrai pour le remplacer à Munich, cela serait achevé pour un débutant comme moi. Voyez-vous à présent madame de Sainte-Aulaire? J'ai peur qu'elle ne m'oublie tout à fait. Si vous pouviez me faire quelquefois rappeler à elle, vous me rendriez un service d'ami. Vous voyez que je vous traite comme tel, bien convaincu que je ne me trompe pas et qu'en général tous les sentiments vrais sont réciproques.

Je sens comme vous que la liberté est le premier besoin d'un poëte, et que je vais en aliéner une précieuse partie; mais la nécessité est elle-même le plus impérieux des despotes et la dernière raison du destin, contre laquelle il n'y a pas à contester. J'espère même ainsi devenir plus libre, plus tranquille et mieux disposé pour travailler que je ne le suis dans mon indépendance apparente.

Quant à l'impression de mon volume de *Méditations*, je serais de votre avis si j'avais la certitude funeste que je ne serai pas placé ; mais tant qu'il me restera une lueur d'espoir, je balancerai à me mettre au jour uniquement comme poëte : c'est un titre défavorable auprès des hommes qui possèdent ce monde matériel que de s'occuper de notre monde idéal, et ils me rejetteraient à jamais s'ils savaient que j'aie fait un vers sérieusement. Si je suis une fois secrétaire d'ambassade et dans une position plus indépendante, je me lancerai alors sans timidité dans cette carrière où je me sens poussé, quoique, à vous parler franchement, je n'y espère pas de bien grands succès; mais c'est là un des signes de cette vocation que vous définissez si bien, de faire les choses pour elles-mêmes et sans en calculer les résultats : il faut écrire comme on respire, parce qu'il faut respirer, sans savoir pourquoi.

Malgré la résistance que vous opposez à mes

désirs de voir quelques-uns de vos vers, je le désire encore ; et j'espère que vous ne refuserez pas de m'en envoyer quelques fragments, surtout si vous n'y avez pas renoncé totalement et que vous en fassiez encore avec plaisir. Je vous promets la plus complète discrétion. Je me suis un peu remis au travail moi-même, et j'achève quelques grandes *Méditations* depuis longtemps ébauchées. Ma santé se trouve mieux du bon air et de la douce société de Lemps, et je ne lui demande que quelques moments dans la matinée. Si je ne dois pas vous revoir bientôt, je vous enverrai et vous soumettrai quelques petits morceaux du genre de celles que vous avez, et je vous prierai d'en offrir ce que vous y trouverez de plus présentable à madame de Montjoie, puisqu'elle a aimé la première.

Pourquoi y a-t-il si loin de Lemps à Paris, et ne pouvez-vous venir passer vos journées dans ce vaste salon où nous passons les nôtres nonchalamment couchés chacun sur un canapé, tandis que mademoiselle Fanny nous donne le bel exemple de travailler sans relâche et de faire tous les jours de nouveaux prodiges ! Nous sommes ici trois amis réunis, outre les amis de fondation de la maison.

J'y parle souvent de vous, et ce monde vous conviendrait autant que vous lui conviendriez vous-même.

Rappelez-moi à M. de Sade dont le nom revient souvent aussi dans nos soirées. Je vais vous donner une petite commission dont je vous demande d'avance mille fois pardon. C'est pour une personne qui est ici avec nous et qui m'en charge. Je comptais en charger moi-même M. de Lamennais, mais je reçois à l'instant une lettre de lui, qui m'annonce qu'il est à Saint-Malo. Vous seriez bien bon de passer un de ces jours au bureau du *Conservateur* chez Lenormand, rue de Sèvres, et d'y prendre un abonnement pour le volume qui va paraître, au nom de madame de Butet, à Bonneville, en Savoie. Elle était déjà abonnée aux trois précédentes livraisons. Je crois que cela coûte 16 francs qu'Aymon vous remettra de ma part à son arrivée à Paris, ou que je vous ferais porter par quelqu'un s'il n'y allait pas. Vous voyez que je vous traite déjà en vieille connaissance, car je sais ce que c'est que l'ennui d'une commission à Paris. Pardonnez-moi celle-là, et recevez l'assurance toujours plus sincère d'une vive et constante amitié.

ALPHONSE DE L.

P. S. Si vous voulez bien y joindre pour moi *Jeanne Darc,* par la poste, je vous serai bien obligé, pourvu cependant que vous pensiez qu'elle en vaille la peine, et qu'elle puisse arriver avant le 8 ou le 10 du mois prochain ici. Car sans cela nous n'y serions peut-être plus.

CXCIX

A mademoiselle Éléonore de Canonge

A Tarascon.

Grand-Lemps, 27 juin 1819.

Quand cette lettre vous arrivera, Mademoiselle et chère amie, le grand œuvre sera consommé, du moins je l'espère, et vous vous reposerez enfin, non pas sous vos lauriers, mais sous les myrtes de vos deux charmants époux. Vous êtes dans un climat où les beaux vers ne vous auront pas manqué, le Midi est la terre natale des épithalames. Comment serez-vous sortie de cet infernal embarras des dîners, des toilettes, des cérémonies? Il me tarde de le savoir pour être plus en repos que je ne le suis sur votre santé. Il semble que nous n'avons à nous deux qu'un bon génie : quand je suis bien, vous êtes plus mal; quand je suis plus mal, vous êtes mieux; il nous visite tour à tour, mais je voudrais qu'il vous visitât plus longuement que moi : ma vie ne sert presque à rien, pas même à moi-même, la vôtre est nécessaire à tant d'autres êtres !

Rassurez-moi donc promptement sur vos nouveaux tourments, et endormez-vous ensuite sur le bien que vous venez de faire. Remettez le reste entre les mains de l'avenir, de la fatalité, de la Providence, nous n'y pouvons rien ; qu'elle s'arrange et achève ce que vous avez si bien commencé. Voilà mes vœux pour aujourd'hui : souhaiter du bonheur à ce qui vous entoure, c'est vous en souhaiter à vous-même, car les trois quarts de votre existence sont dans l'existence d'autrui. Rassurez-vous donc aussi sur mon propre compte, je suis mieux de jour en jour, les intervalles de bien sont plus longs et plus complets, ceux de mal sont plus rares et moins pénibles. Qu'il m'arrive seulement un petit état supportable de fortune et d'existence, et je ne douterai plus d'un rétablissement dont je devrai le principe à vos conseils et à votre amitié !

Ma marche est tout à fait subordonnée à des événements indépendants de ma volonté, à la santé inquiétante de l'ami chez qui je suis, aux nouvelles que je puis d'un moment à l'autre recevoir de Paris. On me mande, encore hier, que le ministre a dit à quelqu'un à côté de qui il dînait, et qui lui parlait de moi, que son intention était certainement de m'employer, et qu'une des premières vacances dans les secrétaires d'ambassade serait pour moi. Mais je sais combien ces vacances sont rares, combien il est difficile d'être envoyé au Midi, et combien les paroles de ce genre sont fugitives quand on n'est pas là pour les rappeler souvent ; et cependant je suis déterminé à ne pas aller manger peut-être en vain mon peu d'aisance à Paris avant d'avoir une certitude absolue, c'est-à-dire une nomination. Vous voilà au courant comme moi de mes projets et de mes circonstances.

En attendant nous menons ici une vie douce et paisible, dans un bon château plein de bonnes gens et de personnes à talent. Chacun travaille dans son genre aux quatre points d'un immense salon où nous sommes dès huit heures du matin ; nous avons force livres et journaux de toutes les langues et de toutes les couleurs; rien ne nous troublerait si la santé de M. de Virieu, mon ami, ne nous donnait de temps en temps de vives alarmes sur sa poitrine. Cela va cependant un peu mieux depuis deux ou trois jours, mais nous n'osons pas décider que ce mieux soit une complète guérison : ces maux-là sont si lents et si variables qu'on craint sans cesse de se flatter à tort. Ces craintes empoisonnent beaucoup nos moments de gaîté. Je ne crois sincèrement pas possible d'aller à Aix, au moins avant septembre où je pourrais peut-être aller voir ma sœur à Chambéry. D'ailleurs, je vous dirai que ce pays me rappelle de trop pénibles souvenirs, et que je le reverrai le moins possible : il faudrait votre présence pour me forcer à y remettre les pieds. Adieu, adieu, je suis au bout de ces trop courtes pages, mais c'est trop peut-être pour un lendemain de noce. Aimez-moi comme je vous aime.

ALPHONSE DE L.

ANNÉE 1819.

CC

A mademoiselle Éléonore de Canonge

A Tarascon.

Grand-Lemps, 15 juillet 1819.

Votre dernière épître est venue me chercher à Chambéry, Mademoiselle et chère amie; j'y avais été passer huit jours pour voir un peu comment se trouvait ma sœur. J'ai été très-content de mon voyage, et me voilà revenu ici encore au moins pour une quinzaine et peut-être plus.

J'ai bien partagé votre joie et votre repos après ce grand œuvre fini, mais je m'inquiète à présent du plus grand œuvre encore que vous commencez. Si je connaissais le futur, je vous donnerais peut-être un conseil, mais, dans la position où nous sommes, je ne puis malheureusement pas vous en donner de suffisamment éclairé. Mais vous êtes la sagesse et la prudence même, conseillez-vous vous-même. Je ne vous recommande qu'une chose, c'est de ne pas écouter trop votre complaisance pour les autres et votre extrême bonté naturelle, dans un cas de cette importance. Il faut tout faire pour les autres dans ce monde, mais il ne faut se marier que pour soi. Si votre cœur vous y porte, et que vous y voyiez un bonheur facile et probable, faites, mais autrement rien par déférence aux idées d'autrui. Qui sait mieux que vous ce que c'est que la liberté, à moins qu'on ne l'échange contre un bonheur certain!

J'espère que vous me tiendrez au courant de vos idées et de vos déterminations à ce sujet, et que, dans tous les cas, l'affection conjugale ne prendra pas toute la place dans ce cœur où il y en avait de si bonnes pour vos amis.

Parlons de matières moins graves. Si vos oranges étaient arrivées ici, elles nous auraient fait en vérité grand plaisir, mais songez qu'il est tard, qu'il fait chaud, et qu'elles n'arriveraient peut-être pas bien saines à leur destination; ainsi ne les envoyez pas, si elles ne sont pas encore parties; si par hasard elles étaient parties, vous pourriez mander à votre commissionnaire de les faire remettre, pour M. de Virieu, chez Josset, place aux Herbes, à Grenoble. Mais ne les faites pas partir si elles ne le sont pas. M. de Virieu est aussi sensible que moi à cette marque de bonté de votre part, et nous sommes tous deux aussi reconnaissants que si nous avions sucé les oranges, il n'y a pas de jus d'orange qui vaille une marque de souvenir d'une amie comme vous.

Votre mécompte pour mademoiselle Séron m'a été aussi sensible qu'à vous. Pourquoi n'avez-vous pas la puissance de la Providence, comme vous en avez la bonté! le monde serait mieux arrangé ou du moins plus vite.

Adieu, chère amie. Je n'ai aucun projet de départ pour Paris. Je vous rends grâces pour ce que vous me dites à ce sujet, mais j'espère pouvoir attendre ma nomination chez moi. Je le préfère à aller encore courir et dépenser, peut-être en pure perte, à charge à mes amis et à moi-même. Que le destin m'arrange et s'arrange comme il l'entendra! Je prends mon parti sur tout. Ma santé n'est pas si brillante ces jours-ci, j'ai mal au foie de nouveau; j'attends les raisins pour achever de me guérir.

Adieu, adieu.

CCI

A mademoiselle Éléonore de Canonge

Tarascon.

27 juillet 1819.

Les oranges sont arrivées excellentes, mais rendues meilleures encore par la pensée de celle qui nous les a adressées. M. de Virieu s'unit à moi pour les remercîments, comme il s'unit à moi pour les manger. Mais nous vous prions de ne pas renouveler l'envoi pour mille raisons, et entre autres parce que nous partons samedi 30 juillet pour Chambéry encore, et pour Aix qu'on nous ordonne impérieusement huit à dix jours à tous les deux, en dépit de l'ennui et de la fatigue que cela nous cause. Il faut y aller prendre une douzaine de bains. Si du moins cela s'était trouvé au moment où vous y serez ! mais il y a du guignon. Cependant vous y arriverez peut-être le jour que nous en partirons. Il serait encore possible que je reçusse samedi une lettre qui entrave ce voyage et me rappelle à Mâcon pour un de mes oncles qui donne quelques inquiétudes sur sa santé. Je saurai cela samedi matin.

Je ne vous écris donc que ce peu de lignes aujourd'hui, seulement pour vous remercier des oranges et surtout de cette amitié durable, tendre et parfaite, dont je sens de jour en jour mieux le prix, et dont les expressions me rendent vos lettres si délicieuses à recevoir.

Je partage bien aussi vos perplexités du moment : je vous ai écrit ce que je pouvais penser là-dessus. Que le sort fasse le reste et que vous soyez heureuse! voilà tout ce qu'il m'en faut. Vous le serez, je l'espère, si il y a un peu de justice dans le monde; mais il n'y en a guère d'apparente.

Je voudrais bien vous envoyer des vers, mais, depuis que j'ai repris mes douleurs de foie, je ne puis plus écrire, et je n'ai rien ici d'imprimé. Je vous enverrai tout cela à la fois quand j'aurai quelque force pour transcrire.

Ce que vous me dites du bonheur de vos deux jeunes époux me cause un grand plaisir, parce que je pense au vôtre. Votre responsabilité est à couvert. Adieu, chère amie, souvenez-vous que nous partons après-demain et que je ne sais pas encore où j'irai ensuite. Ainsi ne m'écrivez pas que nous ne nous soyons revus, ou que je ne vous aie écrit moi-même.

Votre ami à jamais.

ALPHONSE.

CCII

A madame la marquise de Raigecourt

Aix-les-Bains, 19 août 1819.

Nous sommes ici, Aymon et moi, Madame, et c'est là que votre lettre d'hier est venue nous chercher. Nous avons regretté Plombières, mais ce n'est que pour vous et non pour les eaux : nous serions des ingrats de rien préférer à celles-ci qui nous ont guéri autant que nous pouvons l'être. Nous les quittons dans trois jours. Je conduis Aymon jusque chez madame de Quinsonnas, et là nous nous séparerons pour une autre éternité. Il va à Florence incessamment, et moi, si madame de Sainte-Aulaire ne parvient pas à m'envoyer à Munich, je reste où je serai, sans terme et sans projet que celui d'oublier la vie le plus possible et de laisser couler les jours sans les employer ni les compter. Je ne veux plus rien demander à des ministres aussi sourds que des rochers et aussi fugitifs que l'ombre. J'ai fait ce que j'ai pu, je m'absous moi-même, ça ne sera pas ma faute si ma destinée n'est pas selon mes désirs; mais je la rendrais pire en m'agitant davantage, comme les marais où l'on s'enfonce plus en se remuant davantage.

J'ai écrit hier à madame de Sainte-Aulaire pour la remercier, la ranimer, l'exciter; mais j'ai bien peur que ma lettre n'arrive trop tard et que Munich ne soit donné avant qu'elle n'ait eu le temps de faire agir à Paris. Quant à moi, je n'y vais pas parce que cela ne m'est pas possible, et je vais être bien des années peut-être sans aller reprendre cette chère place autour de votre table, entre madame de Beufvier et vous. C'est tout ce que j'y regrette, mais ce sont malheureusement des regrets qui ne s'affaibliront pas par le temps. Votre amitié m'a accoutumé à des douceurs que je ne retrouverai jamais ailleurs. Je trouve bien encore des gens qui m'aiment, mais je n'en trouve pas que je puisse aimer autant moi-même, et c'est là l'important.

Vous voyez que je vous rends confession pour confession, orgueil pour orgueil. Au reste je ne ferai même pas de comparaison, car je veux m'ensevelir de plus en plus dans la retraite absolue et ne plus voir que mon curé qui se meurt. Je sens que j'ai assez des hommes, je n'en puis plus supporter davantage. Je ne leur en veux pas, mais ils m'ennuient et me dégoûtent. Je voudrais un pays habité par autre chose, puisqu'on ne peut pas à toute force réunir et conserver dans celui-ci une douzaine seulement d'êtres de son choix et se faire avec eux un monde dans un autre monde. C'est une espèce de sentiment que vous avez dû bien souvent aussi éprouver, Madame; mais la foi vous donne de l'espérance, et avec de l'espérance on se résigne, Pour moi, je ne me résigne plus, mais je veux m'envelopper tout à fait dans une indifférence universelle, et m'endormir ainsi, si je puis, jusqu'au jour où nos doutes seront éclaircis sur tout. Ce monde ne vaut pas un autre sentiment. Il ne signifie rien, attendons l'autre.

Ce que vous me dites de M. Raoul devrait me faire de la peine d'après nos idées, car tout annonce en lui un homme qui aura les tristes facultés de voir et de sentir avec plus de force et de délicatesse qu'un autre. Sa figure seule le dit clairement. En fait d'éducation, je crois qu'il faut savoir précisément ce qu'on veut. Veut-on faire de son fils un homme vertueux et heureux? Bien loin de développer, il faut amortir son imagination et rétrécir autant que possible le cercle de sa pensée et de sa sensibilité. Veut-on en faire un homme propre aux grandes choses et à combattre avec succès contre les hommes et sa position? Il faut suivre nettement le système opposé, il faut exciter, stimuler, niveler sans cesse les bonnes et même les mauvaises facultés de son âme, et le lancer de bonne heure seul contre tous dans les rapports de la vie sociale. C'est là qu'il se formera lui-même et qu'il sera forcé d'étudier les autres pour en tirer parti.

En suivant le système intermédiaire, ce que l'on fait ordinairement, on fait des hommes tels que nous les voyons : un composé bizarre de bons désirs et de mauvaises actions, conciliant le plus possible leurs vertus et leurs vices, leur bonheur et leur ambition, médiocres en tout et courant au hasard toutes les chances de leur destinée. Alors c'est la destinée qui les élève elle-même plus tard, et tout ce qui était proprement éducation a été un temps perdu. Cependant avec tous ces désavantages il paraît que cette dernière manière est encore la plus sûre, tant ce monde est bien ordonné.

Mais si vous voulez que je vous dise mon fin mot, je crois fermement qu'un homme à qui on a pu donner et conserver le plus de religion possible, est, et sera toute sa vie, le plus heureux, le plus sage, et suffisamment bien élevé. Mais comment faire? Je n'en sais rien. Nous sommes dans un mauvais temps. Tout ce que vous aurez donné de foi à M. Raoul ne tiendra peut-être pas contre un an de monde. Il y a dans la société une atmosphère dans laquelle on ne peut s'empêcher de respirer. Nous y respirons toute autre chose que dans les siècles précédents, et nous passons sans intermédiaire d'une éducation antique dans le monde tel que vous le voyez. Ce saut est trop fort, on perd la tête, et on devient ce que vous voyez encore. Notre malheur est d'être né dans ce maudit temps où tout ce qui est vieux s'écroule et où il n'y a pas encore de neuf. Vous ne pouvez sauver M. Raoul de l'état où nous sommes qu'en le mariant à vingt ans, en lui donnant une terre à cultiver dans le pays le plus reculé possible. Il restera ce que son éducation l'aura fait, mais il ne deviendra pas un homme propre à ce que sa naissance et sa position sociale exigeaient. Ainsi, après avoir bien bavardé, le problème est encore à résoudre, comme cela arrive en tout.

Adieu, Madame, nous vous avons eue tous les jours en esprit au salon de Lemps. Quand vous y verrons-nous en effet? Quand nous retrouverons-nous dans le vôtre? Nous partageons tout le bonheur de madame de Beufvier de vous savoir mieux portante et le vôtre de la voir mieux elle-même. Daignez me rappeler à ses bontés et agréer mon profond respect.

. ALPHONSE DE LAMARTINE.

CCIII

A monsieur Rocher

Aix-les-Bains, 20 août 1819.

Je remercie bien M. le duc de Rohan d'avoir choisi un si aimable secrétaire pour m'envoyer de ses nouvelles, monsieur et cher ami. Vous m'accusez à tort d'un oubli dont je ne suis pas coupable : j'ai eu vingt fois l'intention de vous écrire, et, comme je suis le plus négligent des hommes, j'ai toujours vainement cherché votre adresse dans la confusion de mon album. Vous n'êtes pas de ces gens qu'on oublie, assurez-vous-en, et vous en aurez la preuve quand vous reverrez M. de M... et autres personnes de vos environs avec qui nous n'avons cessé de nous entretenir de vous et de pronostiquer votre destinée future. Elle sera plus belle que votre modestie outrée ne vous permet de le croire, soyez-en sûr ; et laissez-vous un peu juger par les autres, ou bien comparez-vous avec tout ce qui rime autour de vous à Paris. Courage donc! produisez tant que vous pourrez, laissez les places à Grenoble aux malheureux qui ont besoin de places pour dîner, et vous, qui êtes bien tranquille sur votre avenir, ne vous occupez pas de ce plat monde réel, et montez plus haut !

> Là, foulant à nos pieds cet univers visible,
> Planons en liberté dans les champs du possible !
> Notre âme est à l'étroit dans sa vaste prison :
> Il nous faut un séjour qui n'ait pas d'horizon.

Vous avez été créé pour ce séjour-là, et moi aussi. Mais moi je suis enchaîné en bas par les chaînes de fer de la nécessité, de la servitude, et j'ai manqué mon vol, j'y renonce. Je demande à entrer dans la politique : mon sort va se décider le mois prochain. Si l'on m'en repousse, je dis adieu à l'humanité tout entière. Si je réussis, nous reprendrons la lyre, et nous marcherons ensemble à travers cette cohue de sots, d'imbéciles, de coquins, qui pullulent au pied de notre pauvre Parnasse. Si nos chants ne valent pas mieux que les leurs, au moins ils seront plus purs et plus nobles ; mais ils vaudront mieux par cela même.

Genoude m'écrit quelquefois de Saint-Malo. Je ne sais plus où lui répondre. M. le duc de Rohan est trop absorbé pour m'écrire souvent, mais je lui écris encore quelquefois. Je vous félicite bien d'être auprès de lui à La Roche-Guyon, que n'y sommes-nous tous! Je ne vois plus trop la possibilité d'y retourner de longtemps, et, quand je le pourrai, j'y serai oublié.

J'ai passé deux mois tout près de La Côte, et vous n'y étiez pas! Tout est guignon pour nous autres misérables enfants des Muses. Notre étoile est une mauvaise étoile, elle ne brille que sur nos tombeaux. Votre ode à ce sujet est finie, il y a longtemps, mais elle n'est pas copiée nettement. Vous l'aurez dès que je serai de retour dans ma montagne et que j'aurai moins mal aux yeux. Je n'ai plus que ce mal-là, car du reste les eaux m'ont guéri autant que nous pouvons l'être.

Je vous prie de vouloir bien remettre de ma part à M. le duc de Rohan la petite note ci-incluse. Il sait ce que cela veut dire. J'espère que, quand il n'aura plus l'ombre de bile, il m'écrira un peu plus. Comment est-il moralement? Comment se soutient-il dans ce vol sublime qu'il a tenté avec des ailes déjà fatiguées? Puise-t-il de la force dans ses efforts mêmes? Je suis bien en peine de tout cela. Mais son début a fait un vaste et brillant effet dans le monde religieux et anti-religieux.

Ne me parlez donc plus de mes vers sur La Roche-Guyon, et brûlez tout ce que vous pourrez en accrocher, je vous en prie. Tout le monde, amis et ennemis, les trouve détestables, et j'y consens. J'ai fait, en quittant Paris, cinq ou six meilleures *Méditations*. Depuis je ne fais plus rien du tout et ne veux rien faire jamais. Qu'est-ce que cela prouve? Où est-ce que cela mène? L'homme a trop peu de jours pour les perdre ainsi. Il faut tâcher d'être le moins malheureux possible et se moquer des vers et de la prose. Adieu, nous partons après-demain, et je vais chez moi.

LAMARTINE.

CCIV

A la marquise de Raigecourt

Rue de Bourbon, à Paris.

Mâcon, 29 août 1819.

Vous allez être étonnée, madame, de recevoir deux lettres de moi à si peu de jours de distance; mais, quand vous aurez vu que c'est un bon office que je vous demande, ce sera une raison pour vous d'excuser mon indiscrétion. J'ai besoin d'avoir de Londres des renseignements importants, et je ne sais à qui m'adresser, n'y connaissant personne. Je crois me souvenir que vous ou madame de Beufvier y avez des amis, et je présume qu'il vous serait possible d'obtenir de leur complaisance quelques démarches nécessaires pour me procurer les renseignements que je cherche. Je vais donc joindre à cette petite lettre une petite note dont vous ferez auprès d'eux l'usage qui vous paraîtra convenable, et que vous tiendrez pour non avenue s'il ne vous est pas possible de l'employer.

Vous présumerez facilement qu'il s'agit d'une jeune personne et d'un mariage : c'est cela en effet, et c'est de moi-même qu'il s'agit. Il y a quelques mois que j'ai fait connaissance de cette jeune Anglaise qui passe pour un fort bon parti, et il paraît que nous nous convenons mutuellement assez. Il faut en venir à une fin, nous le désirons tous les deux; mais je ne pourrai faire agir ma famille que quand j'aurai reçu de divers côtés les éclaircissements que je prends la liberté de demander à votre amitié. Je sais par expérience qu'elle est infatigable, et les assurances que vous m'en donnez dans vos dernières lettres ne peuvent rien ajouter à une conviction tout acquise. Si vous pouvez m'en donner cette nouvelle marque, je vous prie de le faire le plus promptement que vous le pourrez : la célérité est d'une haute importance en fait de bons partis, et la jeune personne, qui s'attend incessamment à une demande positive de la part de mes parents, ne saurait comment interpréter un long silence. Voilà, madame, une confidence d'ami, que vous excuserez avec votre bonté ordinaire, et je vous prie de vouloir bien me dire ou faire dire s'il vous aura été possible d'écrire à Londres à ce sujet.

Je suis de retour ici d'hier seulement. J'ai laissé Aymon et mademoiselle Fanny à Meyrieu, chez madame de Quinsonnas, où je n'ai passé qu'un jour. Je repars pour la campagne demain où je vais passer l'automne avec ma mère. Ce n'est qu'à trois lieues d'ici, et les lettres y arrivent aisément. Vous sentez bien, madame, pourquoi je vous dis cela : c'est une fête pour moi que les jours où j'en reçois de vous. Je me transporte un moment dans un monde de mon choix entre madame de Beufvier et vous. Gardez-y toujours une place pour un homme qui en connaît le prix.

J'ai répondu à madame de Sainte-Aulaire. Voici le moment terrible des nominations. Aymon va décidément à Florence. Munich est libre. Si vous étiez à Paris, je vous prierais de faire parler à M. Dessoles par tout ce que vous connaissez. Cette place aiderait à mon mariage, s'il y a mariage, et autrement elle m'en consolerait jusqu'à un certain point. Je tremble que madame de Sainte-Aulaire n'arrive trop tard, et que son pèlerinage au lac de Bienne ne lui fasse perdre de vue des intérêts et des souvenirs de moins grande importance.

Comment finissez-vous votre été, madame, et quand revenez-vous à Paris? Je vous y adresse ceci à tout risque, pensant que vous serez peut-être à Condé. Si vous y êtes, daignez me rappeler à M. de Sade. Je vous enverrais des vers si je pouvais écrire, mais j'ai mal aux yeux, et vous vous en apercevrez trop à cette lettre.

J'ai l'honneur d'être, avec un respectueux et éternel attachement, votre très-humble et obéissant serviteur,

AL. DE LAMARTINE.

P.-S. Je vous prie de ne pas me nommer aux personnes que vous pourrez charger de ces démarches à Londres.

CCV

A mademoiselle Éléonore de Canonge
A Tarascon.

Milly, 29 août 1819.

Enfin me revoilà dans un séjour fixe, mademoiselle et chère amie, après avoir erré pendant huit ou dix mois de Paris à Aix et d'Aix ici. Je croyais tous les jours vous voir arriver dans ce vilain Aix, j'ai demandé à tous les échos quand vous arriviez, madame Perrier elle-même n'en savait rien. Nous en sommes repartis, il y a cinq ou six jours, en assez brillante santé pour nous. Je suis presque en peine de la vôtre, puisque je ne vous ai pas vue : rassurez-moi vite à présent que je sais où je suis et où je serai. Je compte rester ici tout l'automne, j'ai des vendanges à faire tout seul, et ce n'est pas une petite ni une courte affaire.

Après cela, je ne sais ce que je deviendrai : me placera-t-on, ou me marierai-je ? Je n'en sais rien. J'ai un mariage en train, depuis quelques mois, avec une jeune Anglaise. Je ne sais comment cela tournera. Il y a de grands obstacles de part et d'autre, mais il y a aussi des volontés assez prononcées. Je crois que cela finira par réussir. La jeune personne est très-agréable et a une très-belle fortune ; il y a des penchants communs, une conformité de goûts, des sympathies, tout ce qui peut rendre heureux un couple qui s'unit. Mais vous savez dans quel guêpier je suis quand il s'agit d'affaires, et combien, au lieu de secours, je trouve de barrières autour de moi. Tout ceci me distrait un peu des idées diplomatiques, et je laisse aller les choses comme elles veulent aller : j'accepterai si on me nomme; si on ne me nomme pas, je ne demanderai plus rien au monde. Votre M. de La Garde est un ennuyeux homme, entre nous soit dit.

Je vous adresse à tous risques ce peu de lignes à Tarascon, ne sachant plus où vous êtes. Dites-le-moi vite, et surtout dites-moi que vous êtes mieux portante et heureuse, voilà l'essentiel pour moi. Je ne le serais jamais moi-même, vous sachant autrement. Adieu, je ne vous en dis pas long, parce que je ne suis pas sûr que ceci vous arrive. Mais si cela vous parvient, trouvez-y au moins l'assurance d'une éternelle amitié.

ALPHONSE DE L.

CCVI

A monsieur le comte de Virieu

Au Grand-Lemps (Isère).

Mâcon, 16 septembre 1819.

Tout va bien, mon ami, j'écris peu parce que j'ai si mal aux yeux que je ne puis écrire. Mais voici tout en deux mots : Miss Birch tient ferme, elle est inébranlable contre toutes les attaques dont on l'entoure, et cela la corrobore sans doute. Ici tout s'arrange selon mes souhaits, et j'en suis au point que la demande sera faite dans les formes aussitôt que les renseignements nous seront arrivés. Toute ma famille abonde enfin dans mon sens, hors mon père qui cède aussi. D'autre part, j'ai de bonnes nouvelles de M. Mounier et de madame de Sainte-Aulaire. Je m'attends tous les jours à ma nomination. C'est un embarras; mais, comme madame Birch, la mère, résiste avec vigueur et résistera peut-être obstinément, il faut que j'aille au plus vite et au plus sûr. J'accepterai donc. Je suis seulement en grande peine d'argent pour le premier moment. Mes parents ne me parlent plus de m'en donner pour cette ambassade qu'ils trouveront extraordinaire à raison du mariage; et, comme malgré cela je veux à tout prix accepter, je ne sais comment je ferai avant d'avoir rien reçu de mes appointements.

Je suis fort agité, cela ne va pas mal pourtant, sauf les yeux. Je voudrais seulement que cela allât chez toi de même. Où es-tu ? où en sont tes projets? Marie-toi!!! Ne te donne pas de peine pour l'avenir d'ambition. Tâche de t'arranger agréablement et chaudement. Tout le reste est vanité.

Je fais, au travers de tout mon tumulte, ma *Méditation* à Lord Byron. J'ai adressé une lettre de remercîment en vers pour nous deux à M. de Châtillon. Tu vois que le naturel ne se perd jamais. Bonsoir, écris-moi vite, et dis à ces dames que je fais les mêmes vœux qu'elles pour toi, et que je brûle de leur présenter ma femme, mais ce sera dans plus d'un an, je pense.

CCVII

A mademoiselle Éléonore de Canonge

A Tarascon.

Mâcon, septembre 1819.

J'ai reçu, quelques jours après mon arrivée, votre charmante lettre, mademoiselle et chère amie. Qu'ai-je fait au ciel pour mériter une amitié si tendre, si vive, si douce et si constante? Oui, je conviens encore que je vous avais mal jugée, dans le principe de notre liaison, en vous soupçonnant de légèreté dans vos affections, et en pensant que la multiplicité de vos amitiés nuisait à leur force et à leur durée. J'ai trouvé des amis ardents et légers, mais ce n'est pas vous, j'en conviens, et je sens mon bonheur de jour en jour davantage.

Mes nouvelles ne sont plus si bonnes que les dernières que je vous donnais : l'air natal ne m'est pas bon, je retombe platement et avec désespoir sur mes anciennes souffrances. J'ai depuis huit jours repris bien mal au cœur, et de plus je vous écris avec des lunettes vertes, tant j'ai les yeux irrités ; je vais m'y faire mettre des sangsues. Les contrariétés éternelles que je retrouve toujours, ici surtout, et que je sens moins ailleurs, sont peut-être la cause insensible de toutes ces rechutes si-ennuyeuses. Mais contrariétés et rechutes, je me moque au fond de tout cela, ma patience n'est pas encore à bout, je la puise à sa source, dans ma philosophie impassible et un peu religieuse que le malheur et le temps m'ont enseignée. Cependant il y a des moments où cette philosophie même est comme un roseau qui se brise sous ma main et qui la perce.

Je vous parlais d'un projet de mariage, je vois que ce ne sera qu'un projet ; je ne déciderai jamais mon père à la moindre démarche. Cela me désole, sans que je sois le moins du monde ce qu'on appelle amoureux. Mais la chose était bonne et raisonnable. C'était tout ce que je pouvais espérer.

J'ai de bonnes nouvelles de Paris : M. Decazes et M. de La Garde me demandent pour secrétaire d'ambassade de Munich à M. Dessoles. Nous allons voir incessamment ce qu'il en sera. Je suis fortement protégé ; mais je ne suis pas là et ne puis y être, les protecteurs s'endorment aisément quand ils

croient que les protégés dorment eux-mêmes.
Mais Dieu sait si je dors en effet ! Je suis depuis
huit jours à la ville, auprès de mon oncle qui vient
de les passer une seconde fois entre la vie et la
mort. Le danger est à peu près passé, et je vais
retourner dans mon nid ; j'y suis mieux qu'ici.

Donnez-moi de vos nouvelles à vous. Quels sont
vos plans pour cette année ? Ne nous rencontrerons-
nous pas ? Je ne doutais pas de vous voir arriver au
moins à Aix ; mais voilà donc comme vont nos
espérances ! J'entrevois que vous passerez votre
hiver dans le Midi. Que je vous envie ! que j'en aurais besoin moi-même !

J'ai laissé M. de Virieu guéri, comme je l'étais.
Il me mande qu'il retombe depuis mon départ.
Mais il est heureux et libre, et, par-dessus cela, il
va à Florence secrétaire d'ambassade.

Voilà le pays qui m'aurait sauvé aussi ! Cependant j'espère me sauver sans cela. Adieu, et éternelle
amitié. Je m'arrête, faute d'yeux et de papier. Mon
sort pour Munich va se décider ce mois-ci, et peut-
être ces jours-ci, à ce que me mande madame de
Sainte-Aulaire.

CCVIII

A la marquise de Raigecourt

A Paris.

Milly, 20 septembre 1819.

Je vous remercie mille fois, madame, du zèle que vous avez bien voulu mettre à mon ennuyeuse commission de renseignements. Je ne vous demanderai plus pardon de mes indiscrétions puisque vous ne le voulez pas, et je vous dirai, pour que vous ne vous tourmentiez pas du plus ou moins de célérité de vos démarches, que cela m'importe peu maintenant et qu'il m'est déjà arrivé ce que je désirais de plus essentiel à cet égard; et d'ailleurs c'est une affaire qui par sa nature ne peut être que très-lente à présent.

Celle qui m'intéressait le plus vivement, et à laquelle vous preniez, madame, un intérêt qui me touchait tant, vient de finir bien malheureusement pour moi. Au moment où j'étais plein d'espoir sur la parole de M. de Rayneval et de M. Mounier pour la place de secrétaire d'ambassade à Munich, M. Mounier me mande que, d'après de nouvelles dispositions du ministre, on ne peut nommer à ce genre de place que des personnes qui aient déjà été attachées à des missions diplomatiques, qu'en conséquence on ne m'y nommera pas, mais qu'on me propose de m'attacher à cette légation sans titre et sans appointements. C'est une proposition que mes circonstances et ma fortune présente me mettent dans l'impossibilité d'accepter. Me voilà donc après quatre ans de sollicitations, de promesses, repoussé par le fait pour jamais de la carrière que j'avais eue toute ma vie en perspective, de la seule place qui se puisse raisonnablement espérer d'obtenir et qui pût elle-même répondre à tout ce que je désirais. Après le refus que je suis forcé de faire, je ne puis plus rien attendre de ce côté. J'avais mis toutes mes espérances là-dessus, les voilà toutes détruites d'un seul coup.

Je vous fais part de ma douleur, bien persuadé que vous y prendrez part. Si vous voyez madame de Sainte-Aulaire, je vous prie de lui compter ma mésaventure qu'elle ignore sans doute encore et de la prévenir de ne plus se donner aucune peine pour moi : puisque M. Dessoles a été inflexible pour Munich, ce qu'on me propose en échange ne peut plus me convenir. Je n'ai pas d'ailleurs la liberté de la délibération, la chose m'étant absolument impossible.

J'ai appris avec bien de la joie l'amélioration de vos santés. J'espérais aller m'en assurer par mes propres yeux en passant par Paris. Je ne sais plus quand il me deviendra possible d'y retourner. Je n'ai plus d'autre projet que celui de rester indéfiniment dans ma solitude. Elle est plus pénible quand c'est la nécessité qui nous y fixe et quand on a à regretter des amis tels que vous. Pendant plusieurs années peut-être je n'aurai de vous que votre souvenir. J'ose espérer, madame, que vous m'en donnerez toujours quelques marques.

Aymon est à Grenoble pour les élections et pour une affaire plus importante encore. Il m'écrit qu'il retombe dans sa langueur ; j'en suis déjà inquiet, mais j'espère beaucoup sur l'air vivifiant de Florence. J'en aurais besoin moi-même, si toutefois, en puisant de la vie, on ne puise pas de nouvelles douleurs : la mienne me pèse terriblement. Je n'en attends plus rien de parfait et ne pouvant même la rendre supportable, je ne sais qu'en faire.

Je vous enverrai, madame, quelques-uns des vers que vous me demandez. Je ne me sens plus le courage d'en faire, et ma vue baisse si fort depuis quelque temps que je ne puis même écrire ceux qui sont faits. Vous n'y perdez pas beaucoup : je comptais plus sur ce que je me sentais dans l'âme que sur ce que j'en ai tiré. Adieu, madame, heureux ou malheureux, comptez à jamais en moi le plus tendre et le plus dévoué de vos amis.

J'ai l'honneur d'être avec un profond respect, madame, votre très-humble et obéissant serviteur.

ALPHONSE DE LAMARTINE.

CCIX

A monsieur le comte de Virieu

Au Grand-Lemps.

Milly, 21 septembre 1819.

Je te rends grâce, ô ciel, de ta persévérance !

Voilà que je reçois, mon cher ami, une lettre dernière de M. Mounier : M. de Rayneval lui a dit que, d'après de nouvelles dispositions, on ne pouvait nommer secrétaire qu'un homme déjà employé dans une des missions diplomatiques, qu'en conséquence on ne pouvait me nommer, mais qu'il me proposait de m'attacher à la légation de Munich sans titre et sans appointements, qu'il tâcherait d'abréger mon noviciat si cela leur était possible. Tu vois où cela me précipite. Toutes mes espérances sont renversées d'un seul coup, et sans retour cette fois parce qu'étant forcé de refuser par la nécessité, je ne puis plus leur rien redemander. Ainsi, adieu, bonsoir, me voilà au fin fond de l'abîme et sans échelle pour m'en tirer. Je leur réponds franchement ce matin que je ne puis accepter, que ma position, comme je leur ai déjà dit, ne me laisse pas là-dessus la liberté du choix.

Point d'autres nouvelles. Mon mariage traînera bien deux ou trois ans. Nous avons de bons renseignements de Londres. J'espère décider mon père à faire la demande, mais je suis sûr d'un refus persévérant de la mère, soufflée toujours par Clémentine et retenue par la religion. La jeune personne est toujours admirable, mais cela ne servira qu'à la rendre persécutée et malheureuse.

Adieu, ne songe plus à me tenir de l'argent prêt à Paris, si tu y as songé. Je n'en aurai pas besoin, comme tu vois, dans ce s.... pays. Je ne sais plus où donner de la tête en tout genre. Adieu, sois plus heureux, ce n'est pas beaucoup dire. J'écris à Paris pour remercier à tout jamais tout mon monde, et je rentre mes cornes dans ma coquille jusqu'à l'éternité. Bonsoir. Que fais-tu? Je ne veux plus entretenir de relations qu'avec toi et Vignet.

CCX

A mademoiselle Éléonore de Canonge

A Tarascon.

Milly, 8 octobre 1819.

J'allais vous écrire, mademoiselle et chère amie, lorsque votre lettre est arrivée. Je commençais à m'alarmer de ce long silence : je vois que je m'alarmais à tort et que vous êtes bien et auprès d'une amie qui vous retient sans peine. Restez-y donc puisque aussi bien on vous persécute ailleurs. Je reste aussi définitivement où je suis. J'ai reçu, peu de temps après vous avoir écrit, la triste nouvelle qu'on me nommait simplement attaché à la légation de Bavière, et non pas secrétaire d'ambassade comme on me le promettait. J'ai refusé sur-le-champ, et je ne puis plus, d'après cette démarche que la nécessité m'a forcé de faire, nourrir aucune espérance de ce côté là. Il m'était impossible, dans ma position pécuniaire d'accepter un emploi cher et incertain.

Voilà, chère amie, comment tout vient de se terminer pour moi. Accoutumé aux mécomptes et aux malheurs de tout genre, j'ai pris mon parti forcément. Il faut savoir subir ce qu'on ne peut changer. Je me renferme à jamais dans ma retraite la plus profonde possible, je ne quitte plus ma montagne, je romps presque toutes mes relations et correspondances, et je n'en conserve qu'avec trois ou quatre vieux amis à toute épreuve, comme Virieu et vous. Ne me plaignez donc pas, ne vous apitoyez pas sur mon sort malencontreux, je le supporte fort bien et même avec une espèce de joie qu'on éprouve toujours quand on sort d'une longue incertitude. Je me porte fort passablement, je n'ai plus ni mal de cœur, ni mal de foie, ni fièvre, ni rien, je n'ai que bien mal à la vue, mais je me borne à n'en pas user : je ne lis plus et je n'écris qu'un mot à vous et à peu d'autres. Rien ne me tourmente que mes interminables embarras d'argent. Quand on a mis, en commençant sa route, le pied dans cette maudite boue, on ne s'en tire jamais totalement.

Vous me demandez aussi des nouvelles de mon mariage : je n'en sais point, il y a des obstacles de religion terribles pour la mère de la jeune personne, le temps en décidera. J'ai été au reste fort content de mes parents à ce sujet. Ils ont fait tout ce que je pouvais raisonnablement désirer en fait de démarches convenables. J'en suis on ne peut pas mieux traité et plus chéri.

Que voulez-vous que je vous dise de vos ennuis de mariage? Ce que je vous ai déjà dit. Ne faites rien par faiblesse et complaisance sur un si grave article, et n'épousez que si vous aimez, car, à part *l'amour*, la liberté vaut mieux que tout; mais de l'amour en a-t-on deux fois? ou du moins le second n'est-il pas une ombre du premier?

Adieu, adieu, votre ami à jamais.

ALPH.

CCXI

A monsieur le comte de Virieu

Au Grand-Lemps.

Milly, 20 octobre 1819.

MÉDITATION DIX-SEPTIÈME.

A LORD BYRON.

Toi, dont le monde encore ignore le vrai nom,
Esprit mystérieux, mortel, ange ou démon,
Qui que tu sois, Byron, bon ou fatal génie,
J'aime de tes concerts la sauvage harmonie,
Comme on aime le bruit de la foudre et des vents
Se mêlant dans l'orage à la voix des torrents!
La nuit est ton palais, l'horreur est ton domaine :
L'aigle, roi des déserts, dédaigne ainsi la plaine ;
Il ne veut, comme toi, que des rocs escarpés
Que l'hiver a blanchis, que la foudre a frappés,
Des rivages semés des débris du naufrage,
Ou des champs tout noircis des restes du carnage :
Et, tandis que l'oiseau qui chante ses douleurs
Bâtit aux bords des eaux son nid parmi les fleurs,
Lui des sommets glacés franchit l'horrible cime,
Suspend aux flancs des monts son aire sur l'abîme,

Et là, seul, entouré de membres palpitants,
De rochers d'un sang noir sans cesse dégouttants,
Trouvant sa volupté dans les cris de sa proie,
Bercé par la tempête, il s'endort dans sa joie.
　Et toi, Byron, semblable à ce brigand des airs,
Les cris du désespoir sont tes plus doux concerts.
Le mal est ton autel, et l'homme est ta victime.
Ton œil, comme Satan, a mesuré l'abîme,
Et ton âme, y plongeant loin du jour et de Dieu,
A dit à l'espérance un éternel adieu !
Comme lui, maintenant, régnant dans les ténèbres,
Ton génie invincible éclate en chants funèbres ;
Il triomphe, et ta voix, sur un mode infernal
Chante l'hymne éternel au sombre dieu du mal.

　Gloire à toi ! fier Titan, j'ai partagé ton crime, etc...

　J'entre ici dans ses idées pendant un moment, et tout à coup je lui demande : Qu'est-ce qu'un homme devant Dieu pour oser parler et se plaindre de l'ordre universel ? Je conviens avec lui que sa place est mauvaise, mais enfin elle est ainsi, il n'y a rien à faire qu'à plier.

Notre crime est d'être homme et de vouloir connaître :
Ignorer et servir, c'est la loi de notre être.
. . . .
Dans ce cercle borné Dieu t'a marqué ta place :
Comment ? pourquoi ? qui sait ? De ses puissantes mains
Il a laissé tomber le monde et les humains,
Comme il a dans nos champs répandu la poussière,

Ou semé dans les airs la nuit et la lumière ;
Il le sait, il suffit, l'univers est à lui,
Et nous n'avons à nous que le jour d'aujourd'hui !

. . . .
. . . .

Son seul titre, ô mon Dieu ! c'est d'être ton ouvrage,
De sentir, d'adorer son divin esclavage ;
Dans l'ordre universel, faible atome emporté,
D'unir à tes desseins sa libre volonté,
D'avoir été conçu par ton intelligence,
De te glorifier par sa seule existence :

. . . .
. . . .

Voilà, voilà ton sort ! Ah ! loin de l'accuser,
Mortel, baise le joug que tu ne peux briser,
Descends du rang des Dieux qu'usurpait ton audace ;
Tout est bien, tout est bon, tout est grand à sa place ;
Aux regards de Celui qui fit l'immensité
L'insecte vaut un monde : ils ont autant coûté !

. . . .

Il y a ici une description du déplorable sort de l'homme dans sa condition présente, surtout de l'homme pensant qui, dégoûté du monde réel, rêve un monde parfait d'où il retombe sans cesse, et qui cherche en vain dans la science et dans la nature la clef de sa destinée.

Hélas ! tel fut ton sort, telle est ma destinée.
J'ai vidé comme toi la coupe empoisonnée ;

Mes yeux, comme les tiens, sans voir se sont ouverts :
J'ai cherché vainement le mot de l'univers,
J'ai demandé sa cause à toute la nature,
J'ai demandé sa fin à toute créature ;
Dans l'abîme sans fond mon regard a plongé ;
De l'atome au soleil j'ai tout interrogé,
J'ai devancé les temps, j'ai remonté les âges,
Tantôt passant les mers pour écouter les sages :
Mais le monde à l'orgueil est un livre fermé !
Tantôt pour consulter le monde inanimé,
Fuyant avec mon âme au sein de la nature,
J'ai cru trouver un sens à cette langue obscure.
J'étudiai la loi par qui roulent les cieux ;
Dans leurs brillants déserts Newton guida mes yeux ;
Des empires détruits je méditai la cendre ;
Dans ses tombeaux sacrés Rome m'a vu descendre :
Des mânes les plus saints troublant le froid repos,
J'ai pesé dans ma main la cendre des héros ;
J'allais interroger cette vaine poussière
Sur l'immortalité que tout mortel espère.
Que dis-je ? suspendu sur le lit des mourants,
Mes regards la cherchaient dans leurs yeux expirants !
. . . .
. . . .
Sur ces monts couronnés par d'éternels nuages,
Sur ces flots gémissants sous d'éternels orages,
Je cherchais, j'appelais le choc des éléments.
Semblable à la Sibylle en ses emportements,
J'ai cru que la nature, en ses rares spectacles,
Laissait tomber pour nous quelqu'un de ses oracles :
J'aimais à me plonger dans ses vastes horreurs.
Mais en vain dans son calme, en vain dans ses fureurs,

Cherchant ce grand secret sans pouvoir le surprendre,
J'ai vu partout un Dieu, sans jamais le comprendre !

Je l'ai blasphémé, mais en vain !... Enfin, lassé du blasphème, un jour je m'avisai de le bénir, et

L'hymne de la raison s'élança de ma lyre.
Gloire à toi ! dans les temps et dans l'éternité,
Toi dont le néant même a fait la volonté,
Toi dont l'immensité reconnaît la présence,
Toi dont chaque soleil atteste la puissance !
Ton souffle créateur s'est abaissé sur moi ;
Celui qui n'était pas a paru devant toi.
J'ai reconnu ta voix avant de me connaître,
Je me suis élancé jusqu'aux portes de l'être :
Me voici ! le néant te rend gloire en naissant ;
Me voici ! mais que suis-je ? un atome pensant.
Qui peut entre nous deux mesurer la distance ?
Moi, qui respire en toi ma rapide existence,
A l'insu de moi-même, à ton gré façonné,
Que me dois-tu, Seigneur, avant que je sois né ?
Rien avant, rien après : gloire à ta fin suprême !
Qui tira tout de soi se doit tout à soi-même.
Jouis, grand artisan, de l'œuvre de tes mains :
Je suis pour accomplir tes ordres souverains ;
Dispose, ordonne, agis ; dans le temps, dans l'espace,
Marque-moi pour ta gloire et mon jour et ma place :
Mon être, sans se plaindre et sans t'interroger,
De soi-même, en silence, accourra s'y ranger.
Comme ces globes d'or qui dans les champs du vide
Suivent avec amour ton ombre qui les guide,
Noyé dans la lumière ou perdu dans la nuit,

Je marcherai comme eux où ton doigt me conduit :
Soit que, choisi par toi pour éclairer les mondes,
Réfléchissant sur eux les feux dont tu m'inondes,
Je m'élance entouré d'esclaves radieux,
Et franchisse d'un pas tout l'abîme des cieux ;
Soit que, me reléguant loin, bien loin de ta vue,
Tu ne fasses de moi, créature inconnue,
Qu'un atome oublié sur les bords du néant,
Ou qu'un grain de poussière emporté par le vent,
Glorieux de mon sort, puisqu'il est ton ouvrage,
J'irai, j'irai partout te rendre un même hommage,
Et, d'un égal amour accomplissant ma loi,
Jusqu'aux bords du néant murmurer : Gloire à toi !
. . . .

L'hymne continue, j'y écris quelques-uns de mes propres malheurs, et tout finit par Gloire à toi ! Je reprends alors quelques mots à lord Byron pour l'engager à essayer d'en faire autant.

Fais silence, ô ma lyre ! et toi, qui dans tes mains
Tiens le cœur palpitant des sensibles humains,
Tires-en à ton tour des torrents d'harmonie :
C'est pour la vérité que Dieu fit le génie.
Jette un cri vers le ciel, ô chantre des enfers !
Le ciel même aux damnés envierait tes concerts.
Peut-être qu'à ta voix, de la vivante flamme
Un rayon descendra dans l'ombre de ton âme ;
Peut-être que ton cœur, ému de saints transports,
S'apaisera lui-même à tes propres accords,
Et qu'un éclair d'en haut perçant ta nuit profonde,

Tu verseras sur nous la clarté qui t'inonde.
Ah ! si jamais ton luth, amolli par tes pleurs,
Soupirait vers ton Dieu l'hymne de tes douleurs,
Ou si, du sein profond des ombres éternelles,
Comme un ange tombé tu secouais tes ailes,
Et, prenant vers le jour un lumineux essor,
Parmi les chœurs sacrés tu t'essayais encor,
Jamais, jamais l'écho de la céleste voûte,
Jamais ces harpes d'or que Dieu lui-même écoute,
Jamais des séraphins les chœurs mélodieux
De plus divins accords n'auraient ravi les cieux !
Courage ! Enfant déchu d'une race divine,
Tu portes sur ton front ta superbe origine :
Tout homme, en te voyant, reconnaît dans tes yeux
Un rayon éclipsé de la splendeur des cieux.
Roi des chants immortels, reconnais-toi toi-même !
Laisse aux fils de la nuit la gloire du blasphème,
Rejette un faux encens qu'on t'offre de si bas :
La gloire ne peut être où la vertu n'est pas ;
Et viens prendre ton rang dans ta splendeur première,
Parmi ces purs enfants de gloire et de lumière,
Que d'un souffle choisi Dieu voulut animer,
Et qu'il fit pour chanter, pour croire et pour aimer.

Si je n'avais pas la vue si altérée, je t'aurais tout copié. Cela a trois cent cinquante vers. Dis-moi ce que tu en penses. Cela m'ennuie à présent. J'en ai fait une autre, intitulée : *la Prière*, qui me plaît plus que tout ce que j'ai fait en ce genre. Je vous l'enverrai. Dis à madame de Virieu, que je suis confus de la peine qu'elle se donne de copier de mes vers, que je vous enverrai, par la première, *la Vallée Férouillat*, où il n'est guère question de Férouillat.

Adieu, voilà pour aujourd'hui. Rien de nouveau qu'un grand tapage continuant et n'amenant rien de bon jusqu'ici. J'ai affaire à un homme qui surpasse ce que j'en pouvais attendre : je te dirai ce qui en sera.

Adieu. Pars si tu veux éviter l'hiver, il nous talonne. Je suis cependant bien fâché pour moi de te voir partir, mais bien aise pour toi et mademoiselle Fanny.

ANNÉE 1819.

CCXII

A la marquise de Raigecourt

A Paris.

Milly, 29 octobre 1819.

Il faut que je me donne un moment de plaisir, Madame, et je n'en ai pas de plus vif que de vous écrire et de me rappeler dans ma solitude à des amis comme vous que l'absence n'attiédit pas et que les disgrâces mêmes attachent davantage.

Votre dernière lettre m'a pénétré. Je l'ai montrée à ma mère pour lui faire voir quels amis, et de quelle espèce, j'avais le bonheur de posséder, et, comme vos conseils se trouvaient tout à fait de la nature des siens, elle vous a pris dans son enthousiasme qui n'est comparable qu'aux sentiments de son fils. Hélas! je sens parfaitement l'excellence de ces conseils : ce n'est pas le désir de la foi et du repos d'esprit qui me manque ainsi qu'à tant d'autres comme moi, c'est le principe de la foi et du repos, c'est la conviction absolue et puissante. Ce grain de foi qui emporte les montagnes soulèverait aussi tous les fardeaux qui pèsent sur le cœur, nous le sentons bien, mais où le trouve-t-on ? La foi n'est pas comme le salut, on ne la ravit pas par force, elle se donne, elle est un pur don d'en haut. Il faut l'attendre, et, si elle ne vient pas, s'en faire une avec son cœur et sa raison. Celle-là est douce aussi, mais elle n'a point de force. L'homme ne se prosterne que tant qu'il lui plaît devant une religion qu'il s'est créée. Il lui en faut une qui lui soit imposée, qui soit faite hors de lui et avant lui : il lui faut la vôtre et celle des êtres les plus parfaits et les plus heureux qui habitent ce méchant monde.

Je vous assure que je le sens et que je le vois comme vous-même ; mais il y a tant de choses dans ce bas monde qui doivent être et qui ne sont jamais. Ceci est du nombre pour nous. J'ai le temps de méditer sur toutes ces choses dans mon oisive retraite. Je médite cependant le moins possible, si ce n'est en vers : entre toutes les vanités d'ici-bas la plus grande vanité est, comme dit Salomon, de converser avec soi-même. Il n'y a d'heureux que l'homme occupé, fût-il même à la

gêne. Souvenez-vous en bien, Madame, pour
M. Raoul. C'est là tout. Aymon vous le répétera
comme moi, et comme moi il en sera une triste
preuve.

Il m'écrit qu'il s'en va tristement chercher une
meilleure place en Italie sans espérer qu'il l'y ren-
contrera. Il ne se quitte pas, et l'homme n'est
passablement bien que hors de lui. Sa santé est
toujours mauvaise. Il m'inquiète beaucoup, non
pas précisément pour le moment mais pour ces
deux ou trois années-ci. Quant à moi, la santé
m'est revenue par torrent cet été et cet automne,
et, sans la mer d'ennuis où je suis plongé plus que
jamais par mes circonstances et les suites de mes
sottises, passées je la retrouverais, je crois, complétement; mais un jour de trouble détruit un mois
d'amélioration, et j'en ai beaucoup dans ce moment-ci.

Aymon me mande que, grâce à madame de
Beufvier, madame de Sainte-Aulaire s'occupe encore de moi. Je n'avais pas besoin de ce mot pour
m'en douter. Rien ne m'étonnera jamais de la part
de madame de Beufvier : je suis aussi sûr qu'elle
ne m'oublie pas que je le suis de ne pouvoir jamais

l'oublier moi-même. Je la prie, au contraire, de ne pas se fatiguer ni se tourmenter à mon sujet, mais seulement de dire à madame de Sainte-Aulaire que je ne lui écris pas dans la crainte sincère de l'ennuyer, que je ne peux pas aller à Paris solliciter, mais que si elle parvient à m'obtenir Munich ou autre chose, elle m'aura rendu quatre fois plus de services que jamais : une place pareille à présent me tirerait de mes affaires et de tous mes tourments. Je n'y compte nullement cependant, mais je laisse cette porte ouverte à l'espérance pour me consoler quelquefois.

Je fais des vers, j'en imprimerai peut-être au printemps, selon vos avis ; j'ai encore la vue trop altérée pour vous en copier, mais ce sera mon premier plaisir.

ALPHONSE.

CCXIII

A la marquise de Raigecourt

Paris.

Milly, 12 novembre 1819.

J'ai reçu, il y a quelques jours, Madame, votre charmante petite lettre de consolation. J'en avais une en route pour vous, comme vous aurez vu; ainsi je ne m'abandonnais pas, au point que vous le pensiez, à mon découragement. Je ne suis plus dans l'âge et dans les circonstances où l'on se laisse abattre par les contrariétés inévitables de l'existence. Je sais qu'il n'en faut attendre rien de complet ni en bien ni en mal, et l'expérience du passé est pour moi la meilleure leçon pour supporter patiemment le présent ou l'avenir; et, quelque décourageante que fût ma situation, j'y trouverais toujours de grands adoucissements dans les marques touchantes d'une amitié comme celle que vous avez la bonté de me montrer. Je la sens bien vivement, je vous assure, et j'y réponds comme vous voyez par une confiance et un abandon qui seraient indiscrets avec tout autre.

Les bonnes nouvelles que vous me donnez de votre santé et les bonnes résolutions que vous prenez de l'épargner cet hiver m'ont fait un plaisir que vous croirez aisément. Ces résolutions seront bien du goût de madame Beufvier et redoublent mes regrets de ne pas être là pour profiter le plus possible de votre retraite; mais je ne puis plus prévoir le moment bien désiré où j'aurai le bonheur de me retrouver dans ces excellentes soirées où j'ai été admis tout de suite avec tous les droits d'une ancienne connaissance. Il n'y a plus de terme à ma retraite absolue : me voilà confiné par la nécessité dans un rayon de quelques lieues. Je m'en réjouirais si vous étiez dans ce même exil, car je ne regrette pas le monde que je n'ai jamais aimé. Je me suis toujours fait un monde à part qui m'a toujours été enlevé; je n'y regrette à présent que vous, Madame, et quelques personnes qui vous ressemblent, s'il y en a.

Je viens de tenter ici une grande démarche et d'y réussir : j'avais des dettes très-considérables depuis fort longtemps et qui menaçaient gravement mon avenir. J'en ai fait la confidence à quelques personnes de ma famille. Cela a fait d'abord grand fracas; et puis cependant un oncle et deux tantes se sont chargés de les payer avec une grâce et une bonté parfaites. Je suis maintenant tout occupé de cette liquidation universelle qui se fait à l'insu même de mon père, mais qui, en me tranquillisant sur l'avenir, me retient encore davantage pour le présent. Je vous prie de faire part de cette bonne nouvelle à madame de Beufvier; je suis sûr qu'elle lui fera plaisir, par le zèle que je lui ai vu mettre à ce qui me concernait. Je n'ai pas besoin de vous dire que c'est pour elle seule. Tout cela s'est fait en quinze jours et contre toutes les probabilités et tous les conseils de mes amis.

J'ai reçu enfin deux mots de madame de Sainte-Aulaire : ils ne me promettent pas grand'chose, et ce serait s'appuyer sur un roseau que de compter sur le succès très-douteux de quelques vers pour son avancement dans le monde en ce temps-ci. Je crois plutôt que ce serait un titre à une exclusion complète de toute carrière active et utile. Il n'y aurait de bon qu'une tragédie jouée, mais, des deux que j'ai sur les bras, l'une contrarie les usages despotiques du comité théâtral, et l'autre contrarierait bien plus les opinions anarchiques des comités politiques du moment, on l'étoufferait en naissant. C'est *César*. Je vous le lirai quand je vous verrai, Madame.

Je *médite* toujours de temps en temps quand mes affaires de finance m'en laissent le loisir. Je suis convaincu que madame de Beufvier et vous entendrez avec plaisir quelques-uns de ces chants d'un genre à peu près nouveau. Je viens d'en adresser une au fameux Lord Byron, que vous connaissez sans doute, pour le ramener à des idées un peu moins sataniques. Mais c'est trop long et trop incorrect pour vous être présenté aujourd'hui. Je sais par madame de Virieu que vous avez lu encore *Saül* à Condé. Je vous en remercie pour *Saül*, mais je vous en gronderai en mon nom pour votre poitrine.

Je suis désolé de ce que vous me dites de la nomination ridicule d'Aymon. Il va être indigné. Il est à Marseille ou à Nice, je ne sais lequel. Je n'ai pas de ses nouvelles depuis quinze jours, c'est long entre nous, et les dernières étaient tristes. Trouvez-lui donc une femme spirituelle, douce, bonne et riche, puisqu'il lui faut tout cela. Nous voudrions bien le marier, et je l'amène peu à peu à cette salutaire idée. Adieu, Madame. Agréez avec votre bonté ordinaire ce long bavardage et surtout l'expression toujours mieux sentie de mon respectueux dévouement.

ALPHONSE DE L.

CCXIV

A mademoiselle Éléonore de Canonge

Tarascon.

Milly, 17 novembre 1819.

Que devenez-vous donc, Mademoiselle et chère amie? Plus d'un mois sans nouvelles de vous. Je serais inquiet si je ne pensais pas que vous êtes peut-être en route, ou peut-être dans les perplexités d'un mariage. Oui, je me figure que c'est un mariage, vous m'en parliez quelquefois cet été : le prétendant était tendre et pressant, vous aviez de la pitié pour lui. La pitié aura amené l'amour, ou du moins l'amitié, et vous vous serez laissé vaincre. Quoi qu'il en soit, mes vœux bien tendres et bien constants vous suivent et vous suivront dans toutes les variations de votre destinée qui finira par être heureuse s'il y a de la justice dans le Maître des destinées.

Je viens aujourd'hui vous demander un petit service moins pénible que tous ceux que vous m'avez rendus, c'est une lettre de recommandation à M. Cabanis, votre parent et ami, pour un de mes amis à moi. C'est le maire de mon village, un brave et honnête jeune homme, marchand de vin, qui part pour vendre sa récolte à Paris où il n'a pas encore de connaissances, et qui, devant entreposer chez M. Cabanis, désirait lui être fortement recommandé. J'ai pensé à vous, et je lui ai promis que vous écririez un mot pour cela. Ne me démentez pas, vous aurez rendu service à un brave homme qui en a bien besoin ; il ne s'agit que de l'aider à se défaire avantageusement d'une soixantaine de pièces de vin. Il se nomme M. Revillon, maire de Milly. Je vous supplie d'écrire directement et le plus vite que vous pourrez à M. Cabanis à son sujet.

Je ne vous en dis pas plus long aujourd'hui, ne sachant où vous êtes, ni ce que vous devenez, ni même si ce mot vous parviendra ; mais je suis comme toujours et toujours plus votre plus tendre et plus constant serviteur et ami,

ALPHONSE DE LAMARTINE.

CCXV

A monsieur le comte de Virieu

A Nice.

Mâcon, 8 décembre 1819.

Je reçois ta grande lettre où tu me racontes ton état physique et moral à Nice. Je suis bien plus content que je ne l'espérais de l'effet subit du climat sur ton corps et sur ton âme. Je craignais encore pour toi tout cet hiver de langueur; et te voilà déjà remontant tout doucement le chemin de la vie, chemin qui ne paraît moins sombre que quand on le remonte. Jouis de ce moment, et oublie le reste, et ne désire rien de mieux. C'est ce que j'ai eu pendant ces trois derniers mois, c'est ce que j'ai perdu déjà depuis trois semaines :

> Couple de déités bizarre,
> Tantôt habitants du Ténare
> Et tantôt citoyens des cieux !

Me voilà donc replongé dans la fièvre, les inflammations répétées d'estomac, la langueur, les noirceurs, et de plus une impossibilité de lire qui met le comble à mon ennui et m'interdit les seules distractions prenables dans mon exil. N'importe! ta lettre m'a rendu de la joie et de l'énergie. Je réfléchissais tristement dans mon lit sur cette rechute qui me désole, quand on me l'a remise. J'ai rendu grâce au ciel qui me console en toi : quand tu es mieux, il me semble qu'une bonne partie de moi-même est moins mal aussi. Continue donc, envoie donc à tous les diables les imbéciles protecteurs dont tu n'as pas besoin! Le ciel t'a placé au-dessus d'eux, ne te mets pas au-dessous, et, s'ils ne t'arrangent pas, marie-toi. Madame de Raigecourt m'a déjà parlé de ce mariage. Reviens le conclure après ton hiver passé là-bas. Il ne fait pas bon ici.

Qu'espères-tu des livres? Il n'y a rien : ils sont faits par des gens qui n'en savent pas plus que nous et qui veulent paraître savoir. Si l'on peut apprendre quelque chose, ce n'est que du grand spectacle qui est sous nos yeux, ce n'est que du résultat final de toutes les impressions reçues çà et là dans ce drame lugubre et mystérieux que nous jouons avec le sort. Que chacun y cherche son mot pour soi et non pour les autres, voilà tout. Le mieux encore est de ne rien chercher, de s'asseoir au soleil ou à l'ombre, comme tu le fais, et de regarder bêtement la vague qui vient mouiller nos pieds. Mais ces instants d'abrutissement sont rares pour nous, et les autres n'en jouissent pas parce que c'est leur état naturel. Ce qu'il y a de plus parfait encore, c'est de penser, mais de penser avec résignation et en Dieu, pour me servir d'une expression mystique, de se contempler en lui, de le voir dans tout, et de se reposer sur lui de nous-mêmes. Mais pour cela, il faudrait outre l'enthousiasme une ferme vertu, et nous n'en avons point. Il y a un peu de cet état de l'âme dans *la Prière* dont tu me parles et dont voici le commencement :

Le roi brillant du jour, se couchant dans sa gloire,
Descend avec lenteur de son char de victoire ;
Le nuage éclatant qui le cache à nos yeux
Conserve en sillons d'or sa trace dans les cieux
Et d'un reflet de pourpre inonde l'étendue.
Comme une lampe d'or dans l'azur suspendue,
La lune se balance aux bords de l'horizon ;
Ses rayons amortis dorment sur le gazon,
Et le voile des nuits sur les monts se déplie.
C'est l'heure où la nature, un moment recueillie,

ANNÉE 1819. 447

Entre la nuit qui tombe et le jour qui s'enfuit,
S'élève au Créateur du jour et de la nuit,
Et semble offrir à Dieu dans son brillant langage
De la création le magnifique hommage.

Voilà le sacrifice immense, universel !
L'univers est le temple et la terre est l'autel ;
Les cieux en sont le dôme, et les astres sans nombre,
Ces feux demi-voilés, pâle ornement de l'ombre,
Dans la voûte d'azur avec ordre semés,
Sont les sacrés flambeaux pour le temple allumés.
Brillant seul au milieu du sombre sanctuaire,
L'astre des nuits, jetant son éclat sur la terre,
Balancé devant Dieu comme un vaste encensoir,
Fait monter jusqu'à lui les saints parfums du soir ;
Et ces nuages purs qu'un jour mourant colore,
Et qu'un léger zéphyr du couchant à l'aurore
Dans les plaines de l'air repliant mollement
Roule en flocons de pourpre aux bords du firmament,
Sont les flots de l'encens qui monte et s'évapore
Jusqu'au trône du Dieu que la nature adore.

Mais ce temple est sans voix. Où sont les saints concerts
D'où s'élèvera l'hymne au roi de l'univers?
Tout se tait. Mon cœur seul parle dans ce silence :
La voix de l'univers, c'est mon intelligence,
Sur les rayons du soir, sur les ailes du vent,
Elle s'élève à Dieu comme un parfum vivant,
Et, donnant un langage à toute créature,
Prête pour l'adorer mon âme à la nature.
Seul, invoquant la nuit son regard paternel,
Je remplis le désert du nom de l'Éternel ;

Et Celui qui du sein de sa gloire infinie
Des sphères qu'il ordonne écoute l'harmonie,
Écoute aussi la voix de mon humble raison
Qui contemple sa gloire et murmure son nom.

Salut, principe et fin de toi-même et du monde !
Toi qui rends d'un regard l'immensité féconde,
Ame de l'univers, Dieu, Père, Créateur,
Sous tous ces noms divers je crois en toi, Seigneur !
Et, sans avoir besoin d'entendre ta parole,
Je lis au front des cieux mon glorieux symbole.
L'étendue à mes yeux révèle ta grandeur,
La terre tes bienfaits, les astres ta splendeur.
Tu t'es produit partout dans ton brillant ouvrage,
L'univers tout entier réfléchit ton image,
Et mon âme à son tour réfléchit l'univers.
Ma raison, concevant tes attributs divers,
Partout autour de soi te découvre et t'adore,
Se contemple soi-même et t'y découvre encore !

. . . .

Adieu, j'ai trop mal aux yeux, au foie, à la tête, à l'estomac. Je voulais t'écrire dix pages : en voilà trop pour aujourd'hui. Plains-moi, et sois plus heureux.

CCXVI

A la marquise de Raigecourt

A Paris.

Milly, 10 décembre 1819.

Si je n'ai pas répondu plus tôt, Madame, à votre charmante lettre, il ne faut pas en accuser mon cœur qui a trop bien senti tout ce qu'elle contenait de touchant pour moi. Je n'ai pas écrit parce que je ne pouvais pas écrire, et que je retombe aussi rapidement que je m'en étais tiré dans mes souffrances et ma langueur précédentes. Je puis à peine tracer quelques lignes insignifiantes sans douleurs. Cette espèce de rechute me désole, comme vous pouvez penser, d'autant qu'elle vient bien mal à propos et dans un temps où, privé de toutes distractions étrangères, je comptais me mettre sérieusement au travail et me faire au moins une existence intérieure supportable. Cependant je ne me désespère plus de rien, et j'attends le plus patiemment que je puis que les douleurs passent si elles doivent passer, ou qu'elles m'entraînent si elles doivent m'entraîner : la vive foi que j'ai dans la fatalité ou providence est un grand repos. Je ne voulais vous attrister de mes maux que le plus tard possible, sachant bien toute la part que votre inappréciable intérêt vous y ferait prendre. Voilà comment le mal s'enchaîne au mal, il n'y a pas d'interrègne pour le destin.

Le duc de Rohan, qui m'avait écrit pour que je lui envoyasse des vers, doit vous faire copier et remettre une grande et une petite *Méditation*, s'il les en juge dignes. Je l'en ai prié. J'avais laissé là toutes les *Méditations*, et j'étais dans les profondeurs d'une tragédie politique quand j'ai été obligé de renoncer à tout.

J'ai lu comme vous les *Vêpres Siciliennes* : cela ne dit rien contre l'auteur, mais cela ne dit pas assez pour lui, j'en espérais mieux. Pour *Louis IX*, je le connais à peu près ; ce sont, à ce qu'il m'a paru, des vers et des dialogues un peu lieux communs, mais point de drame. M. de Jussieu devait vous en avoir parlé. Je viens d'apprendre par vous sa maladie. En savez-vous des nouvelles depuis? C'est un bien estimable jeune homme et beaucoup plus malheureux que nous qui nous plaignons. Je ne sais plus son adresse, sans cela je lui écrirais.

Avez-vous revu madame de Sainte-Aulaire, Madame? Il s'est passé des siècles pour elle depuis quinze jours. Savez-vous si elle restera en mesure d'être utile à ses amis, et si elle aura sur les successeurs plus de crédit que sur M. Dessoles? Je voudrais bien qu'elle fît placer Aymon plus convenablement qu'on ne le lui propose, et que par la même manœuvre elle pût me jeter où il ne veut pas être, car il compte refuser cette seconde place à Turin, qui serait un trésor pour moi.

Il va d'un mariage pour moi à présent d'obtenir quelque chose dans cette diplomatie. Je vous ai parlé d'une certaine Anglaise : les choses marchent toujours. Je l'ai déterminée à se faire catholique, mais la mère est dans le désespoir et nous refuse tout consentement : il faudra s'en passer. Il me faut une existence présente que je n'ai pas. C'est un roman que je vous conterai pour vous amuser, qui finira bien, j'espère, mais qui sera long. J'irai, je pense, au printemps en Angleterre si, comme tout m'en menace, la mère l'y ramène. Cela me procurera le bonheur de vous voir quelques jours à mon passage à Paris. Ce sera pour moi un charmant épisode. Mais, pendant que je fais tous ces plans, j'ai des palpitations si terribles dans l'estomac que je ne sais si je serai de ce monde au printemps. Dans ce monde ou dans l'autre je me souviendrai sans cesse de vos bontés.

Je vous ai adressé, Madame, un brave paysan, maire de mon village, pour vous offrir du vin de son cru, si vous en avez besoin, et pour prendre chez vous un petit sac que M. de Saint-Mauris y a déposé. Je l'ai prié aussi de vous remettre quinze francs que M. de Saint-Mauris a déboursés pour moi au bureau du *Conservateur*, et que je ne savais comment lui rendre. Vous me pardonnerez ces deux légères indiscrétions. Je me recommande au souvenir de madame de Beufvier et lui offre, ainsi qu'à vous, Madame, la respectueuse assurance d'un inviolable attachement.

ALPHONSE DE L.

J'envoie à madame de Beufvier le commencement d'une *Méditation* que j'ai faite cet automne.

ANNÉE 1820

ANNÉE 1820

CCXVII

A monsieur le comte de Virieu

A Nice.

Paris, 23 mars 1820.

Ta lettre, mon pauvre ami, me désole; mais nous sommes tous deux trop accoutumés à des circonstances et à des pensées graves pour que je me laisse abattre ni par ton état ni par le mien exactement semblables. Tes dispositions morales sont les miennes, et Dieu pour tous! Il n'y a pas de doute, nous ne tombons qu'entre ses mains, et il est le Père universel. Je sais de conviction comme toi que la mort est désirable, et je ne m'en affligerais que pour moi, mais cette séparation n'est rien puisqu'elle finit aussi. Au reste cet état même de repos de l'âme où tu es contribuera à te faire passer ce détroit de l'hiver au printemps que je passe moi-même en rechutes continuelles : une fois l'été atteint, nous aurons le temps de prendre une autre vie et d'autres mesures.

Je partirai bientôt d'ici : on me dit tous les jours demain, et rien ne m'arrive. Mon idée était d'aller te voir à Turin, mais j'irai alors passer à Nice de Marseille, et je t'emmènerai si tu m'en crois. J'irai avant à Chambéry me marier, ou arranger tout pour cela, si je suis de ce monde encore, ce dont je doute comme toi de deux jours l'un.

Je t'enverrais les *Méditations* si je savais comment et où. Elles ont un succès inouï et universel pour des vers en ce temps-ci. Le roi en a fait des compliments superbes; tous les plus anti-poëtes, MM. de Talleyrand, Molé, Mounier, Pasquier, les lisent, les récitent, enfin on en parle au milieu de ce brouhaha révolutionnaire du moment. Je te dis tout cela pour te tranquilliser et te rendre la justice que tu as été bon prophète; mais tout cela ne me fait pas tant qu'une goutte de rosée sur le roc. Je ne me sens plus de ce monde que par la souffrance et l'amitié pour toi et peu d'autres. Nous nous retrouverons, mon ami, ici et ailleurs, mais plus certainement ailleurs. Je me prépare comme toi à comparaître, et je dirai : Seigneur, me voici ;

j'ai souffert, j'ai aimé, j'ai péché, j'étais un homme, c'est-à-dire peu de chose; j'ai désiré le bien, pardonnez-moi! Tu as moins que moi, sois-en sûr, à être pardonné.

Adieu pour aujourd'hui. Ne m'écris plus ici, mais à Mâcon, *poste restante*. Il y a une longue lettre de moi qui t'attend à Turin.

J'attends demain ma nomination. J'emprunte ici 1,200 fr., et je tâcherai d'obtenir moitié d'indemnité, mais on ne m'en flatte pas.

Je te le répète, retire-toi des affaires du siècle, ne pense qu'à ta santé, et viens à Naples, si cela se peut, avec moi, vivre pour vivre. Adieu.

23 mars.

Mande-moi aussitôt à Mâcon où je t'irai chercher de Turin ou de Nice. Si je me rétablis, j'épouserai cette année Mlle Birch. C'est la femme forte, elle a été parfaite. Après toi, c'est ce que je regrette ici-bas. Je t'écrirai souvent, mais un mot. Je n'en puis plus, j'ai la fièvre de poitrine, et je vais à l'instant même dîner chez M. Pasquier. Quel supplice de ne pas du moins finir en paix!

CCXVIII

A monsieur le comte Aymon de Virieu

Secrétaire d'ambassade de France, à Turin.

Mâcon, 6 avril 1820.

Je comptais trouver un mot de toi à la poste ici : je suis terriblement tourmenté de n'y rien avoir. La dernière lettre de Vignet m'annonçant ton arrivée à Turin en meilleur état me rassure cependant un peu, mais était-il bien informé? Informe-moi donc toi-même, adresse-moi à Chambéry, chez Vignet, où je vais dans deux jours. J'y passerai une quinzaine pour tenter ce mariage, mais j'en désespère pour le moment : je voudrais au moins emporter l'espérance que, si je suis en vie, nous le ferons à Naples cet automne. Je me hâterai ensuite d'aller à Turin passer quelques bonnes heures auprès du seul ami avec qui je me sente en repos en ce fichu monde, et plût à Dieu que je pusse t'emmener, comme je le désire, à Naples, mener la vie la plus simple au soleil en attendant notre sort, ou du moins que je te visse partir pour t'aller rétablir dans une terre quelconque, montant à cheval, t'amusant à planter et bâtir, et retournant seulement les hivers en Italie ! Nous causerons de tout cela dont je te parle au hasard, ne sachant où tu en es.

Je suis moins mal, sans être bien, depuis la minute où je suis monté en voiture pour quitter ce Paris toujours maudit et cependant regrettable. On m'a donné les frais de route heureusement. J'ai acheté pour 800 francs un bon et solide reste de calèche dans lequel je filerai jusqu'à Naples, selon mes forces. On m'a avancé, sur la deuxième édition de mes *Méditations*, les 1,200 francs que je voulais emprunter. Je suis presque à mon courant pour mon année. J'emmène le petit Raoul de Raigecourt avec moi ; il vient me joindre à Chambéry. Sa mère me l'a demandé en grâce : j'y ai consenti non sans un peu de peine, craignant bien cette responsabilité morale dans un tel pays.

Adieu. Je ne puis guère écrire encore, ma fièvre lente me reprenant aussitôt, je brûle de te revoir. Je veux savoir avant si ta mère et ta sœur sont à Lemps et ont besoin de moi pour leur voyage. Soigne-toi, ne te tourmente pas l'esprit, vis pour vivre, et voilà tout. Tes dispositions morales sont si sublimes qu'il n'y a rien pour moi qu'à t'imiter.

CCXIX

A madame la marquise de Raigecourt

A Paris.

Mâcon, mercredi, avril 1820.

J'ai trouvé ici vos deux lettres, Madame, et j'ai été enchanté d'y voir votre résolution sur le cher Raoul. Je persévère et je persévèrerai toujours à tout ce qui pourra vous prouver un attachement bien senti et bien acquis. Seulement il est de mon devoir de vous répéter ce que je vous ai dit quant à l'impuissance où je suis de donner des directions bien suivies pour le moral ou pour l'instruction : ne me considérez que comme un camarade de voyage, aimant Raoul et vous mais obligé par occupation, par santé et par caractère, à l'abandonner les trois quarts de la journée à lui-même, et surtout les soirées, à cause de mon devoir auprès de M. de Narbonne et autres où il ne pourra me suivre souvent.

Cela à part, j'en aurai soin comme de votre fils,

comme d'un frère, c'est la même chose pour mon cœur, et puis je me sens porté d'un attrait particulier vers lui, quoique je n'aie jamais trop aimé plus jeune que moi.

Voyez donc, examinez encore. Je suis en peine de son temps, de sa conduite, après quelques mois passés dans un pays terrible pour les mœurs. Je vous tiendrais au reste au courant de tout cela et pourrais vous le renvoyer sous quelque prétexte s'il y avait danger pour lui.

Je vous manderai le jour où il faudra qu'il arrive à Chambéry quand j'y serai et que je saurai où j'en suis. Il ne paraît pas possible de me marier de ce voyage-ci. Cela se remettrait en septembre. Une fois marié, il faudrait à cause de ma belle-mère prendre quelque autre arrangement pour Raoul. Je vous en préviens parce que je la connais assez pour savoir que nous ne pourrions plus habiter alors ensemble.

Voilà toutes mes observations en conscience. Je suis bien étonné et bien fier qu'une femme comme vous livre son fils à un homme comme moi. Mais non, je ne suis étonné de rien de ce qui me prouve vos préventions en ma faveur. Je finis vite, accablé de fatigue et surtout d'écriture. Je vous remercie mille fois pour l'abbé Feletz. Je me rappelle à tout votre inappréciable salon et en particulier à une femme que je suis bien fâché qui soit femme, car ce serait un ami pour moi, comme sa mère et comme son frère.

ALPHONSE DE LAMARTINE.

P.-S. Je voudrais que Raoul n'eût qu'un portemanteau. Je n'ai point de place : on m'accable de paquets, et je ne sais où mettre mes propres effets. Vous lui adresseriez par Marseille son équipage.

CCXX

A monsieur Eugène de Genoude

Paris.

Chambéry, 13 avril 1820.

Me voilà encore, mon cher ami, et encore pour vous demander une marque d'amitié. Il paraît qu'enfin je me marie, si je puis obtenir de M. de Rayneval et de M. Pasquier la permission de retarder de quelques semaines mon départ pour Naples. Voici donc une petite lettre pour M. de Montmorency, afin qu'il ait la bonté de présenter ma requête au ministre auprès duquel il m'a si bien servi pour ma nomination. Je m'adresse à lui parce qu'il connaît mes amours anglo-françaises, qu'il a eu la bonté d'y prendre intérêt, et qu'il pourra plus efficacement que personne faire valoir mes motifs auprès de M. Pasquier. Ne tardez donc pas une minute, mon cher Genoude, à lui remettre ce billet avec mes instances.

Quant à vous, mon cher Genoude, je sais que

vous avez tant à faire que je n'ose pas vous prier d'aller parler à M. de Rayneval en mon nom, je vais lui écrire directement. Mon sort dépend de tout ceci. Si j'obtiens un délai de six semaines à deux mois pour me rendre à mon poste, j'ai le temps d'épouser tout de suite et de faire venir de Londres les papiers, etc. Dans le cas contraire, je perds vraisemblablement la partie, parce que la mère exige que je revienne au mois d'août (chose impossible), et qu'elle ramène sa fille en Angleterre au mois de septembre : ce serait fini à jamais. Mettez donc votre admirable zèle à presser cela auprès de M. de Montmorency. J'attends avec anxiété l'issue de tout ceci, et je combats ici vigoureusement. Je suis un peu mieux, et je crois que, si je sors de ce labyrinthe, je serai tout à fait bien. La jeune personne vient de faire son abjuration secrète.

Comment vont vos affaires ? On parle beaucoup partout de notre œuvre commune. Ne nous décourageons pas. Adieu, soignez-vous, travaillez à une seule chose à la fois, allez le plus possible à la campagne, et espérez que votre heure arrivera aussi.

Mille compliments, respects et tendresses à nos admirables amis, et à vous amitié solide, douce et éternelle.

ALPH. DE LAM.

Chez M. le comte de Vignet, Chambéry.
Je vous enverrai bientôt *un morceau.*

CCXXI

A la marquise de Raigecourt

A Paris.

Chambéry, 17 avril 1820.

Voilà, Madame, tous nos projets détruits : je me marie, j'emmène ma femme, ma belle-mère, une femme de chambre, un domestique ; il me devient impossible d'emmener ce cher Raoul. Ma mère a déjà dû vous en prévenir. Au milieu de mon bonheur cela me désole. Mais j'espère que ce ne sera que remis, et qu'une fois bien établis quelque part et le caractère de ma belle-mère un peu mieux connu, je pourrai vous le demander et lui être même alors plus utile, parce qu'il serait mieux soigné et surveillé que par un jeune homme sans maison. Je crains un peu qu'il ne soit déjà en route. Dites-moi alors ce qu'il faudra en faire. Voulez-vous qu'il aille jusqu'à Turin voir Aymon et mesdames de Virieu, ou que je vous le renvoie ?

Ces deux dames sont ici. Nous avons passé hier la

journée ensemble chez leurs amis, les Costa, à la campagne, avec ma nouvelle famille. J'ai présenté ma femme future à mademoiselle Fanny. Nous avons bien parlé de vous et de madame de Beufvier. J'attends du ministre une permission de séjour pour tout terminer, mais j'ai bien de la peine à faire marcher de front la mère et ma famille, tous hérissés d'oppositions et de difficultés. Cependant j'en suis là, sauf quelque catastrophe, au moment des contrats. Vous partagerez mon bonheur ou mes anxiétés en qualité d'amie et de mère.

Ma santé va de mieux en mieux malgré ce tumulte d'affaires, la chaleur me ranime, et je tâche de me rendre le plus amoureux possible. J'aurai une véritable perfection morale : il n'y manque qu'un peu plus de beauté, mais je me contente bien de ce qu'il y en a.

Adieu, Madame. Aimez toujours votre Alphonse dans le bien et dans le mal. Il pense sans cesse à vous et à ce qui vous entoure, et il vous prie d'être toujours pour lui ce que vous avez été.

ALPHONSE.

Chez M. le comte de Vignet, à Chambéry, Savoie.

CCXXII

A monsieur le comte de Virieu

Secrétaire d'ambassade de France, à Turin.

Aix, mercredi 26 avril 1820.

Je n'ai pas besoin de te dire que si tu reçois peu de chose de moi dans ce moment-ci, c'est que je ne peux pas : d'une part, je suis retombé faible, souffrant et quelquefois agonisant ; de l'autre, je suis noyé dans les affaires épineuses de mon mariage dont je désespère encore quelquefois, mais qui pourtant chemine toujours. Je te dirai le fin mot à toi seul : c'est par religion que je veux absolument me marier et que je m'y donne tant de peines. Il faut enfin ordonner sévèrement son inutile existence selon les lois établies, divines ou humaines, et, d'après ma doctrine, les humaines sont divines ; le temps s'écoule, les années se chassent, la vie s'en va, profitons du reste; donnons-nous un but fixe pour l'emploi de cette féconde moitié, et que ce but soit le plus élevé possible, c'est-à-dire le désir de nous rendre agréables à Dieu, hors duquel rien n'est rien, ainsi que nous le voyons. Pour cela, enchâssons-nous dans l'ordre établi avant nous, tout autour de nous, appuyons-nous sur les soutiens qui ont servi à nos pères; et, s'ils ne nous suffisent pas totalement, implorons de Dieu lui-même la force et la nourriture qui nous conviennent spécialement, faisons-lui pour l'amour de lui le sacrifice de quelques répugnances de l'esprit, pour qu'il nous fasse trouver la paix de l'âme et la vérité intérieure qu'il nous donnera à la juste dose que nous pouvons comporter ici-bas : *ergo*, marions-nous ! Voilà la péroraison de mon oraison, et arrive ce qui plaira ! Je te dis tout ce que je sais, fais-en ton profit, ou dis-moi mieux si tu sais mieux. Quant à moi, je finis là ce sermon impromptu que je ne songeais pas à te faire, mais que j'ai fait pour moi comme pour toi.

Redescendons. Tu es bien, Dieu soit béni ! Puisse ce bien être plus durable que le mien ! Je te verrai, je m'en réjouis, avec ou sans femme. Je m'arrêterai quelques jours, je prends mes mesures en conséquence.

Me voilà à Aix : je reprenais mes accès spasmodiques, goutteux, pulmoniques, et ma fièvre, je viens tenter les eaux. Mais j'ai d'ici un œil à Mâcon, un autre à Chambéry. Cette tension de l'esprit ne vaut rien dans nos états ; que veux-tu ?

Ces stances à mon honneur, que tu m'as envoyées, m'ont fait le premier plaisir de ce genre, quoique j'en aie reçu déjà vingt autres. Elles sont délicieusement senties et écrites, et les amateurs italiens les trouvent versifiées de même. Qui est-ce ? Est-ce M. César de Saluzzi, comme on le prétend ici ? Qui que ce soit, dis à l'auteur ce qu'elles m'ont fait éprouver, et que j'ai bien envie de le connaître pour y répondre.

Ma seconde édition à quinze cents exemplaires est déjà partie. Le ministre de l'Intérieur s'est fait faire un rapport par Dussault sur mon talent et me donne comme marque d'encouragement, au nom du gouvernement, la magnifique collection des classiques français de Didot et celle des classiques latins de Lemaire. Voilà-t-il un beau procédé ! Je ne sais à quoi je suis redevable de cet engouement auquel j'étais si loin de m'attendre pour si peu de chose.

Adieu. Me voilà à mon deuxième bain. Cela ne réussit pas mal, seulement je suis faible, et des douleurs universelles, mais ce n'est rien auprès de mes agonies quotidiennes. Quand aurons-nous le vrai monde fait pour nous seuls ? Quand nous l'aurons acheté. Bonsoir.

CCXXIII

A madame la marquise de Raigecourt

A Paris.

Aix, jeudi 28 avril 1820.

Me voici aux eaux pour quelques jours, Madame; c'est là que votre dernière lettre m'est arrivée. Je me marie en effet ces jours-ci, comme cela en a tout l'air : il me deviendrait impossible d'emmener ce cher Raoul, je vous l'ai mandé. Autrement j'y tiendrais beaucoup plus pour moi que pour vous-même. Je ne saurai cela qu'au dernier moment, de manière que pour ce voyage-ci il faut bien que j'y renonce. Ce n'est qu'au dernier moment que je crains quelque catastrophe pour mes amours de la part de la mère et de ma famille. Jusqu'ici tout va le mieux du monde, et je passe mon temps avec la personne qui doit être ma femme à peu près aussi librement que si elle l'était déjà. Ma santé seule va mal, et depuis deux jours je suis venu essayer des eaux, à peine ai-je la force d'écrire, vous vous en apercevrez.

Je reçois vos avis maternels en fils reconnaissant et soumis, et je remercie des siens M. de Feletz : c'est un double bienfait que des éloges comme les siens en public et de bons conseils en particulier. Cependant pourquoi ne laisserais-je pas imprimer cette troisième dès que la seconde s'est déjà écoulée si rapidement? Je me bornerai, selon mon sens, à n'en pas faire parler du tout, mais à la laisser se débiter tout silencieusement à la suite de l'autre. D'une part cela me ferait quelque argent dont j'ai grand besoin, et de l'autre cela serait une troisième édition par devers soi, titre certain de succès pour l'avenir. Je n'en aurai ni plus ni moins de critiques amères et sévères avant peu. Je m'y attends, c'est dans l'ordre, et je m'y soumets très-volontiers : action et réaction se suivent dans tout, c'est une des lois éternelles. Mais je prépare un second volume qui me réparera aux yeux des impartiaux, et j'y donnerai moins prise à la critique de mots que dans celui-ci dont le succès m'humilie.

Je suis sans cesse en esprit au milieu de vous. J'y joins MM. de Sade et de Saint-Mauris dont les

marques d'amitié ne sortent pas de mon cœur.
Je vous prie de le leur répéter, en attendant que
mes forces et mes affaires me permettent de le
leur dire comme je le voudrais.

Aymon est guéri et triomphe à Turin. Je crains
toujours que ce triomphe ne soit aussi court que
les miens.

Comment vont tous vos chers malades, et
madame de Las-Cases en particulier et sa charmante petite fille? Comment est madame de
Sainte-Aulaire, et que dit-elle de son gendre?
Rappelez-moi, je vous prie, aussi à madame de
Noirville.

Voilà peu de mots pour mon envie de causer
avec vous, mais c'est un volume pour mes forces.
J'en manque surtout pour écrire, mais non pour
vous aimer comme vous le méritez de moi.

ALPHONSE.

Toujours à Chambéry.

CCXXIV

A monsieur le comte de Virieu

Secrétaire d'ambassade de France, à Turin.

Genève, 20 mai 1820.

Je sais que tu m'attends, mais tu ne m'attends pas avec plus d'impatience que je n'en ai de partir pour te voir. J'avance péniblement et lentement dans mon grand œuvre, mais j'avance enfin. Mon contrat est signé, nous sommes fiancés, nous allons nous marier à Chambéry; d'ici à huit jours nous revenons nous marier à l'anglaise ici, et nous partons immédiatement. Nous sommes venus depuis trois jours faire des emplettes de voitures et de quelques cadeaux que nous faisons à nos parents réciproques. J'étais dans l'impossibilité de faire moi-même les cadeaux d'usage à ma future, n'ayant rien reçu *ad hoc* de mon père. J'ai heureusement rencontré ici hier M. Delahante. Nous avons couru ensemble, et j'ai acheté une parure charmante que j'offre ce matin comme une surprise. Cela me ravit.

J'aime décidément ma femme, à force de l'estimer et de l'admirer. Je suis content, absolument content d'elle, de toutes ses qualités, même de son physique. Je remercie Dieu. Ma santé seule, en dépit de laquelle je me suis tant avancé, me traite cruellement, je suis dans mes agonies les trois quarts du temps. Un grand médecin d'ici me dit qu'il s'en moque, et que je n'ai qu'à aller à Naples et à ne rien faire pour vivre cent ans et voir s'user mon rhumatisme goutteux-nerveux, sur les organes. Dieu l'entende ! A présent, je désire vivre à cause de ma femme.

Fais des vœux pour moi ces grands jours-ci, comme je ne cesse d'en faire jour et nuit pour toi. Cela ne nuit pas, et dis à tes excellentes et charmantes mère et sœur d'en faire autant. Je compte assez sur leur amitié pour cela. Adieu. Je suis avec ma femme, et belle-mère, et tante. Je te quitte pour elles et pour l'abbé Warin qui m'a tiré du bourbier d'où je ne pouvais sortir. Je t'embrasse et t'embrasserai aux environs du 10 au 15 juin à Turin. Écris-moi où il faut descendre pour être bien et près de vous.

FIN DU TOME DEUXIÈME.

TABLE DES MATIÈRES

1813

XCVIII. A monsieur de Virieu..................................	3
XCIX. A monsieur de Virieu.....................................	7
C. A monsieur de Virieu..	10
CI. A monsieur Aymon de Virieu...............................	12
CII. A monsieur de Virieu......................................	19
CIII. A monsieur de Virieu.....................................	21
CIV. A monsieur Laurent de Jussieu...........................	24

1814

CV. A monsieur le comte de Virieu............................	31
CVI. A monsieur de Virieu.....................................	33
CVII. A monsieur de Virieu....................................	36
CVIII. A monsieur de Virieu...................................	38
CIX. A monsieur Aymon de Virieu..............................	40
CX. A monsieur Aymon de Virieu...............................	44
CXI. A monsieur Aymon de Virieu..............................	49
CXII. A monsieur Aymon de Virieu.............................	50
CXIII. A monsieur Aymon de Virieu............................	54
CXIV. A monsieur Aymon de Virieu.............................	56

1815

CXV. A monsieur Aymon de Virieu..............................	63
CXVI. A monsieur de Lamartine................................	71

1816

CXVII. A monsieur Fortuné de Vaugelas........................	81
CXVIII. A monsieur Fortuné de Vaugelas.......................	85

TABLE DES MATIÈRES.

CXIX. A monsieur de Virieu.................................... 90
CXX. A monsieur Fortuné de Vaugelas...................... 93
CXXI. A monsieur Aymon de Virieu......................... 99
CXXII. A monsieur le comte de Virieu...................... 100

1817

CXXIII. A monsieur Aymon de Virieu........................ 107
CXXIV. A monsieur Aymon de Virieu........................ 109
CXXV. A monsieur le comte de Virieu....................... 111
CXXVI. A monsieur Aymon de Virieu........................ 113
CXXVII. A mademoiselle de Canonge........................ 115
CXXVIII. A mademoiselle de Canonge....................... 117
CXXIX. A monsieur Aymon de Virieu........................ 118
CXXX. A monsieur Aymon de Virieu......................... 120
CXXXI. A mademoiselle Éléonore de Canonge.............. 122
CXXXII. A mademoiselle de Canonge........................ 125
CXXXIII. A mademoiselle de Canonge....................... 127
CXXXIV. A monsieur le comte de Virieu.................... 130
CXXXV. A mademoiselle de Canonge........................ 132
CXXXVI. A mademoiselle Éléonore de Canonge............. 134

1818

CXXXVII. A mademoiselle de Canonge...................... 139
CXXXVIII. A monsieur le comte de Virieu.................. 142
CXXXIX. A madame la marquise de Raigecourt............. 144
CXL. A mademoiselle de Canonge............................ 149
CXLI. A monsieur le comte de Virieu....................... 151
CXLII. A monsieur Aymon de Virieu......................... 153
CXLIII. A monsieur le comte de Virieu..................... 155
CXLIV. A monsieur le comte de Virieu...................... 158
CXLV. A mademoiselle Éléonore de Canonge............... 160
CXLVI. A monsieur le comte de Virieu...................... 164
CXLVII. A monsieur le comte de Virieu..................... 171
CXLVIII. A monsieur le comte de Virieu.................... 174
CXLIX. A monsieur le comte de Virieu...................... 180
CL. A monsieur le comte de Virieu.......................... 185
CLI. A mademoiselle Éléonore de Canonge.................. 198
CLII. A monsieur le comte de Virieu....................... 202
CLIII. A monsieur le comte de Virieu...................... 204
CLV. A monsieur le comte de Virieu........................ 210

CLVI. A monsieur le comte de Virieu............................	213
CLVII. A monsieur le baron de Vignet........................	222
CLVIII. A monsieur le comte de Virieu..........................	226
CLIX. A mademoiselle Éléonore de Canonge..................	233
CLX. A monsieur le comte de Virieu...........................	237
CLXI. A monsieur le comte de Virieu........................	238
CLXII. A mademoiselle Éléonore de Canonge..................	242
CLXIII. A monsieur le comte de Virieu........................	244
CLXIV. A monsieur Laurent de Jussieu........................	251
CLXV. A monsieur le comte de Virieu........................	253
CLXVI. A monsieur le comte de Virieu........................	257
CLXVII. A mademoiselle Éléonore de Canonge..................	262
CLXVIII. A monsieur le comte de Virieu........................	266
CLXIX. A monsieur Laurent de Jussieu........................	273
CLXX. A monsieur le comte de Virieu........................	277
CLXXI. A mademoiselle Éléonore de Canonge..................	284
CLXXII. A mademoiselle de Canonge........................	287

1819

CLXXIII. A mademoiselle Éléonore de Canonge..............	295
CLXXIV. A monsieur le marquis de Virieu..................	299
CLXXV. A mademoiselle Éléonore de Canonge..............	303
CLXXVI. A monsieur le comte de Virieu....................	307
CLXXVII. A mademoiselle Éléonore de Canonge..............	309
CLXXVIII. A mademoiselle Éléonore de Canonge..............	309
CLXXIX. A monsieur le comte de Virieu....................	314
CLXXX. A mademoiselle Éléonore de Canonge..............	318
CLXXXI. A mademoiselle Éléonore de Canonge..............	321
CLXXXII. A monsieur le comte de Virieu....................	324
CLXXXIII. A monsieur le comte de Virieu....................	326
CLXXXIV. A monsieur le comte de Virieu....................	332
CLXXXV. A monsieur le comte de Virieu....................	333
CLXXXVI. A mademoiselle Éléonore de Canonge..............	335
CLXXXVII. A monsieur le comte de Virieu....................	338
CLXXXVIII. A monsieur le comte de Virieu....................	344
CLXXXIX. A mademoiselle Éléonore de Canonge..............	345
CXC. A madame la marquise de Raigecourt..................	348
CXCI. A monsieur le comte de Saint-Mauris..................	352
CXCII. Au duc de Rohan..................................	359
CXCIII. A mademoiselle Éléonore de Canonge..............	364
CXCIV. A monsieur l'abbé Dumont........................	367

TABLE DES MATIÈRES.

CXCV. A mademoiselle Éléonore de Canonge........	369
CXCVI. A mademoiselle Éléonore de Canonge........	370
CXCVII. A monsieur de Genoude................	373
CXCVIII. A monsieur le comte de Saint-Mauris........	378
CXCIX. A mademoiselle Éléonore de Canonge........	385
CC. A mademoiselle Éléonore de Canonge........	389
CCI. A mademoiselle Éléonore de Canonge........	392
CCII. A madame la marquise de Raigecourt........	395
CCIII. A monsieur Rocher................	401
CCIV. A la marquise de Raigecourt........	405
CCV. A mademoiselle Éléonore de Canonge........	409
CCVI. A monsieur le comte de Virieu........	411
CCVII. A mademoiselle Éléonore de Canonge........	416
CCVIII. A la marquise de Raigecourt........	420
CCIX. A monsieur le comte de Virieu........	413
CCX. A mademoiselle Éléonore de Canonge........	422
CCXI. A monsieur le comte de Virieu........	425
CCXII. A la marquise de Raigecourt........	433
CCXIII. A la marquise de Raigecourt........	437
CCXIV. A mademoiselle Éléonore de Canonge........	442
CCXV. A monsieur le comte de Virieu........	444
CCXVI. A la marquise de Raigecourt........	449

1820

CCXVII. A monsieur le comte de Virieu........	455
CCXVIII. A monsieur le comte Aymon de Virieu........	458
CCXIX. A madame la marquise de Raigecourt........	461
CCXX. A monsieur Eugène de Genoude........	464
CCXXI. A la marquise de Raigecourt........	467
CCXXII. A monsieur le comte de Virieu........	469
CCXXIII. A madame la marquise de Raigecourt........	473
CCXXIV. A monsieur le comte de Virieu........	476

FIN DE LA TABLE DU TOME DEUXIÈME.

CORBEIL. — Typ. stér. et galv. de CRÉTÉ FILS.

www.ingramcontent.com/pod-product-compliance
Lightning Source LLC
Chambersburg PA
CBHW060233230426
43664CB00011B/1633